"十四五"高等职业教育财经商贸类新形态一体化系列教材

面向"新商科"校企双元规划教材

微课版

现代物流认知

张卓远　张广文◎主编

中国铁道出版社有限公司
CHINA RAILWAY PUBLISHING HOUSE CO., LTD.

内 容 简 介

本书是"十四五"高等职业教育财经商贸类新形态一体化系列教材之一，着眼于强化职业基础和面向职业实践的需求，围绕物流职业活动，论述了物流基础知识认知、物流业务模式认知、物流企业认知、物流职业认知、物流创新与创业等内容。

本书内容新颖、叙述简练、所选案例典型，注重对学生职业能力和实践技能的培养。本书在每一章均设置了引导案例、素质园地、拓展阅读、课后练习、实训项目等小栏目，以便于教学参考和学生自学。

本书适合作为高等职业院校现代物流管理专业等相关专业的教材，也可作为物流相关企业各层次管理人员、专业技术和技能型人员的培训用书。

图书在版编目（CIP）数据

现代物流认知 / 张卓远，张广文主编.—北京：中国铁道出版社有限公司，2023. 8

"十四五"高等职业教育财经商贸类新形态一体化系列教材 面向"新商科"校企双元规划教材

ISBN 978-7-113-30493-5

Ⅰ. ①现… Ⅱ. ①张… ②张… Ⅲ. ①物流-高等职业教育-教材 Ⅳ. ①F252

中国国家版本馆CIP数据核字(2023)第153531号

书　　名：现代物流认知
作　　者：张卓远　张广文

策　　划：陆慧萍　　　　**编辑部电话：**（010）83552550
责任编辑：陆慧萍　贾淑媛
封面设计：刘　颖
责任校对：安海燕
责任印制：樊启鹏

出版发行：中国铁道出版社有限公司（100054，北京市西城区右安门西街 8 号）
网　　址：http://www.tdpress.com/51eds/
印　　刷：河北京平诚乾印刷有限公司
版　　次：2023 年 8 月第 1 版　2023 年 8 月第 1 次印刷
开　　本：787 mm×1 092 mm 1/16　**印张：**14.5　**字数：**378 千
书　　号：ISBN 978-7-113-30493-5
定　　价：46.00 元

编 委 会

序言

随着大数据、人工智能、云计算、物联网、AR/VR、区块链等新技术的飞速发展，社会已进入数字经济时代，新一代信息技术正以超强的存储和计算能力、快速准确的数据挖掘能力向生产、消费领域渗透，扩展了其广度和深度。数字科技新技术正不断推进和改变着我们的生活，以知识驱动、智慧驱动、数据驱动为发展引擎的新商业模式不断涌现，为新商业发展提供了新的技术基础和新的发展空间，新商业“互联网+”跨界融合的特质深刻影响了电子商务、物流、营销等多个行业，传统的商业模式和产业结构正经历着巨大的挑战和变革。新商业孕育和催生新职业，新职业亟需新人才，高校传统的商科人才培养模式已面临严峻挑战，促使高校“大经管”向“新商科”转型。新的时代背景下，转变传统的商科育人理念，培养符合时代所需的“新商科”人才已迫在眉睫。“新商科”突出了四个“新”，即“新思维”“新规则”“新理论”“新工具”。相对于传统商科，“新商科”是一场教育思维的认知革命，是商科教育重塑性的变革工程。一方面，随着产业结构调整，人才需求结构也发生了巨大的改变，企业需要的是跨学科、跨专业能力的复合型、创新型新商科人才；另一方面，随着信息技术及相关科技的发展与应用，学生的思维、学习方式也发生了巨大的变化。突破资源边界、融通院系边界、重构商科专业集群、解构专业内涵、改革教学模式，为新商科教育教学改革带来了动力与压力。

此次出版的新商科系列教材对接新产业、新业态、新模式、新职业，反映相关领域新技术、新工艺、新规范，体现行业企业参与特征，紧贴商科专业相关技术领域职业岗位（群）的能力要求。系列教材围绕教材、课程、教学实施为一体的建设思路，全面体现新时代教育教学改革成效，以职业活动为导向设计框架，以真实工作任务为载体进行整体设计，由院校教师与企业岗位能手共同开发教材资源，深化“产教融合”，融“课、岗、赛、训”为一体，以新理念、新模式、新方法为学生提供综合性跨学科教育。按照当前职业教育的发展趋势及国家规划教材的评审要求，遵循职教育人规律，体现了如下特色：

第一，将德育资源、德育素材融入教材内容。以习近平新时代中国特色社会主义思想为指导，坚持正确的政治方向和价值取向，坚持育人为本，深入挖掘教材中蕴含的新时代商务人员的基本素养，将倡导担当意识、精益求精的工匠精神、诚实守信、自利利他的职业品质等思政元素融入学习情境的具体项目任务中，将职业能力和职业素养相融合，引导学生强化家国情怀。

第二，契合地域经济发展的战略布局。紧密围绕地域经济发展和社会需求，对课程资源进行精准设计，充分反映现代产业体系建设优化最新进展，对接科技发展趋势和市场需求，充分体现服务区域经济发展，培养技术型、技能型人才。

第三，紧扣专业教学标准并结合参赛标准。教材内容在《国家职业教育改革实施方案》及《高等职业学校专业教学标准》的指导下，落实新时代的新要求，秉持高等职业教育教学理念、坚持职业教育属性，结合国家职业标准、“1+X”职业技能等级标准或技能大赛标准等，针对财经商贸大类各专业的教学需要，构建完整的知识技能体系，兼顾知识点、技能点的广度和深度，落实专业人才的培养目标。

第四，保证教材内容的先进性。在编写过程中关注相关行业的技术、经济、社会环境的发展和变化，引入最新的政策、经济数据、工艺、技术、案例等，使教材内容与时俱进，切实做到理论联系实际。

第五，教材编排生动、形式多样。教材内容组织多运用表格、图片来表达概念，力求做到图文并茂，增加趣味性；项目任务、能力实训等有提示、引导等环节，强化实操性；选择部分适合的教材按照典型的职业活动进行编写，对教学模块进行有机组合，使用活页式、工作手册式装帧，使教材内容兼顾独立性和系统性。

第六，作者团队优势最大化，突出校企合作。由校内资深教师和企业专家、校企合作人员共同组建作者团队，充分发挥作者团队的丰富教学经验与实践经验的优势，将教育链与产业链相融合、教学端与学生端相融合、编教材与用教材相融合。每本教材由副高及以上人员担任主编，知识体系设置贴合教学需求；由企业专家精选企业真实案例来验证理论，将企业的岗位要求和工作过程有机融入教材中，分解工作过程、明确任务要点，以真实工作项目导入、以典型工作任务驱动学生业务操作学习，引导工学结合、知行合一。

第七，精心打造立体化资源。做好微课、动画、视频、课件、习题、实训、案例等数字化教学资源建设，实现“教材 + 微课 + 平台课 + 教学”的深度融合，打造线上线下融合的“互联网 +”新形态一体化教材。

2022 年 8 月 29 日于浙江大学紫金港校区

前言

党的二十大报告指出:“我们要坚持以推动高质量发展为主题，把实施扩大内需战略同深化供给侧结构性改革有机结合起来，增强国内大循环内生动力和可靠性，提升国际循环质量和水平，加快建设现代化经济体系，着力提高全要素生产率，着力提升产业链供应链韧性和安全水平，着力推进城乡融合和区域协调发展，推动经济实现质的有效提升和量的合理增长。”物流业贯穿农林牧渔等第一产业、工业制造等第二产业和现代服务业等第三产业，衔接生产和消费，涉及领域广，发展潜力大，带动作用强。推动物流高质量发展，实现降本增效，对促进产业结构调整和区域协调发展、培育经济发展新动能、提升国民经济整体运行效率具有重要意义。

为适应现代物流人才市场需求的变化以及教学需要，本书着眼于强化职业基础和面向职业实践的需求，提升学生创新思维与创业能力，以任务为中心组织课程内容，通过思政元素融入、“岗证课赛”融合，构建相关知识理论；针对较难理解的知识点提供慕课教学视频,读者可以通过扫描书中的二维码观看。同时，精心选取典型案例导入课程内容，设计引导案例、素质园地、拓展阅读等小栏目,激发学习兴趣,激励学生“做中学”,培养学生具备良好的职业道德、物流职业能力和创新创业思维。

本书是校企合作的成果，不仅理念与素材来源于真实企业，而且有物流企业的技术骨干直接参与编写。本书由黑龙江职业学院张卓远、张广文担任主编，黑龙江职业学院贾妍心、郭玮和黑龙江圆通速递有限公司梁楠担任副主编。其中，第一章、第二章由张卓远编写，第三章、第四章第一至二节由贾妍心编写，第四章第三至六节由张广文编写；第五章由郭玮编写；梁楠参与书中案例和相关数据的收集工作。本书所有的教学内容已在智慧树平台上线，读者如有需要可自行学习。

在编写过程中，参考了大量的文献资料，利用了部分网络资源，引用了一些专家学者的研究成果和一些公司的案例资料，在此，对这些文献作者和公司表示诚挚的感谢。

由于编者水平有限，本书难免有不妥之处，恳请各位专家和广大使用者批评指正！

编　者

2023 年 4 月

目录

第一章 物流基础知识认知

知识目标

- 了解物流的产生与发展。
- 掌握物流的含义和功能要素。
- 掌握物流标准化的重要性。

能力目标

- 能用所学的内容解释生活中常见的物流问题。
- 能够对物流设备进行维护保养。

素质目标

- 具备从事物流管理工作所需的身体和心理素质。
- 具有爱岗敬业的精神和自我完善的品质。
- 具有团队合作和与人交流沟通的素质。

第一节 物流认知

引导案例

以数字化驱动物流行业高质量发展

近日，以“洞见未来、数领流通”为主题的“2023 全球数字经济大会数字流通专题论坛”在国家会议中心隆重召开。该论坛聚焦了产业大数据赋能、产业链上下游数字流通、流通产业数字流通、政企数字流通、数据流通国际化等一系列备受关注的热点议题。

2022年，我国社会物流市场规模达347.6万亿元，物流总费用达17.8万亿元，同比增长4.4%。尽管物流行业大盘趋势正处于稳健增长，但国内物流行业仍面临大而不强的现状，从承载货物运输的运力多、小、散、弱，到网络货运平台标准化程度低，再到担当货主角色的生产制造企业，物流费用占比达到10%～15%，因缺少全链贯通，多式联运连接成本高，运营流程非标化产生管理漏洞，整体呈现出离散化、传统化等特点。

近年来，国家推出网络货运平台试点政策，鼓励传统物流公司向互联网物流发展。目前中国已有超过2 500家网络货运平台，整合社会零散运力超过590万辆。在数字经济高速发展中，小微运力的数字化管理成为刚需，迫切需要技术赋能优化成本、保障运输安全与合规。对于政府而言，物流运输是地方经济的重要支撑，一方面需要科学治理，减少交通事故、缓解交通压力。另一方面，也需要统一的产业规划，规避投入产出错配、线下交易比例大等高风险问题，让物流发挥更大的产业带动和联动价值。

结合物流行业发展趋势，在国家《"十四五"现代物流发展规划》的指引下，探索物流行业数字化转型升级已成为当务之急。有专家表示："加快物流行业数字化转型升级，必须遵循发展规律，以客观的视角，探寻物流行业数字流通建设，通过打通'企、货、车、仓、站、人'物流核心要素，构建'平台＋金融＋车后＋政策'多位一体的物流高质量服务体系，才能真正推动物流产业的降本增效。"

思考：生活中与"物流"有关的活动有哪些？

一、物流基础知识

（一）物流的定义

"物流"这个活动，古已有之。"一骑红尘妃子笑，无人知是荔枝来"。在古代，千里绝尘为博贵妃一笑；现代社会，通过物流，北方人当日就可以吃上刚采摘的岭南荔枝。"物流"改变了人们的生活。

视频资源

物流基础认知

中华人民共和国国家标准《物流术语》（GB/T 18354—2021）将物流定义为："根据实际需要，将运输、储存、装卸、搬运、包装、流通加工、配送、信息处理等基本功能实施有机结合，使物品从供应地向接收地进行实体流动的过程。"

现代物流不仅单纯地考虑从生产者到消费者的货物配送问题，而且还考虑从供应商到生产者对原材料的采购，以及生产者本身在产品制造过程中的运输、保管和信息等各个方面，全面地、综合性地提高经济效益和效率的问题。因此，现代物流是以满足消费者的需求为目标，把制造、运输、销售等市场情况统一起来考虑的一种战略措施。

（二）物流的价值

物流的价值主要包括三个方面：时间价值、空间价值（场所价值）、加工附加价值。

1. 时间价值

农产品生产都有季节性，比如北方的小麦，一般在六月上旬收割，但人们却是一年365天，天天都有需求。粮食本身是不会自动弥补这个时间差的，如果没有有效的方法集中生产粮食，时间久了，粮食就会变质、腐烂。等到粮食的非产出时间，人们就会缺少足够的粮食供应。物流便是通过科学的仓储、运输等对此进行弥补，通过时间差来实现其时间价值的。这就是物流创造时间价值，通过弥补时间差来创造的。图1-1所示为农产品的时间价值。

图 1-1 农产品的时间价值

时间价值还有两种创造方式，即缩短时间和延长时间。例如，杨梅的保质期特别短，室温下只能存放 1～2 天，在 4 ℃左右的低温下能放 4～5 天。所以杨梅从采摘下来到消费者手中肯定是越快越好。物流通过缩短这个时间差来保持它的新鲜度，保证它的价值，让杨梅坐上高铁或是搭上飞机，快速到达目的地，以最大限度地保持它的新鲜度。这种就是通过缩短时间差来创造价值。如果杨梅来不及运出去，或者近期价格不好，还有另外一种方法，就是将它速冻起来，采摘当天冷冻的话，大概能放四个月，然后等到行情好的时候，再从冷库里拿出来运到消费地，这种就是通过延长时间差来创造时间价值。

2. 空间价值（场所价值）

华北地区的无花果产地主要在山东沿海的青岛、烟台、威海地区。新鲜的无花果，8 月下旬至 10 月中旬陆续成熟，冷藏能保存 7～10 天。山东产地价格 20 元 /kg，黑龙江的大型超市售价 40 元 /kg。

佳农香蕉，产地越南、菲律宾等地，2020 年越南当地香蕉销路不畅，价格大跌，每千克不到 1 元人民币。但这些香蕉出口到中国，运输需要 1 周左右的时间，价格就能上涨七八倍。

地点变换，价值攀升，这就是物流创造的场所价值，从低价值生产地流入高价值需求地。除了这种方式，场所价值的创造方式还有另外两种方式，即从集中生产场所流入分散的需求场所创造价值；另一种是从分散生产场所流入集中的需求场所创造价值。

3. 加工附加价值

有时，物流也可以创造流通加工附加价值。加工是生产领域常用的手段，并不是物流的本来职能。但是，现代物流的一个重要特点，是根据自己的优势从事一定的补充性加工活动，也称为流通加工活动。例如，大家平时在超市中购买的生鲜食品，都是在配送中心对生鲜食品进行加工后送往各大超市。

二、物流的发展历程

（一）物流概念的产生

视频资源

物流行业的发展

物流概念的提出可以追溯到20世纪初。1901年，格罗威尔在美国政府的《工业委员会关于农场产品配送的报告》中，第一次论述了对农产品配送成本产生影响的各种因素，人们开始认识物流。

1918年，英国联合利华公司成立了"即时送货股份有限公司"，公司在全国范围内把商品及时送到批发商、零售商以及用户的手中。这一举动被誉为有关"物流活动（logistics activity）的早期文献记载"。

1921年，美国经济学家阿奇·萧在《市场流通中的若干问题》一书中提出"物流是与创造需求不同的一个问题"。此时的物流是指销售过程中的物流，是为了配合销售而进行的相关运输与仓储活动。

1935年，美国销售协会对当时还称为实体配送的物流概念进行了定义，认为"实体配送是指包含于销售之中的物质资料和服务在从生产地点到消费地点流动的过程中，所伴随的种种经济活动"。这个概念是有关物流的最早定义，它将物流看成是销售过程中的一个环节，从属于销售，强调了与产品销售有关的输出物流，没有包括输入物流环节。

第二次世界大战后，西方国家经济进入大量生产与销售时期，后勤管理的理念和方法开始被引入工业部门和商业部门，被人们称之为"工业后勤"和"商业后勤"，实体配送的概念也逐渐被物流取代。

（二）物流概念的演变

在20世纪50年代到70年代，由于人们研究的对象主要是与商品销售有关的物流活动，是实物流通过程中的商品实体运动。

1963年，美国物流管理协会对物流管理的定义是"为计划、执行和控制原材料、在制品及制成品从起源地到消费地的有效率的流动而进行的两种或多种活动的集成"。

1985年，美国物流管理协会将物流定义为"以满足客户需求为目的，对货物、服务以及相关信息从供应地到消费地的高效率、低成本流动和储存而进行的计划、实施和控制过程"。物品流动也完成了从实体配送向现代物流的转变。

随着市场竞争的加剧和企业运营理念的变化，人们对物流的认识进一步深入。1998年，美国物流管理协会对物流的定义是："物流"是供应链流程的一部分，是为满足客户需求而对货物、服务及相关信息从原产地到消费地的高效率、高效益的正向和反向流动及储存进行的计划、实施与控制过程。这个定义反映了随着供应链管理思想的出现，美国物流界对物流的认识更加深入，强调物流是供应链的一部分。

在我国，使用"物流"一词始于1979年。1979年6月，我国物资工作者代表团赴日本参加第三届国际物流会议，回国后在考察报告中第一次引用和使用"物流"这一术语。物流的演变见表1-1。

表1-1　物流的演变

时间	事　件
1918年	英国联合利华公司的利费哈姆勋爵成立了"即时送货股份有限公司"，后来物流学者将此誉为有关"物流活动的早期文献记载"
1921年	美国经济学家阿奇·萧在《市场流通中的若干问题》一书中提出"物流是与创造需求不同的一个问题"

续表

时间	事 件
1935 年	美国销售协会对当时还称为实体配送的物流概念进行了定义，这是有关物流的最早定义
第二次世界大战以后	后勤管理的理念和方法开始被引入工业部门和商业部门，实体配送的概念也逐渐被物流取代
1963 年	美国物流管理协会对物流管理提出了明确的定义
1979 年	中国物资经济学会筹备组成立并派出考察团赴日本参加“第三届国际物流会议”，这是我国首次参加物流会议
1984 年	第一个以物流学科名称命名的全国性学术组织“中国物流研究会”成立
1985 年	美国物流管理协会对物流定义进行了修订，人人拓展了物流的内涵与外延，既包括生产物流，也包括服务物流
1989 年	第八届国际物流会议在北京召开，“物流”一词开始正式在我国使用
1998 年	美国物流管理协会对物流进行定义，强调物流是供应链流程的一部分
1999 年	中国第一个物流专业网——“中国物流网”开通
2001 年	国家标准《物流术语》首次发布，同年，中国物流学会成立
2003 年	原劳动和社会保障部发布“物流师国家职业资格”标准，同年，国家标准化管理委员会批准成立“国家物流标准化技术委员会”
2021 年	国家市场监督管理总局和国家标准化管理委员会联合发布了国家标准《物流术语》(GB/T 18354—2021)，以代替 2006 年的《物流术语》

（三）我国物流行业发展现状

物流产业是国民经济的动脉系统，随着中国经济的高速发展，我国的现代物流业也得到迅猛发展。

1. 筹备阶段（中华人民共和国成立初期至 20 世纪 90 年代）

中华人民共和国成立后到改革开放以前，中国仍处于传统的计划经济体制条件下，国家对生产资料和主要消费品实行计划生产、计划分配和计划供应。我国在这一时期只有传统的储运活动，即传统的物资运输、保管、包装、装卸、流通加工等活动，它还不算是真正意义上的现代物流活动。

2. 起步阶段（20 世纪 90 年代至 2000 年）

1993 年，党的十四届三中全会后，我国又掀起了经济建设的浪潮。经济的持续健康发展迫切需要物流水平的显著提高，为了改变国内经济的快速发展及物流业发展相对落后这一不协调的现状，我国从 20 世纪 90 年代初开始积极借鉴发达国家物流发展的成功经验，推动物流业在国内迅速发展。

3. 发展阶段（2000 年至今）

21 世纪开始，中国现代物流大踏步进入发展期。主要表现在以下三方面：

（1）物流政策环境得到改善。我国政府采取了一系列的政策以推动物流业的发展。

（2）物流规划工作井然有序。物流产业得到了国家和各级政府的高度重视，国家加强了对物流业发展的规划。

（3）物流平台建设取得重大进展。受惠于国家的信息化建设，我国的信息基础网络和实用技术已经能够支持现代物流的信息运作要求。随着现代物流业的高速发展，我国的物流园区建设也开始提速，区域性物流中心逐步形成。

三、物流系统

（一）物流系统的概念

视频资源

物流系统

系统是指由相互作用和相互联系的若干组成部分结合而成的具有特定功能的有机整体。在系统的概念中有“目标、部件和联接”三个要素，这也是系统的三个特点。

- 目标：每个系统都有其特定的系统目标。
- 部件：每个系统都是由多个部件组成。
- 联接：在系统中的各部件，相互之间存在联系。

因此，可认为“系统是为了有效地达到某种目的的一种机制”。

由系统的概念可知，物流系统是“为了有效达到物流目的的一种机制”，而物流的目的是“追求以最低的物流成本向客户提供优质的物流服务”。

综上所述，物流系统（logistic system）的定义就是：“物流系统是由物流各要素所组成的，要素之间存在有机联系并具有使物流总体合理化功能的综合体”。物流系统主要受内部环境以及外部环境的要素影响，物流系统整体构成十分复杂，其外部存在过多的不确定因素，其内部存在着相互依赖的物流功能因素。

（二）物流系统的基本要素

物流系统的要素包括一般要素、功能要素、支撑要素、物质基础要素。

1. 一般要素

（1）劳动者要素。它是所有系统的核心要素，是第一要素。提高劳动者的素质，是建立一个合理化的物流系统并使它有效运转的根本。

（2）资金要素。物流系统建设是资本投入的一大领域，离开资金这一要素，物流不可能实现。

（3）物的要素。物的要素包括物流系统的劳动对象，即各种实物。物的要素还包括劳动工具、劳动手段，如各种物流设施、工具，各种消耗材料等。

2. 功能要素

物流系统的功能要素是指物流系统所具有的基本能力，这些基本能力有效地组合、联结在一起，以完成物流系统的目标。一般认为物流系统的功能要素有运输、储存保管、包装、装卸搬运、流通加工、配送、物流信息等要素。

3. 支撑要素

（1）体制制度。物流系统的体制制度决定物流系统的结构、组织，国家对其的管理方式，以及这个系统的地位、范畴，是物流系统的重要保障。

（2）法律法规。物流系统的运行不可避免地涉及企业和人的权益问题，法律法规不仅能限制和规范物流系统的活动，使之与更大系统协调，而且还能维系物流企业的合同执行、权益划分和责任明确等。

（3）行政命令。物流系统和一般系统的不同之处在于，物流系统关系到国家军事和经济命脉，所以，行政命令等手段是支持物流系统正常运转的重要支撑要素。

（4）标准化系统。标准化系统是保证物流环节协调运行、保证物流系统与其他系统在技术上实现联结的重要支撑条件。

4. 物质基础要素

（1）基础设施。基础设施是组织物流系统运行的基础物质条件，包括物流场站、物流中心、仓库、物流线路、建筑、公路、铁路、港口等。

（2）物流装备。物流装备是保证物流系统开动的条件，包括仓库货架、进出库设备、加工设备、运输设备、装卸机械等。

（3）物流工具。物流工具是物流系统运行的物质条件，包括包装工具、维修保养工具、办公设备等。

（4）信息技术及网络。信息技术及网络是掌握和传递物流信息的手段，根据所需信息水平不同，包括不同的通信设备及线路、传真设备、计算机及网络设备等。

（5）组织及管理。组织及管理是物流系统的“软件”，起着连接、调运、运筹、协调、指挥其他各要素的作用，以保障物流系统目的的实现。

（三）物流系统的特点

物流系统具有一般系统所共有的特点，即整体性、相关性、目的性、环境适应性，同时还具有规模庞大、结构复杂、目标众多等大系统所具有的特征。

1. 物流系统是一个“人机系统”

物流系统是由人和形成劳动手段的设备、工具所组成。它表现为物流劳动者运用运输设备、装卸搬运机械、仓库、港口、车站等设施，作用于物资的一系列生产活动。在这一系列的物流流动中，人是系统的主体。因此，在研究物流系统的各个方面问题时，把人和物有机地结合起来，作为不可分割的整体加以考察和分析，而且始终把如何发挥人的主观能动作用放在首位。

2. 物流系统是一个大跨度系统

这反映在两个方面：一是地域跨度大，二是时间跨度大。在现代经济社会中，企业间物流经常会跨越不同地域，而国际物流的地域跨度更大；通常采用储存的方式解决产需之间的时间矛盾，这样的时间跨度往往也很大。大跨度系统带来的主要是管理难度较大，对信息的依赖程度较高。

3. 物流系统是一个可分系统

根据物流系统的运行环节，物流系统可以划分为以下几个子系统：物资的包装至物资的装卸系统、物资的运输系统、物资的储存系统、物资的流通加工系统、物资的回收复用系统、物资的情报系统、物流的管理系统等。与此同时，物流各子系统又可分成下一层次的系统。例如运输系统中可分为水运系统、空运至统、铁路运输系统、公路运输系统、管道运输系统等。可见，物流系统是一个多层次、多目标的可分系统。

4. 物流系统是一个动态系统

物流系统是一个具有满足社会需要、适应环境能力的动态系统。经常变化的社会环境，使人们必须对物流系统的各组成部分经常不断地修改、完善，这就要求物流系统具有足够的灵活性与可改变性。

5. 物流系统是一个复杂的系统

物流系统的边界是广阔的，其范围横跨生产、流通、消费三大领域，而且随着科学技术的进步，生产的发展，物流技术的提高，物流系统的边界范围还将不断地向内深化、向外扩张，进而也增加了物流系统管理的复杂程度。

6. 物流系统是一个多目标函数系统

物流系统的复杂性使系统结构要素间有非常强的“背反”现象，常称之为“交替损益”或“效益背反”现象，处理时稍有不慎就会出现系统总体恶化的结果。例如，飞机运输速度快，但运输成本高，时间效用虽好，但经济效益不一定最佳；而选择水路运输，则情况相反。所有这些相互矛盾的问题，在物流系统中广泛存在。可见，要想取得最佳的物流效果，就必须建立能高效满足客户服务需求的物流多目标函数系统。

第二节　物流的功能要素

引导案例

“本来生活网”从“原产地到餐桌”的生鲜之旅

在国内消费升级的浪潮下，中国生鲜电商市场正处于高速发展期。由于生鲜食品的特殊性，供应链和物流成为生鲜电商产品质量控制的核心竞争壁垒。本来生活网从国内优质食品供应基地中精挑细选，剔除中间环节，提供冷链配送、食材食品直送到家服务。

生鲜食品的安全、品质、新鲜一直是消费者比较关注的焦点，为了把控采购的商品质量，本来生活网设置专业的品控实验室和品控团队。以华北物流中心为例，自建仓以来，品控实验室专业设备投入近 65 万元。本来生活网对生鲜食品的品质控制，一般分三个阶段进行。前期，品控人员便会协助商品采购人员到原产地，审核原产地资质是否达到本来标准。在用户下单后，原产地也要经过严格的品控环节，对商品进行拣选、配货、打包、配送。最后，在商品入库之前，品控人员还会对商品进行抽测，有农残、兽药残、非法添加等共计 48 项，确保入库商品的安全性。

由于不同生鲜食品对储存条件的要求不同，解决生鲜食品保“鲜”的问题，首先要提供差异化的储存温度，对各类商品进行“区别对待”。与本来生活网在上海、广州和成都三地的自建物流中心一样，华北物流中心为三温仓库，配有常温、冷藏、冷冻三大区域，其中又细分为 7 个温区——0～4 ℃，4～8 ℃，10～14 ℃，20～24 ℃，-18～-30 ℃，-55 ℃和常温区，以满足不同商品的储存要求。商品的储存会依据每一种商品独特的保鲜需求分别储藏，对于有不同储存要求的食品严格进行分温储存。

例如，以蔬菜、水果为主的冷藏区，商品周转周期最短，仅在 3 天以内。商品入库后，根据用户订单，经过拣选、检验、打包，便会出库进行配送。出库前，打包会根据不同商品特性，按照包装标准进行包装，确保商品新鲜完整到达消费者手中。本来生活网拥有 5 款专业冷链周转箱，高密度保温泡沫箱经双重保温设计，使用安全、高效的储能冰盒，可以确保 24 h 保温时效。商品出库后，主要由本来生活网的自有物流进行配送，提供今夜达、次日达冷链物流配送业务。同时，也与顺丰等物流平台进行合作，共同解决“最后一公里”的保鲜问题。

（来源：搜狐网）

思考：生鲜食品从原产地到消费者餐桌上的过程体现了物流的哪些功能要素？

物流的功能要素指的是物流系统所具有的基本能力，这些基本能力有效地组合、联结在一起，便成了物流的总功能，能合理、有效地实现物流系统的总目的。物流的功能要素主要包括：运输、仓储、装卸搬运、包装、流通加工、信息处理以及配送。

一、运输

（一）运输的定义

视频资源

运　输

运输是指用特定的设备和工具，将一定形状、质量、体积的物体，从一个地点向另一个地点安全地按时运达的物流活动，它是在不同地域范围内，以改变物的空间位置为目的对物进行的空间位移。通过这种位移创造商品的空间效益，实现其使用价值，满足社会的不同需要。

中华人民共和国国家标准《物流术语》将运输定义为：“利用载运工具、设施设备及人力等运力资源，使货物在较大空间上产生位置移动的活动。”运输是物流的中心环节之一，也是现代物流活动最重要的一个功能。

（二）运输在物流中的作用

运输在整个物流系统中占有很重要的地位，其作用主要体现在以下三个方面：

1. 运输是物流系统功能的核心

物流系统具有创造物品的时间效用、形式效用、空间效用三大效用。时间效用主要由仓储活动来实现，形式效用由流通加工业务来实现，空间效用则通过运输来实现，因此，运输是物流系统功能的核心。

2. 运输费用是影响物流费用的重要因素

在物流过程中，直接耗费的活劳动和物化劳动所支付的直接费用主要有运输费、保管费、包装费、装卸搬运费和物流过程中的损耗等。其中，运输费用所占比重最大，是影响物流费用的一项重要因素，是降低物流费用、提高物流速度、发挥物流系统整体功能的中心环节，对物流总成本的节约具有举足轻重的作用。

3. 运输合理化是物流系统合理化的关键

物流系统合理化是指在各物流子系统合理化的基础上形成的最优物流系统总体功能，即系统以尽可能低的成本创造更多的空间效用、时间效用、形式效用。或者从物流承担的主体来说，以最低的成本为用户提供更多优质的物流服务。运输是各功能的基础与核心，直接影响着物流子系统，只有运输合理化，才能使物流结构更加合理，总体功能更优，因此，运输合理化是物流系统合理化的关键。

（三）运输的原则

1. 安全

安全是指保证商品在运输过程中的安全。一是注意在装卸过程中防止商品的破损；二是防止商品由于物理、化学或生物等自然原因引起的商品耗损和变质。对于不同的商品，了解其特性，选择适合的运输方式，是保证运输安全的首要原则。

2. 及时

及时是指根据用户的时间要求把商品送到消费地，或把货物及时运到销售地，尽量缩短货物的在途时间。缩短流通时间的主要手段是实现运输现代化和合理化。另外，还应根据货物的特性和急需程度选择合适的运输方式，并且做好不同运输方式之间的衔接工作，及时发运及转运货物。

3. 准确

准确是指在运输过程中准时准点到货，无差错事故，准确地完成任务。由于货物品种繁多、规格不一，加上运输过程中要经过多个环节，因此容易发生差错。对于发运货物不仅要求时间准确，而且商品本身，比如数量、规格、品质、包装等也不能出现差错。

4. 经济

经济是衡量运输效果的一项综合指标，以上的三个原则在一定程度上均可转化成经济因素。应以最经济的方法调运商品，降低运输成本。尽可能减少中间环节，缩短运输里程，力求用最少的费用，把货物运送到目的地。

（四）运输的方式

货物的运输方式主要有六种，分别是铁路运输、公路运输、水路运输、航空运输、管道运输和国际多式联运。

1. 铁路运输

铁路运输（见图 1-2）是在相对固定的列车线路上利用铁路设施、设备进行运送的一种运输方式。铁路货物运输主要承担长距离、大数量的货运。在没有水运条件的地区，几乎所有大批量货物都是依靠铁路，所以铁路货物运输是在干线运输中起主力作用的运输形式。

图 1-2　铁路运输

铁路运输的主要优点是速度快，受自然条件限制少，载运量大，运输成本较低；主要缺点是灵活性差，只能在固定线路上实现运输，需要与其他运输手段配合和衔接。铁路运输经济里程一般在 200 km 以上，因此，在短距离运输中，铁路运输竞争不过公路运输，但从成本、环保等方面考虑，铁路货运有望占有重要地位。

2. 公路运输

公路运输（见图 1-3）是主要使用汽车，也使用其他车辆在公路上进行运输的一种方式。公路货物运输主要承担铁路与水路优势难以发挥的近距离、小批量的货运，以及水路、铁路运输难以到达地区的长途大批量运输。由于公路运输有很强的灵活性，近年来，随着我国高速公路的快速建设，在有铁路、水路的地区，长途的大批量运输也开始使用公路运输。

公路运输的主要优点是灵活性强，公路建设期短，投资较低，易于因地制宜，对收货站设施要求不高，可以采取“门到门”运输方式，即从发货者门口直到收货者门口，而不需要转运或反复装卸搬运。公路运输的经济半径，一般在 200 km 以内。同时，公路运输也可作为其他运输方式的衔接手段。

图 1-3　公路运输

3. 水路运输

水路运输（见图 1-4）是指利用船舶、排筏和其他浮运工具，在江、河、湖泊、人工水道以及海洋上运送旅客和货物的一种运输方式。水运主要承担大运量、长距离的运输，是在干线运输中起主力作用的运输形式。在内河及沿海，水运也常作为小型运输工具使用，担任补充及衔接大批量干线运输的任务。

图 1-4　水路运输

水运有内河运输、沿海运输、近海运输、远洋运输四种形式。内河运输是使用船舶和其他运输工具，通过国内江湖河川等天然或人工水道运输物品的一种运输方式；沿海运输是沿国内海岸线，岛屿与岛屿之间或岛屿与大陆之间的货物运输；近海运输是使用船舶通过大陆邻近国家海上航道运送客货的一种运输方式，视航程可使用中型船舶，也可使用小型船舶；远洋运输是为进出口贸易、经济交流和人员往来服务的国与国之间的海上客货运输，因此又称海洋运输。

水运的主要优点是成本低，能进行低成本、大批量、远距离的运输，但是水运也有显而易见的缺点，主要是运输速度慢，受港口、水位、季节、气候影响较大，因而一年中中断运输的时间较长。

4. 航空运输

航空运输（见图 1-5）是使用飞机或其他航空器进行运输的一种形式。航空运输工具主要是飞机。航空运输最大的优势是速度快，符合当今时代的快节奏需要，最适合承担运量较少、距离长、对时间要求紧、运费负担能力较强的任务；缺点是运载量小，运输成本高。主要适合运载的物品有两类：一类是价值高、运费承担能力很强的物品，如贵重设备的零部件、高档产品等；另一类是紧急需要的物品，如抢险救灾物品等。

图 1-5　航空运输

5. 管道运输

管道运输（见图 1-6）是利用管道输送气体、液体和粉状固体的一种运输方式。其运输形式是靠物体在管道内顺着压力方向循序移动实现的。

图 1-6　管道运输

管道运输具有低噪声、低维护，结构紧凑、无活动件、体积小，配置标准管件、安装方便等特点。管道运输与其他运输方式最大的不同是：管道既是运输工具，又是运输通道，驱动方式是用机泵提供动力，使货物本身连续不断地被运送。

6. 国际多式联运

国际多式联运是一种以实现货物整体运输的最优化效益为目标的联运组织形式。它通常是以集装箱为运输单元，将不同的运输方式有机组合在一起，构成连续的、综合性的一体化货物运输。

多式联运应具有以下特点：

（1）根据多式联运的合同进行操作，运输全程中至少使用两种运输方式，而且是不同方式的连续运输。

（2）多式联运的货物主要是集装箱货物，具有集装箱运输的特点。

（3）多式联运是一票到底，实行单一运费率的运输。发货人只要订立一份合同，一次付费，一次保险，通过一张单证，即可完成全程运输。

（4）多式联运是不同方式的综合组织，全程运输均是由多式联运经营人组织完成的。无论涉及几种运输方式，分为几个运输区段，由多式联运经营人对货运全程负责。

几种运输方式的综合比较见表 1-2。

表 1-2　几种运输方式的综合比较

运输方式	适用情况	优　点	缺　点
铁路运输	长距离、大数量的货运	速度快、受自然条件限制小、载运量大、运输成本较低	灵活性差，只能在固定线路上实现运输
公路运输	小批量、短距离	灵活性强、建设期短、投资较低	长距离运输运费相对昂贵、易污染和常发生事故、消耗能量多
水路运输	大数量、长距离的运输	适合长距离运输、成本低、批量大、承载量大	速度慢，受港口、水位、季节、气候影响较大
航空运输	高价值货物和紧急物资	速度快，不受地形的限制	成本高
管道运输	气体、液体和粉状运输	运输量大、适合于大量连续不断运送的物资	灵活性差

（五）运输合理化

1. 运输合理化的含义

在整个物流活动中，运输实现了商品的空间转移，创造了空间效用和时间效用，是物流活动最重要的一个环节，因此，物流的更优化、更合理化，在很大程度上依赖于运输的合理化。

运输合理化是指从物流系统的总体目标出发，按照货物流通规律，运用系统理论及系统工程原理和方法，选择合理的运输路线和运输工具，以最短的路径、最少的环节、最快的速度和最少的劳动消耗，组织好货物的运输与配送，以获取最大的经济效益。

2. 运输合理化的途径

1）选择合适的运输方式和运输路线

根据货物的实际情况和特点以及运输方式的特点，考虑供需地之间的交通条件、道路状况和货主需要的时间和及时性，选择针对某种商品适合的运输工具和路线。

2）选择适合的运输工具

对于运输方也就是承运人，需要考虑其所提供的运输工具的新旧程度、装卸搬运的质量、工作人员的业务素质、服务商对运输过程的掌控、运输计划的准确性、价格的合理性、顾客满意度等内容。

3）提高运输工具实载率

实载率有两层含义：一是单车实际载重与运距之乘积和标定载重与行驶里程之乘积的比率，这在安排单车、单船运输时，是作为判断装载合理与否的重要指标；二是车船的统计指标，即一定时期内车船实际完成的货物周转量（以吨公里计）占车船载重吨位与行驶公里之乘积的百分比。在计算时车船行驶的公里数，不仅包括载货行驶，也包括空驶。

提高实载率能够充分利用运输工具的额定能力，减少车船空驶和不满载行驶的时间，减少浪费，从而使得运输合理化。

当前，国内外开展的配送形式，优势之一就是将多家需要的货和一家需要的多种货实行配装，以达到容积和载重的充分合理运用，比起以往自家提货或一家送货车辆大部分空驶的状况，是运输合理化的一个进展。

4）减少动力投入，增加运输能力

这种合理化的要点是少投入、多产出，走高效益之路。运输的投入主要是能耗和基础设施的建设，在基础设施建设已定型和完成的情况下，尽量减少能源投入，是少投入的核心，做到了这一点就能大大节约运费，降低单位货物的运输成本，达到合理化的目的。

5）尽量发展直达运输

直达运输是追求运输合理化的重要形式，其对合理化的追求要点是通过减少中转过程换载，从而提高运输速度，省略中间环节，节省装卸费用，降低中转货损。直达的优势，尤其是在一次运输批量和用户一次需求量达到了一整车时表现最为突出。直达运输有利于提高运输的计划水平，考虑用最有效的技术来实现这种稳定运输，从而大大提高运输效率。但是，直达运输的合理性也是在一定条件下才会有所表现，不能绝对认为直达一定优于中转，要根据用户的要求，从物流总体出发做出综合判断。

6）发展社会化的运输体系

运输社会化的含义是发展运输的大生产优势，实行专业分工，打破一家一户自成运输体系的状况。实行运输社会化，可以统一安排运输工具，避免对流、倒流、空驶、运力不当等多种不合理形式，不但可以追求组织效益，而且可以追求规模效益，所以发展社会化的运输体系是运输合理化非常重要的措施。

7）发展中短距离铁路公路分流，以公路运输代替铁路运输

这种方式一是对于比较紧张的铁路运输，用公路分流后，可以得到一定程度的缓解，从而加大这一区段的运输通过能力；二是充分利用公路从门到门和在中途运输中速度快且灵活机动的优势，实现铁路运输服务难以达到的水平。

8）配载运输

配载运输是充分利用运输工具载重量和容积，合理安排装载的货物及载运方法以求得合理化的一种运输方式。配载运输也是提高运输工具实载率的一种有效形式。

优化运输的方式很多，利用不同的措施实现运输的合理化，不仅可以节省运输成本，减少货损货差，也能够使整个物流环节得以优化，从而实现物流的合理化。

素质园地

我国综合交通运输体系建设成就

“十三五”时期，我国综合交通运输体系建设取得了历史性成就，基本能够适应经济社会

发展要求，人民获得感和满意度明显提升，为取得脱贫攻坚全面胜利、实现第一个百年奋斗目标提供了基础保障，在加强交通运输保障、促进复工复产等方面发挥了重要作用。

五年里，我国交通运输基础设施网络日趋完善，综合交通网络总里程突破 600 万 km，“十纵十横”综合运输大通道基本贯通，高速铁路运营里程翻一番、对百万人口以上城市覆盖率超过 95%，高速公路对 20 万人口以上城市覆盖率超过 98%，民用运输机场覆盖 92% 左右的地级市，超大特大城市轨道交通加快成网，港珠澳大桥、北京大兴国际机场、上海洋山港自动化码头、京张高速铁路等超大型交通工程建成投运。

战略支撑能力不断增强，中欧班列开行列数快速增长，京津冀一体化交通网、长江经济带综合立体交通走廊加快建设，交通扶贫百项骨干通道基本建成，新建、改建农村公路超过 147 万公里，新增通客车建制村超过 3.3 万个，具备条件的乡镇和建制村全部通硬化路、通客车，快递网点基本覆盖全部乡镇，建制村实现直接通邮。

运输服务质量持续提升，旅客高品质出行比例不断提高，航班正常率大幅上升，集装箱铁水联运量年均增长超过 20%，快递业务量翻两番、稳居世界第一。新技术新业态蓬勃发展，具有完全自主知识产权的全系列复兴号动车组上线运行，C919 客机成功试飞，ARJ21 支线客机规模化运营，跨海桥隧、深水航道、自动化码头等成套技术水平跻身世界前列，船舶建造水平持续提升，网约车、共享单车、网络货运平台等新业态快速发展、治理能力不断增强。

（来源：中国政府网）

二、仓储

（一）仓储的定义

中华人民共和国国家标准《物流术语》将仓储定义为：“利用仓库及相关设施设备进行物品的入库、储存、出库的活动。”从字面来看，仓储可以分为“仓”和“储”：“仓”也称为仓库，即存放、保管、储存货物的建筑物和场地的总称，具有存放和保护货物的功能；“储”也称为储存，表示将储存对象收存以备使用，具有收存、保护、管理、贮藏货物并交付使用的作用。因此，“仓储”可以理解为利用仓库存放、储存和管理未即时使用的货物的行为。

视频资源

仓　储

（二）仓储的作用

物流过程需要经过众多的环节，而仓储发挥着整体物流协调的作用，是其中最为重要也是必不可少的环节。仓储在物流管理中的作用主要体现在以下三个方面：

1. 实现运输整合

运输整合是指通过多种货物配载充分利用运输空间的一种运输方法。由于运输的费用率随着运量的增大而减少，因此尽可能大批量地运输是节省运费的有效手段。将连续不断产出的产品集中成大批量提交运输，或者将众多供货商所提供的产品整合成单一的一票运输，就需要通过仓储来实现。因此，通过仓储进行运输整合，不仅能够大批量提交运输，还可以通过比重整合、轻重搭配，实现运输工具空间的充分利用，提升运输作业效率。

2. 平衡生产

平衡生产是指通过仓储的时间调整来满足生产与销售的平衡需要。众多的产品具有季节性销售的特性，在销售高峰前才组织大批量生产显然不经济而且不可能。只有通过一定时间持续的经济生产，将产品通过仓储的方式储存，并通过仓储点的合理分布才能实现及时向所有市场供货。因此，对于一般商品、生产原材料，适量地进行安全储备是保证生产稳定进行和促进销售的重要手段，也是对抗偶发事件（如交通堵塞、发生不可抗力、意外事故等）对物流产生破坏的重要应急手段。

3. 存货控制

存货控制就是对仓储中的商品存量按市场规律进行控制。仓储存货控制包括存量控制、仓储点的安排、出货安排等工作。除了在现场装配的大型设备、建筑外，绝大多数通用产品的现代生产很难做到完全无存货，有存货就意味着资金运转停滞、资金成本增加、保管费用增加，并会产生耗损、浪费等风险。因此，对于存货的控制以至成本的降低，是仓储的重要作用。

（三）仓储的作业内容

仓储的作业内容主要包括物品入库、物品保管与养护、物品盘点及物品出库四个方面。

1. 物品入库

入库作业是仓库管理过程的开始，直接影响后续在库作业以及物流客户服务，因此必须综合考虑影响入库作业的因素，按照入库作业的基本流程，根据不同的管理策略、货物属性、数量以及现有库存的情况，设定货物堆码位置、货物堆码顺序，实现货物的高速入库，提高入库作业效率。

入库作业的基本业务流程包括：

1）入库前的准备

仓库各部门根据入库计划及时地做好入库前的准备工作，是确保货物准确迅速入库的重要环节，也是避免差错、减少浪费的有效措施。这需要由仓库各业务部门、管理部门、设备部门分工协作，相互配合，做好以下工作：

（1）信息准备。在接到入库作业计划后，仓库业务员要及时获得货物信息，包括：发货时间、发货地点、运输方式、在途天数、预计到货时间、到货地点、联系电话，货物名称、规格、数量、包装、形状、单件体积、理化性质、保管要求、自提还是送货上门，是否需要与货站结算货款等内容，必要时要向存货人进行询问核实，确保准确无误，便于后续工作的顺利开展。

（2）场地准备。根据货物的入库时间、数量、性质、保管要求等信息，结合货物的堆码要求，计算货位面积，确定所需的存储空间和仓库条件，并对该仓库进行清查，整理剩余货物，腾出仓容，清扫消毒，准备好存货场所。

（3）设备准备。在货物到库之前，根据其种类、包装、规格、数量等情况，确定装卸搬运及检验的方法，并准备相应的车辆、检验器材、度量衡工具、移动照明设备、撬棍、锤子、堆码的工具，以及危险品需要的必要防护用品。

（4）人员准备。根据作业量的大小及专业化程度的高低，安排数量相符、技能娴熟的搬运、堆码、检验等相关作业人员，如遇特殊货物，还须对人员进行作业前培训及安全教育，保证货物到达后，人员及时到位，安全高效地完成工作任务。

（5）货位准备。根据货位的使用原则，妥善安排货位，并进行彻底清扫，清除残留物，检查照明、通风等设备，发现问题及时解决。

（6）作业工艺设定。综合考虑货物、货位、设备、人员、场地、时间等多方面因素，科学合理地确定装卸搬运的工艺方案，尤其是对于超长、超宽、超高、不能拆分的大型物件，在保证安全性的前提下，尽可能地提高作业效率。

（7）单证准备。仓库管理员需根据入库计划将作业时所需的入库记录单、验收单、货卡等各种单据、凭证、报表事先准备好，并预填妥善，以备使用。

（8）苫垫用品准备。根据货物的性质、数量、保管要求、堆码形式、储存场所等因素，确定货垛的苫垫形式，并准确计算出所需苫垫材料的数量和种类，预先准备充足，做到堆码的同时完成苫垫工作，以提高工作效率，降低成本。

2）货物接运

随着第三方物流业务范围的不断扩展，已经很少有供货商自己开展运输将货物送到仓库，绝大多数都是将这一部分业务转交给专门从事运输业务的物流公司完成，这样既可以将企业的精力集中到提高核心竞争力上去，又可以充分利用运输的规模经济原理来降低运输成本。

做好货物接运业务管理的主要意义在于，防止把在运输过程中或运输之前已经发生的货物损害和各种差错带入仓库，减少或避免经济损失，为验收和保管、保养创造良好的条件。

货物接运可以在车站、码头、专用线或仓库进行，因此可以分为到货和提货两种：

（1）到货。到货是指仓库不需要自己组织车辆开展库外运输，而是供货单位直接将货物送到仓库的一种形式。在这种形式下，又可以分为供货单位直接送货到库和铁路专用线到货接运两种形式。

（2）提货。提货是指由仓库组织车辆、选择路线，自行将货物运回的一种接货形式，在回库途中，尤其要注意运输安全。提货接运可以分为到车站、码头提货接运和到供货单位提货接运两种形式。

3）货物验收

货物验收主要包括数量验收、质量验收和包装验收，其中包装验收的目的是通过检查包装的异常状况来判断内部商品是否发生破损丢失，因此，货物验收工作实际上就是“数量的清点”和“质量的检验”两项任务。在实际工作时，一种做法是数量清点无误后，通知检验部门进行质量检验；另一种做法是先由检验部门检查完质量，认为完全合格后，再通知仓库作业部门办理接收手续，填写收货单。

4）登记建卡

（1）建立货物明细卡。货物明细卡（货卡、货牌）是一张卡片，上面记载着所悬挂处货物的名称、型号、规格、数量、单位及进出库动态和积存数，对于货卡的管理通常有两种方式：一种是由专人负责，集中保存管理；另一种是将货卡直接挂在货物下方的货架支架上或是在货垛正面的明显位置，便于随时与实物核对，能够准确地掌握货物的结存数。

（2）登账。仓库中的实物保管明细账，用来登记货物入库、出库、结存的详细情况，要严格按照货物的出入库凭证及时登记，填写清楚、准确。记错时要划红线进行更正，并妥善保管，按货物的重量和编号顺序排列，注明货物的货位号和档案号，便于查对。仓库管理人员要经常进行核对，保证账、卡、货相符。

（3）建立仓库工作档案。仓库建档工作是将货物入库作业全过程的有关资料证件进行整理、核对，建立资料档案，便于查阅和管理。建立档案时要做到“一物一档、统一编号、妥善保管”，并由专人负责保管。档案资料主要包括货物到达仓库前的各种凭证、运输资料，入库验收时的各种业务凭证、资料，保管期间的各种业务技术资料，出库和托运时的各种业务凭证、资料。

5）货位分配

合理地分配和使用货位可以减少货物搬运的成本，降低货物在存储过程及搬运过程中损耗，从而降低物流业务本身的成本，提高收益。这也是仓储工作的重点。货位分配包含两层意义：一是为入库的货物分配最佳货位，因为在仓库内可能同时存在多个空闲的货位，即入库货位分配；二是要选择待出库货物的货位，因为同种货物可能同时存放在多个货位里。

货位分配考虑的原则有很多，具体如下：

（1）货架受力均匀，上轻下重。重的物品存在下面的货位，较轻的物品存放在高处的货位，使货架受力稳定。若以人工进行搬运作业，从人类工效学的角度考虑，人腰部以下的高度用于保管重物或大型物品，而腰部以上的高度则用来保管重量轻的物品或小型物品，在搬动过程中，此原则有利于保证货架的安全性及人工搬运的作业安全性，避免对货架的损坏和对操作人员的伤害。将物料分散存放在仓库的不同位置，避免因集中存放造成货架受力不均匀。

（2）加快周转，先入先出。同种物料出库时，先入库者，先提取出库，以加快物料周转，避免因物料长期积压产生锈蚀、变形、变质及其他损坏造成的损失。

（3）提高可靠性，分巷道存放。仓库有多个巷道时，同种物品分散在不同的巷道进行存放，以防止因某巷道堵塞影响某种物料的出库，造成生产中断。

（4）提高效率，就近进出库。为保证快速响应出库请求，一般将物料就近放置在出库台附近。

2. 物品保管与养护

仓库中储存的物品由于受到自然环境中的日晒、雨淋、潮湿、高温、冻害、虫害、灰尘等的影响和储存时间的延长而发生变化，会引起物品锈蚀、霉烂、老化、潮解、自燃等变质现象，从而使物品部分失去或完全丧失使用价值。因此，物品保管和养护的任务就是要在认识和掌握各种在库货物的变化规律后，采取相应的组织管理和技术管理措施，有效地抑制外界因素的影响，创造适宜的环境，提供良好的条件，以求最大限度地避免和减少物品损失，降低保管损耗。常见的物品保管技术有仓库温湿度控制法、仓储物资的霉腐防治法、金属物资的防锈除锈处理以及虫害的防治法等。

素质园地

危化品储存安全专项检查整治

2020年8月5日，国务院安全生产委员会办公室、应急管理部召开全国安全生产专题视频会议，强调要以港口、物流仓库、化工园区等为重点，立即开展全国危化品储存安全专项检查整治。应急管理部门要督促有关生产、经营企业落实储存环节降温、通风、远离火种等措施，确保有关冷却喷淋、监测报警、消防系统等装置设施完好有效。交通运输部门和各级海关要组织对所有涉及危化品的港口、库（堆）场、码头进行排查。工信、公安和市场监管等部门组织查处非法生产、储存、使用硝酸铵等民用爆炸物品行为，落实销售、购买许可审批和流向信息登记制度。生态环境部门要深入开展危险废物安全排查，切实落实安全防范措施。同时，各地区要对所有硝酸铵等爆炸危险性物品的储存场所开展定量风险评估。此次专项检查暴露了个别化工物流企业在仓储安全管理方面的缺失和疏忽，使得对物流企业仓储安全的规范化、系统化的管理变得越发重要，对于危险化学品的存储更要严格管理。从业人员在工作中要学会统筹兼顾、合理安排，避免错误操作，时刻保持安全意识、风险意识以及工作责任意识。

（来源：人民网）

3. 物品盘点

物品盘点是检查账、卡、物是否相符，把握库存物数量和质量动态的手段，盘点作业的内容主要包括以下几点：

（1）查数量。通过点数计算查明商品在库的实际数量，核对库存账面资料与实际库存数量是否一致。

（2）查质量。检查在库商品质量有无变化，有无超过有效期和保质期，有无长期积压等现象，必要时还需要对商品进行技术检查。

（3）查保管条件。检查保管条件是否与各种商品的保管要求相符合，如堆码是否合理稳固，库内温湿度是否符合要求，各类计量器具是否准确等。

（4）查安全。检查各种安全措施和消防设备、器材是否符合安全要求，建筑物和设备是否处于安全状态。

盘点作业一般依循下列步骤逐步实施：

①事先准备。盘点作业的事先准备工作是否充分，关系到盘点作业进行的顺利程度。为了使盘点在短暂的时间内利用有限的人力达到迅速、准确的目标，事先的准备工作内容如下：明确建立盘点的程序方法，配合会计决算进行盘点，盘点、复盘、监盘人员必须经过训练，经过训练的人员必须熟悉盘点用的表单，盘点用的表单必须事先印制完成，库存资料必须确实结清。

②盘点时间的确定。一般性货品就账物相符的目标而言，盘点次数愈多愈好，但因每次实施盘点必须投入大量的人力、物力、财力，故也很难经常为之。事实上，导致盘点误差的关键主因在于出入库的过程，因此一旦出入库作业次数多时，误差也会随之增加。所以，以一般生产厂而言，因其货品流动速度不快，半年至一年实施一次盘点即可。但在物流中心货品流动速度较快的情况下，既要防止过久盘点对公司造成的损失，又要考虑可用资源的限制，因而最好能根据物流中心各货品的性质制订不同的盘点时间。例如，在对商品进行A、B、C分类的物流中心，A类主要货品可每天或每周盘点一次，B类货品可每二三周盘点一次，C类较不重要货品可每月盘点一次。而未实施商品A、B、C分类管理的物流中心，至少也应对较容易损耗、毁坏及高单价的货品增加其盘点次数。另外需要注意的是，当实施盘点作业时，应尽可能缩短作业时间，以2～3日内完成较好。

③确定盘点方法。因盘点场合、需求的不同，盘点的方法也有差异，为符合不同状况的产生，盘点方法必须明确，以利于盘点时不致混淆。

④储存场所的清理。在盘点前，对厂商交来的物料必须明确其所有权，如已验收完成属本物流中心的，应即时整理归库，若尚未完成验收属厂商的，应划分清楚避免混淆。储存场所在关闭前，应通知各需求部门将需出库配送的商品提前做好准备。储存场所整理整顿完成，以便计数盘点。预先确定呆料、废品、不良品，以便盘点时鉴定。账卡、单据、资料均应整理后加以结清。储存场所的管理人员在盘点前应自行预盘，以便提早发现问题并加以预防。

⑤盘点工作。盘点时，因工作单调琐碎，人员较难以持之以恒，为确保盘点的正确性，除人员培训时加强引导外，工作进行期间应加强指导与监督。

⑥差异因素追查。当盘点结束后，发现所得数据与账簿资料不符时，应立即追查产生差异的主要原因。盘点差异产生的主要原因来自以下几个方面：是否因记账员素质不足，致使货品数目无法表达；是否因账物处理制度的缺点，导致货品数目无法表达；是否因盘点制度的缺点导致账物不符；盘点所得的数据与账簿的资料，差异是否在容许误差内；盘点人员是否尽责，产生盈亏时应由谁负责；是否产生漏盘、重盘、错盘等状况；盘点的差异是否可事先预防，是否可以降低账物差异的程度。

⑦盘盈、盘亏处理。差异原因追查后，应针对原因进行调整与处理，至于呆废品、不良品减价的部分需与盘亏一并处理。

物品除了盘点时产生数量的盈亏外，有些货品在价格上会产生增减，这些变化在经主管审核后必须利用货品盘点盈亏及价目增减更正表修改。

4. 物品出库

物品出库作业，是仓库根据业务部门或存货单位开出的货物出库凭证，按其所列货物编号、名称、规格、型号、数量等项目，组织货物出库等一系列工作作业的总称。

物品出库要做到“三不、三核、五检查”。“三不”，即未接单据不翻账，未经审单不备货，未经复核不出库；“三核”，即在发货时，要核对凭证、核对账卡、核对实物；“五检查”，即对单据和实物要进行品名检查、规格检查、包装检查、数量检查、重量检查。具体地说，物品出库要求严格执行各项规章制度，杜绝差错事故，提高服务质量，让用户满意。

物品出库作业过程主要包括以下环节：

（1）审核出库凭证，即保管员对用户所持出库凭证（提货单）的审核。主要内容有：付货仓库的名称是否相符，提单式样是否相符，印鉴（货主的调拨章、财务章）是否齐全，物资编号、品名、规格、质量、等级或型号、应发数量、单位有无差错、涂改，是否逾期。以上内容有一项不符，仓库有权拒绝发货，待原开证单位（货主）更正并盖章后，才可继续发货。

（2）物品出库的点交，即保管员将应发物资向用料单位逐项点清交接的过程。应注意：凡重量标准的、包装完整的、点件的物资，当场按件数点清交给提货人或承运部门，并随即开具出门凭证，应请提货人在出门凭证上签名；凡应当场过磅计量或检尺换算计量的，按程序和规定检斤、检尺，并将磅码单抄件、检尺单抄件及出门证一并交提货人，亦应请提货人在原始磅码单及出门证上签名。

出库交接时也应当面点清。与提货人的交接清点是仓库和提货人划分责任的必要手段，品种多时，分单品核对。不能仅与接货人核对种数，应将所有货物卸下来重新清点，最后签收完成出库作业。

拓展阅读

京东物流无人仓

随着科学技术的不断进步，我国的仓储业也进行了更高水平的技术革新，发生了巨大的变化。京东物流无人仓是全球第一个规模化运行并投入实际使用的全流程无人仓，总面积约4万 m^2，承担着华东地区每天20万单3C等产品的入库、存储、包装、分拣、出库等任务，各环节紧密衔接、有条不紊。

在无人密集式货架存储区，入库的商品首先会存储在这里。高耸的立体货架，循环往复的穿梭车，进进出出的整齐货箱，组成一首流畅的交响曲，虽繁而不乱。

无人包装区，则应用到了六轴机器人、自动供包机器人、视觉检测仪器等多种设备。从存储区输送过来的商品，经六轴机器人机械手臂智能抓取的同时，也经视觉检测仪器检测（特征、缺陷检测）、测量（品规）、识别（条码等）。它们会根据商品本身的条码、订单信息条码来判断如何对商品进行排列组合和输送。分好类别的商品随后经传送带输送到自动供包机器人处自动打包。值得一提的是，这些自动供包机器人都是京东自主研发，极为智能。所有商品的包装都是机器人根据商品实际大小当场裁剪切割泡沫包装袋或纸板包装箱的。这就意味着这些商品不会出现“大箱小商品”的包装材料浪费，或“大商品小箱”导致商品在配送途中被损坏的情况，非常有利于科学合理利用包装材料。

无人分拣区，也是京东无人仓应用机器人密度最大的地方，三种自动导引运输车（automated guided vehicle，AGV）各司其职，井然有序：小型分拣机器人（也被称为“小红人”）负责将每个订单小包裹按照订单地址投放入不同的转运袋中；中型 AGV 完成第二轮分拣和搬运；大型 AGV 则直接把要送往京东终端配送站点的大包裹送上伸缩输送机，经传送带直接将包裹输送到库房外的运输车上。在这一环节，最为抢眼的便是 300 个小型分拣机器人，一水的京东红，在这个广阔的分拣区域内，往来穿梭都是自己搞定，不但能够主动避让，还能自己充电。小红人的速度惊人，可达到 3 m/s。

（来源：搜狐网）

三、装卸搬运

视频资源

装卸搬运

据我国物流部门统计，火车货运以 500 km 为分歧点，运距超过 500 km，运输的在途时间多于起止的装卸搬运时间；运距低于 500 km，装卸搬运时间则超过实际运输时间。据我国对生产物流的统计，机械工厂每生产 1 t 成品，需要进行 252 t 次的装卸搬运，其成本为加工成本的 15.5%。通过以上两组数据可以看出，在物流过程中，装卸搬运活动是不断出现和反复进行的，它出现的频率高于其他各项物流活动，每次装卸搬运活动都要花费很长时间，在物流成本中所占的比重也较高，因此装卸搬运往往成为决定物流速度的关键，也成为了影响物流效率和效益的重要环节之一。

（一）装卸搬运的定义

装卸搬运可以拆分成“装卸”和“搬运”两个部分。

1. 装卸

装卸是指在同一地域（地点）范围内（比如工厂、车站、机场、码头、货场、仓库内部等），以改变“物”的存放地点或支承状态为目的的活动。中华人民共和国国家标准《物流术语》对装卸的定义是：“在运输工具间或运输工具与存放场地（仓库）间，以人力或机械方式对物品进行载上载入或卸下卸出的作业过程。”

2. 搬运

搬运是指以改变“物”的空间位置（通常指短距离）为目的的活动。国标《物流术语》对搬运的定义是：“在同一场所内，以人力或机械方式对物品进行空间移动的作业过程。”

搬运与运输的区别在于，搬运是在同一地域的小范围内发生的，而运输则是在较大范围内发生的，两者是量变与质变的关系，中间并无一个绝对的界限。

（二）装卸搬运对物流产生的影响

装卸搬运是物流每一项活动开始和结束时必然发生的活动，会影响其他物流活动的质量和速度，例如装车不当会引起运输过程中的损失；卸放不当会导致货物在下一环节转换过程中的困难。许多物流活动在有效的装卸搬运支持下才能实现高水平的运行。而各种不同的运输方式之所以能联合运输，也是得益于装卸搬运活动。由此可见，装卸搬运是物流活动得以进行的必要条件，会对物流过程产生以下几个方面的影响：

1. 影响物流质量

货物在改变其位置的过程中最易受损，货物在储存和运输过程中能够处于相对静止的状态，但装卸搬运是使货物产生垂直和水平方向上的位移，货物在移动过程中可能受到各种外力作用，如振动、撞击、挤压等，容易使货物包装和货物本身受损，如损坏、变形、破碎、散失、流溢等，装卸搬运损失在物流费用中也占有一定的比重。

2. 影响物流效率

物流效率主要表现为运输效率和仓储效率。在货物运输过程中，完成一次运输循环所需的时间中，在发运地的装车时间和在目的地的卸车时间占有不小的比重，特别是在短途运输中，装卸车时间所占比重更大，有时甚至超过运输工具运行时间，所以缩短装卸搬运时间，对加速车船和货物周转具有重要作用；在仓储活动中，装卸搬运效率对货物的收发速度和货物周转速度也会产生直接影响。

3. 影响物流成本

装卸搬运是劳动力借助于劳动手段作用于劳动对象的生产活动。为了进行此项活动，必须配备足够的装卸搬运人员和装卸搬运设备。由于装卸搬运具有零散、作业量大的特点，甚至在很多活动中是运输和仓储量的若干倍，因此所需装卸搬运人员和设备数量亦比较大，即要有较多的活动和物化劳动的投入，这些劳动消耗要记入物流成本，如能减少用于装卸搬运的劳动消耗，就可以降低物流成本。

4. 影响物流安全

由于物流活动是物的实体的流动，在物流活动中确保劳动者、劳动手段和劳动对象安全非常重要。装卸搬运特别是装卸作业，货物要发生垂直位移，不安全因素比较多，实践表明，物流活动中发生的各种货物破失事故、设备损坏事故、人身伤亡事故等，相当一部分是在装卸过程中发生的。特别是一些危险品，在装卸过程中如违反操作规程，很容易造成燃烧、爆炸等重大事故。

（三）装卸搬运的分类

装卸搬运的分类方法有很多种，可按作业场所、操作特点等进行分类。

1. 按作业场所分类

按作业场所分，装卸搬运可分为铁路装卸、港口装卸和场库装卸。

（1）铁路装卸：指在铁路车站进行的装卸搬运活动，除装卸火车车厢货物外，还包括汽车货物的装卸、堆码、拆取、分拣配货、中转等作业。

（2）港口装卸：指在港口进行的各种装卸活动，如装船、卸船作业，搬运作业等。

（3）场库装卸：指在仓库、堆场、物流中心等处的装卸搬运活动。

2. 按操作特点分类

按操作特点分，装卸搬运可分为堆码取拆作业、分拣配货作业和挪动移位作业。

（1）堆码取拆作业：包括在车厢内、船舱内、仓库内的码摞和拆垛作业。

（2）分拣配货作业：指按品类、到站、去向、货主等不同特征进行分拣货物作业。

（3）挪动移位作业：即单纯地改变货物的支撑状态的作业和显著（距离稍远）改变空间位置的作业，例如从汽车上将货物卸到站台上等。

（四）装卸搬运的作业方法

装卸搬运作业的基本方法，可按作业方式、作业对象等进行分类。

1. 按作业方式分类

按作业方式分，装卸搬运作业可分为吊装吊卸法（垂直装卸法）和滚装滚卸法（水平装卸法）。

（1）吊装吊卸法（垂直装卸法）：主要是以使用各种起重机械来改变货物的铅垂方向的位置为主要特征的方法，这种方法历史悠久、应用面广。

（2）滚装滚卸法（水平装卸法）：指以改变货物的水平方向位置为主要特征的方法，如各种轮式、履带式车辆通过站台、渡板开上或开下装卸货物，用叉车、平移机来装卸集装箱托盘等。

2. 按作业对象分类

按作业对象分，装卸搬运作业可分为单件作业法、集装作业法和散装作业法。

（1）单件作业法是人力作业阶段的主导方法。目前对长大笨重的货物，或集装会增加危险的货物等，仍采取这种传统的单件作业法。

（2）集装作业法是先将货物集零为整，再进行装卸搬运的方法，包括集装箱作业法、托盘作业法、货捆作业法、滑板作业法、网装作业法以及挂车作业法等。

（3）散装作业法是指对煤炭、矿石、粮食、化肥等块、粒、粉状物资，采用重力法（通过筒仓、溜槽、隧洞等方法）、倾翻法（铁路的翻车机）、机械法（抓、舀等）、气力输送（用风机在管道内形成气流，应用动能、压差来输送）等方法进行装卸。

另外，按作业是否连续，装卸搬运作业可分为间歇作业（如起重机等）和连续作业（如连续输送机等）方法；按作业手段和组织水平，装卸搬运可分为人工作业法、机械作业法、综合机械化作业法。

（五）装卸搬运合理化

1. 装卸搬运合理化的定义

装卸搬运合理化，是指以尽可能少的人力和物力消耗，高质量、高效率地完成仓库的装卸搬运任务，保证供应任务的完成。装卸搬运合理化，是针对装卸搬运不合理而言的。合理或不合理都是相对的，由于各方面客观条件的限制，不可能达到绝对的合理，也不会出现绝对的不合理。

由于装卸搬运作业主要起到的是衔接性作用，用以衔接运输、保管、包装、配送、流通加工等各物流环节的活动，而其本身并不创造价值，因此合理化的角度，应着重建立在尽最大可能节约时间和费用之上，从而压低成本，提升净利润和边际效益。

2. 装卸搬运合理化的原则

在进行装卸搬运合理化的过程中，应遵循一定的原则，来确保装卸搬运作业活动的流畅性、安全性和高效性。

（1）省力化原则。这一原则主要针对装卸搬运作业的操作人员，是指人员在操作业务的过程中，能尽可能地节省体力，这样既能在人力管理上更加高效，同时也可以节省人力资源成本。贯彻这一原则，可主要通过下列作业组织来实现：能往下则不往上，能直行则不拐弯，能用机械则不用人力，能水平则不要上坡，能连续则不间断，能集装则不分散。

（2）消除无效作业。所谓无效作业，是指在装卸作业活动中超出必要的装卸、搬运量的作业。显然，防止和消除无效作业对装卸作业的经济效益有重要作用。为了有效地防止和消除无效作业，应尽量减少装卸次数，提高被装卸物料的纯度，适宜包装，缩短搬运作业的距离。

（3）合理利用机械。机械是装卸搬运作业中的重要组成部分，在装卸搬运的合理化过程中，合理利用机械十分重要。如果机械的利用方法和利用率都能有效地实行合理化，装卸搬运作业也将得到很大程度的改善。

（4）提高搬运活性。搬运处于静止状态的物料时，需要考虑搬运作业所必需的人工作业。物料搬运的难易程度，可以用活性指数来衡量。所费的人工越多，活性就越低；反之，所需的人工越少，活性越高，但相应的投资费用也越高。

散放在地上的物料要运走，需要经过集中、搬起、升起和运走四次作业，所需的人工作业量多，即活性水平最低，即活性系数定为0。在对物料的活性有所了解的情况下，可以利用活性理论，改善搬运作业。

（5）连续化原则。尽可能使整个装卸搬运作业流程连续、不间断地进行。这里的连续化并不是指绝对的连续化，而是在客观条件和因素允许的前提下，尽可能保证装卸搬运作业的连续化，为的是作业的一气呵成及顺畅性。同时，装卸搬运作业越为连续，各个环节和业务之间的衔接性也越为流畅。

（6）物流的均衡性。物流的业务操作经常会体现出不均衡性，在装卸搬运作业中，应在合理化范围内，尽可能促进物流的均衡性，确保整个物流活动的平衡和有序。

（7）集装单元化原则。将单元的装卸搬运作业对象集装化进行操作，是完成装卸搬运合理化的重要原则。不论是从业务量、业务操作难度方面，还是从货品监管方面，集装化都将更加简便易行，人员和机械的业务强度都会随着集装单元化的运行而下降，也有利于推进物流业务的标准化进程。

（8）人格化原则。虽然装卸搬运作业的对象是货物，但在作业业务规划、设计、运行、操作的过程中，依旧要秉持以人为本的人格化原则，以此来保证装卸搬运作业的安全性、高效性、技术创新性和可持续性。

（9）提高综合效果。装卸搬运作业经常是多元化、碎片化的，在整个物流流程中，装卸搬运作业更是分散的、零碎的。在这种业务性质之下，装卸搬运的合理化往往也会被分割到不同的装卸搬运部门，成为部分的装卸搬运合理化。部分的装卸搬运合理化不能称为真正意义上的装卸搬运合理化，只有装卸搬运的全部整体作业业务均得以合理改善，才能被视为装卸搬运的合理化。因此，在进行合理化的装卸搬运过程之中，应时时注重综合效果和综合反馈。

3. 装卸搬运合理化的途径

1）坚持省力化原则

所谓省力，就是节省动力和人力。应巧妙利用物品本身的重量和落差原理，设法利用重力移动物品，依照上述省力化装卸搬运原则，在装卸搬运的业务规划和执行过程中，应做慎重规划，坚持执行省力化装卸搬运作业。

2）提高装卸搬运的灵活性

物料装卸搬运的灵活性，根据物料所处的状态，即物料装卸搬运的难易程度，可分为不同的级别。如果很容易转变为下一步的装卸搬运而不需过多做装卸搬运前的准备工作，则活性就高；如果难于转变为下一步的装卸搬运，则活性低。为了对活性有所区别，并能有计划地提出活性要求，使每一步装卸搬运都能按一定活性要求进行操作，对于不同放置状态的物品做了不同的活性规定，这就是活性指数，它分为0～4共5个等级。活性指数越高，物品越容易进入装卸搬运状态。

3）合理选择装卸搬运机械

装卸搬运的机械种类繁多，每一种机械的用途不同，效能不同。在运行装卸搬运作业的过程中，可以有多种机械的组合运用，从而产生不同的效率和产能。因此，合理选择装卸搬运机械对于装卸搬运合理化有非常重要的意义。

（1）确定装卸任务量。根据物流计划、经济合同、装卸作业不均衡程度、装卸次数、装卸车时限等，来确定作业现场年度、季度、月、旬、日平均装卸任务量。装卸任务量有事先确定的因素，也有临时变动的可能。因此，要合理地运用装卸设备，就必须把计划任务量与实际装卸作业量两者之间的差距缩小到最低水平。同时，装卸作业组织工作还要对装卸作业的物资对象的品种、数量、规格、质量指标以及搬运距离尽可能地做出详细的规划。

（2）根据装卸任务和装卸设备的生产率，确定装卸搬运设备需用的台数和技术特征。

（3）根据装卸任务、装卸设备生产率和需用台数，编制装卸作业进度计划。它通常包括装卸搬运设备的作业时间表、作业顺序、负荷情况等详细内容。

（4）下达装卸搬运进度计划，安排劳动力和作业班次。

（5）统计和分析装卸作业成果，评价装卸搬运作业的经济效益。

4）推广组合化装卸搬运

在装卸搬运作业过程中，根据物料的种类、性质、形状、重量的不同来确定不同的装卸作业方式。处理物料装卸搬运的方法有三种形式：普通包装的物料逐个进行装卸，叫作“分块处理”；将颗粒状物资不加小包装而原样装卸，叫作“散装处理”；将物料以托盘、集装箱、集装袋为单位组合后进行装卸，叫作“集装处理”。对于包装的物料，尽可能进行“集装处理”，实现单元化装卸搬运，可以充分利用机械进行操作。组合化装卸具有很多优点：装卸单位大、作业效率高，可大量节约装卸作业时间；能提高物料装卸搬运的灵活性；操作单元大小一致，易于实现标准化，不用手去触及各种物料，可达到保护物料的效果。

5）合理规划装卸搬运方式和装卸搬运作业过程

合理的规划装卸搬运作业过程主要指对整个装卸作业进行合理的安排，以减少运距和装卸次数。装卸搬运作业现场的平面布置是直接关系到装卸搬运距离的关键因素，装卸搬运机械要与货场长度、货位面积等互相协调。要有足够的场地集结货场，并满足装卸搬运机械工作面的要求，场内的道路布置要为装卸搬运创造良好的条件，有利于加速货位的周转。

提高装卸搬运作业的连续性应做到：作业现场装卸搬运机械合理衔接；不同的装卸搬运作业在相互联结使用时，力求使它们的装卸搬运速率相等或接近；充分发挥装卸搬运调度人员的作用，一旦发生装卸搬运作业障碍或停滞，立即采取有力的措施补救。

6）创建物流复合终端

所谓“复合终端”，即对不同运输方式的终端装卸场所，集中建设不同的装卸设施。复合终端的优点在于：取消了各种运输工具之间的中转搬运，因而有利于物流速度的加快，减少装卸搬运活动所造成的物品损失；由于各种装卸场所集中到复合终端，这样就可以共同利用各种装卸搬运设备，提高设备的利用率；在复合终端内，可以利用大生产的优势进行技术改造，大大提高转运效率；减少了装卸搬运的次数，有利于物流系统功能的提高。

素质园地

杜绝野蛮装卸

野蛮装卸是指不负责任地对货物任意抛、掷、拖、掼，装载时，横七竖八，卸货时，乱丢乱放，一卸了之。这样的装卸，必然导致国家的物质财富遭受不应有的损失。在物流行业中，野蛮装卸的问题至今仍然比较突出。比如在进行卸车时，装卸工从 4 m 多高的车上将商品往下翻滚，有的甚至是“一脚蹬”，地上也没有任何防护措施，使得钢桶漆膜脱落、桶身变形、纸箱散包、四角翻卷、破洞、污染等情况发生，直接影响到商品形象及质量。采用叉车搬运或装卸时，驾驶员质量意识淡薄，操作技术不过关，更时有发生碰撞、翻车等事故。在卸车时大件掉落或翻倒而砸伤人员、搬运时猛提猛举造成肌肉拉伤、转送货物时不当转动腰部造成扭伤、重货多人共抬时其中一人意外脱手造成砸伤等等安全事故更是在装卸搬运时经常发生。

因此，在物料装卸搬运作业中，要采取措施保证物料完好无损，也要保障作业人员人身安全，坚持文明装卸搬运。搬运操作看似平常，安全问题一定不能忽视，事故总在不经意时出现，遵守装卸搬运安全操作规范才能确保平安。此外，也要改变物料装卸搬运只是一种简单的体力劳动的过时观念，应积极推行全面质量管理等现代化管理方法，使物料装卸搬运工作从经验上升到科学管理。

（来源：根据网络相关资料整理）

四、包装

（一）包装的定义

视频资源 包装

生活中常见的泡沫箱、纸箱、瓶子、塑料膜等都是常用的包装物，不同类别的商品采用的包装也是不相同的，例如块茎类不易压坏的蔬菜可以采用小网袋袋装，瓜果和禽蛋等易损产品可以使用透气性良好的专门纸箱包装，而对肉类鱼类则可以采用冷冻、真空等包装形式。由此可以看出，为了便于运输、仓储和销售，只要进入流通环节，都要采用科学合理的包装技术包装商品。因而研究包装，对有效降低物流成本、保护商品、方便储运以及环境保护有着重要的意义。

中华人民共和国国家标准《物流术语》将包装定义为：“为在流通过程中保护产品、方便储运、促进销售，按一定技术方法而采用的容器、材料及辅助物等的总体名称。也指为了达到上述目的而采用容器、材料和辅助物的过程中施加一定技术方法等的操作活动。”

（二）包装的分类

需要包装的产品品种繁多，性能和用途千差万别，因而对包装的要求也各不相同，包装可按以下方法进行分类：

1. 按包装在流通中的作用分类

按包装在流通中的作用主要分为销售包装和运输包装。

销售包装的目的是促进商品的销售，这种包装的特点是外形美观，选用的材料、结构形态、外表装潢应具有美学功能，起到保护、美化、宣传产品，促进销售的效果，销售包装分为单个包装、内包装、中包装。

运输包装是以运输储存为主要目的的包装，它具有保障产品的安全、方便储运装卸、加速交接、点检等作用。因此，运输包装必须有足够的防护性能，以防止运输中一切外力的危害，运输包装的形状、尺寸必须便于装卸、运输作业。

运输包装的方式主要有单件运输包装和集合运输包装。单件运输包装是根据商品的形态或特性，把一件或数件商品装入一个较小容器的包装方式。单件运输包装的种类很多，常用的有包、箱、桶、袋等。集合运输包装是将一定数量的单件商品组合成一件大的包装或装入一个大的包装容器内。集合运输包装的种类有集装箱、集装袋、包、托盘等。

2. 按包装保护功能的顺序分类

按包装保护功能的顺序分为单个包装、内包装和外包装。

单个包装即第一次包装，是直接保护商品的包装，一般为商品的最小销售单位的包装形式，它连同商品一起到达消费者手中。

内包装即单个包装商品再次集合包装，成为较大的销售单位包装形式，如果商品体积较小，几个内包装还可以进行中包装，以方便流通运输、保管。

外包装一般是运输包装，主要目的是为了方便储存、运输。

3. 按包装容器分类

按包装容器的抗变形能力分为硬包装和软包装两类。硬包装的包装体有固定形状和一定强度；软包装又称柔性包装，包装体柔软，有一定程度的变形。

按包装容器形状分为包装袋、包装箱、包装盒、包装瓶、包装罐等。

按包装容器结构形式分为固定式包装和可拆卸折叠式包装两类。固定式包装尺寸、外形固定不变；可拆卸折叠式包装，不使用时可拆卸折叠存放，以减小体积，方便保管和返运。

4. 按包装制品的材料分类

按包装制品的材料分为纸制品包装、塑料制品包装、竹木器包装、金属包装、玻璃容器包装和复合材料包装等。

1）纸和纸板

纸和纸板是支柱性的包装材料，其应用范围十分广泛，纸和纸板是按定量（单位面积的质量）或厚度来区分的。凡定量在 250 g/m^2 以下或厚度在 0.1 mm 以下称为纸，在此以上的称为纸板。由于纸无法形成固定形状的容器，常用来做裹包衬垫和口袋，而纸板常用来制成各种包装容器。包装纸主要有：纸袋纸、牛皮纸、中性包装纸、普通食品包装纸、鸡皮纸、半透明玻璃纸和玻璃纸、有光纸、防潮纸、防锈纸、铜版纸等。包装纸板主要有：箱纸板、牛皮箱纸板、草纸板、单面白纸板、茶纸板、灰纸板、瓦楞纸板等。

2）塑料

塑料是一类多性能、多品种的合成材料，具有物理性能优越、化学稳定性好、轻便、易加工成型的特点。但塑料作为包装材料强度不如钢铁，耐热性不如玻璃，易老化，易产生静电。包装常用塑料有聚乙烯、聚丙烯、聚氯乙烯、聚苯乙烯、聚酯等，可制成瓶、杯、盘、盒等容器。

3）木质材料

木质材料是传统的运输包装材料，包括天然木材和人造板材，具有特殊的耐压、耐冲击性能，加工方便，是大型和重型商品运输包装的重要材料。人造板材有胶合板和纤维板两种。

常用的木制包装容器有木箱（包括胶合板箱和纤维板箱）、木桶（包括木板桶、胶合板桶和纤维板桶）等。

4）金属材料

包装用金属材料主要是指钢板、铝材及其合金材料，其形式有薄板和金属箔，品种有薄钢板（黑铁皮）、镀锌薄钢板（白铁皮）、镀锡薄钢板（马口铁）、镀铬薄钢板、铝合金薄板、铝箔等。金属材料牢固结实；密封性、阻隔性好；延展性强，易加工成型；金属表面有特殊的光泽，便于进行表面装潢。但金属材料成本高、生产能耗大、化学稳定性差、易锈蚀，所以金属材料包装的应用受到限制。

5）玻璃

玻璃是以硅酸盐为主要成分的无机材料，其特点是透明、清洁、美观，有良好的机械性能和化学稳定性，价格便宜，可多次周转使用。但玻璃耐冲击性差，自身质量大，运输成本高，限制了其在包装上的应用。玻璃包装容器常见的有玻璃瓶、玻璃罐、玻璃缸等，主要应用于酒类、饮料、罐头食品、调味品、药品、化学试剂等商品的包装。

6）复合包装材料

复合包装材料是将两种或两种以上的材料紧密复合在一起而制成的包装材料。塑料与纸、塑料与铝箔、塑料与玻璃、纸与金属箔都可制成复合材料。复合材料兼有不同材料的优良性能，使包装材料具有更加良好的机械性能、气密性以及防水、防油、耐热或耐寒性，是现代包装材料的一个发展方向，特别适用于休闲食品、复杂调味品、冷冻食品等食品商品的包装。

7）纤维织物

纤维织物可以制成布袋、麻袋、布包等，具有牢度适宜、轻巧、使用方便、易清洗、便于回收利用等特点，适用于盛装粮食及其制品、食盐、食糖、农副产品、化肥、化工原料及中药材。

8）其他材料

毛竹、水竹等竹类材料可以编制各种竹制容器，如竹筐、竹箱、竹笼、竹篮、竹盒等。水草、蒲草、稻草等可编织席、包、草袋，是价格便宜的、一次性使用的包装用材料。柳条、桑条、荆条及其他野生藤类，可用于编织各种筐、篓、箱、篮等。陶瓷可制成缸、坛、砂锅、罐、瓶等容器。另外，棕榈、贝壳、椰壳、麦秆等也可用于制作各种特殊形式的销售包装。

5. 按包装方法分类

按包装方法分类，包装可分为缓冲包装、真空包装、吸塑包装、热收缩包装等。

1）缓冲包装

这是针对出口商品中一些脆值低、对外力冲击和震动承受能力差的品种，经改进衬垫材料性能和包装内部结构，进行缓冲处理，使商品在出口装卸和搬运过程中减少破损的包装方法。出口商品中脆值低，易破碎、破损的商品主要有鲜蛋、陶瓷器、漆器家具、玻璃仪器、玉雕、木挂钟等。这些商品早期均以植物纤维如稻草、木丝、棉花、纸花、棕榈丝、竹壳丝等填充，以减少破损，现在多采用泡沫作为缓冲。

2）真空包装

真空包装是现代化的包装技术，对土特产商品出口具有防霉防虫、保鲜保质和压缩包装体积、节省外汇运费等优点。

3）吸塑包装

它是纸板、塑料片和膜相结合，通过真空吸塑而成的新颖包装，该包装可见可挂、结构灵活。

4）热收缩包装

它是采用热收缩薄膜，通过烘道热缩面形成一种全透明销售包装。

（三）包装标志

包装标志是为了便于货物交接、防止错发错运，便于识别，便于运输、仓储和海关等有关部门进行查验等工作，也便于收货人提取货物，在进出口货物的外包装上标明的记号。

1. 运输标志

运输标志，即唛头，这是贸易合同、发货单据中有关标志事项的基本部分。它一般由一个简单的几何图形以及字母、数字等组成，唛头的内容包括目的地名称或代号，收货人或发货人的代用简字或代号，件号（即每件标明该批货物的总件数），体积，重量（毛重、净重、皮重），以及生产国家或地区等。

2. 指示性标志

按商品的特点，对于易碎、需防潮湿、防颠倒等商品，在包装上用醒目图形或文字标明“小心轻放”“防潮湿”“此端向上”等。指示性标志用来指示运输、装卸、保管人员在作业时需要注意的事项，以保证物资的安全。这种标志主要表示物资的性质，以及物资堆放、开启、吊运等的方法。

在国际物流中则要求在包装上正确绘制货物的运输标志和必要的指示标志。标志至少应包括下列内容：①目的地，收货人的最终地址、中转地点、订货单号；②装卸货指示标志，特别是对于易碎商品，更应在包装上标记出装卸操作的方向，以防商品损坏。

3. 警告性标志

对于危险物品，如易燃品、有毒品或易爆炸物品等，在外包装上必须醒目标明，以示警告。

4. 危险品标志

危险品标志是用来表示危险品的物理、化学性质，以及危险程度的标志，它可提醒人们在运输、储存、保管、搬运等活动中引起注意。

（四）包装的功能

包装既是生产的终点，又是物流的起点。包装是物流过程中商品安全性的重要保障，是实现物流目的的重要环节和关键要素，在很大程度上制约着物流系统的运行状况。具体来讲，包装具有以下功能：

1. 保护功能

保护功能是包装的基本功能。商品在物流流通中要经过多次的装卸搬运，在这一过程中，物品会受到或多或少的碰撞、震动、挤压等不同程度的损伤。在流通中还会受自然天气的影响，例如温度、湿度、化学物质等，这些影响往往使商品变质。而包装在一定程度上能减少甚至避免这种损害，在最大程度上减少损失。因此，为了维持产品在物流过程中的完整性，必须对其进行科学的包装，避免各种外界不良因素对产品的影响。

2. 便利功能

商品的运输、装卸搬运通常是以包装的体积、重量为基本单位的，经过包装的商品在这些流通过程中能提供很多便捷。合适的包装形状、尺寸、重量和材料，能够方便运输、装卸搬运、储存等活动，提高其他物流环节的效率，降低物流成本。

3. 促销功能

包装是商品的组成部分，是商品的形象。良好的包装能给人以美的享受，起到激发消费者购买欲望的作用。因此，包装在购买者与商品之间起着媒介作用，以及宣传、美化、促进商品销售的作用。

（五）包装合理化

我国是人口大国，近年来随着网络购物和外卖行业的兴起，再加之制造企业的发展，商品流通的速度越来越快，数量庞大，随之而来的是大量的包装废弃物。另外，商品的包装标准并不统一，也使得包装不能很好地循环使用，商品从生产地运送到目的地后，商品被重新拆卸、搬运，包装废弃物的回收利用率低，造成了极大的资源浪费和环境污染。因此，包装的合理化需求不断增加，主要包括以下几点：

1. 促进物流包装的标准化

在生产技术活动中，对所有制作的运输包装和销售包装的品种、规格、尺寸、参数、工艺、成分、性能等所做的统一规定，称为产品包装标准。当包装实现了单元化和标准化，才能进行批量化作业，有了批量化，装卸搬运、保管和运输才能提高效率，节约费用，物流才能实现机械化和自动化，不仅提高了工作效率，也大大减少了商品的破损比率，使整条物流链运行得更加顺畅。

2. 大力推行循环包装系统

采用循环包装设计，可以让包装重复使用，这样就很好地解决了一次性包装所带来的大量包装废弃物的问题，同时也节约了自然资源，减少了回收废弃物的运输和搬运费用的开支，相应地，在处理废物时和再生处理时的工作量以及所需的劳动力都会相应减少，与之相关的费用也会随之减少。

3. 包装设计合理化

包装设计需要运用专门的设计技术，将物流需求、加工制造、市场营销及产品设计等因素结合起来综合考虑，尽可能满足多方面的需要。当然，对物流包装来说，设计中考虑的首要因素是货物的保护功能。包装设计基本上决定了货物的保护程度，但不能忽视费用问题。包装设计应正好符合保护货物的要求，过度的包装会增加包装费用，而且包装的尺寸大小会影响运输工具和仓库容积使用率。

4. 推行绿色包装

所谓绿色包装，是指对生态环境和人体健康无害，能循环和再生利用，符合可持续发展的包装。随着时代的发展，环境保护问题越来越受到重视，现代物流在对商品的包装上要充分考虑包装材料的可回收、易降解性，要充分考虑“以人为本”，使得包装在生产及使用过程中不会对人体造成危害，且要符合节约资源的宗旨，从源头上进行环境的保护。

素质园地

绿色物流变革

2018 年修订的《快递封装用品》系列国家标准对外发布，这要求提供包装服务的物流企业必须进行绿色包装改造，包括使用环保材料、提高材质利用率、设计折叠式包装以减少空载率、建立包装回用制度等；促进生产部门采用尽量简化的以及由可降解材料制成的包装；在流通过程中，应采取各种措施实现包装的合理化与现代化。各大物流企业纷纷采取措施，促使绿色包装模式开始推广应用。

顺丰算得上是绿色物流里的“早鸟”了，早在 2013 年就组建了自主包装研发团队，2016 年升级为“顺丰科技包装实验室”。顺丰将绿色包装贯通整个快递环节：打包环节，推行快递运输行业包装标准化，为大客户提供更环保的包装解决方案；研发环节，推广“丰 • BOX”；回收环节，有派件主动宣导客户回收、客户线上微信预约等多元化回收方式。与其他快递物流企业不同的是，顺丰建立了快递业医药物流包装标准化体系。种种举措使得顺丰全年节省纸类 2.1 万 t、塑料类 8 200 t、油墨 750 t。此外，通达系等快递企业也在降低成本的基础上进行绿色尝试，例如使用带芯片的绿色环保周转袋等，还与菜鸟联合启动物流生态专属林种植计划，在甘肃省敦煌市阳关自然保护区种植“绿色物流行动”专属生态林，首期造林近 1 000 亩（1 亩≈666.67 m^2）。

同时阿里巴巴、京东、苏宁易购等电商巨头也纷纷推出绿色物流计划，例如苏宁易购致力于通过包装结构、包装形式、包裹方式的创新研究，减少或降低纸箱、缓冲材料、纸质面单的使用量，从而实现降本增效。同时，通过使用可循环、可回收利用的新型包装容器，以及对这些包装材料的反复利用，减少对纸箱、胶带等材料的使用，从而实现绿色环保。京东物流包装科研检测中心先后研发了新型两层物流标签、生物降解快递袋等新材料，使用两层物流标签每年可减少 700 t 纸张使用，目前京东已经大规模使用可降解包装袋，每年淘汰近百亿个传统塑料袋，同时已投放十万青流快递循环箱。一场围绕绿色包装而展开的变革正在进行中。

（来源：搜狐网）

五、流通加工

（一）流通加工的定义

视频资源

流通加工

流通加工是指：物品在从生产地到使用地的过程中，根据需要施加包装、分割、计量、分拣、刷标志、拴标签、组配等简单作业的总称。例如当我们走进超市进行商品的选购时，我们能够注意到，在货柜当中摆放的蔬菜、水果、鸡翅、香肠等商品都经过了分类、清洗，贴好了商标和条形码，完成了包装、装袋等，这就是流通加工的结果。

中华人民共和国国家标准《物流术语》将流通加工定义为：“根据顾客的需要，在流通过程中对产品实施的简单加工作业活动的总称。”简单加工作业活动包括包装、分割、计量、分拣、刷标志、拴标签、组装、组配等。从本质上来说，流通加工是将商品加工工序从生产环节转移到物流环节，是物品在流动过程中，为了促进销售、维护产品质量和提高物流效率进行的辅助性加工。流通加工不改变商品的基本形态和功能，只是完善物品的使用功能，提高商品的附加价值，同时提高物流系统的效率，是物流系统的构成要素之一。

随着经济的增长、国民收入的增加，消费者的需求出现多样化，促使企业在流通领域开展流通加工。目前，许多物流中心或仓库经营中都大量存在流通加工业务，有为运输方便的加工，有为满足用户多样化需要的加工，有为了综合利用而进行的分解、分类的加工。其内容一般包括袋装、定量化小包装、配货、拣选、分类、混装等，生产的外延流通加工包括剪断、打孔、折弯、组装、改装、配套等。

流通加工和一般的生产型加工在加工方法、加工组织、生产管理方面并无显著区别，但在加工对象、加工程度方面差别较大，其主要差别点如下：

（1）流通加工的对象是进入流通过程的商品，具有商品的属性，以此来区别多环节生产加工中的一环。流通加工的对象是商品，生产加工对象不是最终产品，而是原材料、零配件、半成品。

（2）流通加工大多是简单加工，而不是复杂加工。一般来讲，如果必须进行复杂加工才能形成人们所需的商品，那么，这种复杂加工应专设生产加工过程，生产加工过程理应完成大部分加工活动，流通加工对生产加工是一种辅助及补充，特别需要指出的是，流通加工绝不是对生产加工的取消或代替。

（3）从价值观点看，生产加工的目的在于创造价值及使用价值，而流通加工则在于完善其使用价值。

（4）流通加工的组织者是从事流通工作的人，能密切结合流通的需要进行这种加工活动；从加工单位来看，流通加工由商业或物资流通企业完成，而生产加工则由生产企业完成。

（5）商品是为交换或消费而生产的，流通加工的一个重要目的，是为消费（或再生产）所进行的加工，这一点与商品生产有共同之处，但是流通加工有时候也是以自身流通为目的，纯粹是为流通创造条件，这种为流通所进行的加工与直接为消费进行的加工从目的来讲是有区别的，这是流通加工不同于一般生产的特殊之处。

（二）流通加工的功能

流通加工活动是一项具有广阔前景的物流活动，它能够为流通领域带来巨大的经济效益和社会效益，随着人们消费个性化、多样化的特点，流通加工的功能也越来越重要，主要表现在以下几个方面：

1. 改变包装

改变包装是指企业对产品原包装进行改进或改换，或把大包装商品改成小包装商品、散装商品改变成成箱包装、成箱包装改变成托盘包装等，也可在流通加工点将运输包装转换为销售包装。

改变包装包括包装材料的改变、包装形式和图案设计的变化、包装技术的改进等。经过包装加工，可以使原来不方便流通的商品迅速方便地流向市场；也可以通过有创意地改变商品包装上的装饰使商品档次跃升而充分实现其价值，有时可将商品的利润率提高 20%～50%，这是采取一般方法所难以达到的。

例如，流通加工中茶叶包装的改变：由于茶叶本身的独特性，传统的茶叶包装主要是要求防潮、防高温、防异味和便于运输携带。然而，随着经济的发展和人们生活水平的提高，茶叶的包装已经从过去的散装纸包、塑料袋包、罐装发展到了现在流行的高档精美礼品纸质盒装、罐装、铝箔精致小包装等。琳琅满目、千姿百态的富有创意和文化品位的茶叶包装已成为我国茶文化的重要组成部分。这些创新的包装除了能保持茶叶原有的实用功能以外，还大大提升了茶叶自身的价值和文化品位。

2. 衔接生产和需求

衔接生产和需求是指通过流通加工使产品的品种、规格和质量适应顾客需求，解决生产和需求分离的现象。目前发展较快的衔接生产和需求的加工有：将水泥加工成生混凝土，将原木或板材、方材加工成门窗，钢板预处理、整形，平板玻璃套裁加工等。

例如，工厂生产的玻璃是大块的，教室窗户的玻璃是小块的，为了节约、降低运输成本、方便安装，就要对工厂生产出来的玻璃进行流通加工，根据窗户的大小进行分割，并做好编号，然后再运输到教室，对号安装。

3. 实现商品分类

商品分类就是根据一定的目的，为满足某种需要，选择适当的分类标志或特征，将所有商品划分成大类、中类、小类，甚至规格、品级、花色等不同类别的过程。在流通加工中实现的商品的科学分类以及合理的重新组合，不仅方便了存储、搬运，而且可以提高商品的附加价值，给企业创造额外的利润。

4. 提高原材料利用率

通过流通加工可以提高原材料的利用率，主要体现在利用流通加工环节进行集中下料，集中下料是指将生产厂直运来的简单规格的产品，按使用部门的要求进行下料。例如，将钢板进行剪板、切裁，木材加工成各种长度及大小的板材、方材等。集中下料可以优材优用、小材大用、合理套裁，明显地提高原材料的利用率，有很好的技术经济效果。

5. 提高物流效率

有些商品本身的形态使之难以进行物流操作，在运输、装卸搬运过程中极易受损，因此需要进行适当的流通加工加以弥补，从而使物流各环节易于操作，提高物流效率。例如，天然气具有绿色环保、安全可靠、经济实惠等优点而成为当前社会的主要生产生活燃料之一，但是气体不适合储存和运输，虽然可以通过管道进行输送，但往往由于输送距离遥远、投资金额巨大而显得困难重重。而在流通加工中，将天然气净化处理后，采用膨胀制冷工艺或外部冷源，使其冷却变为低温液体，就可以使用容器装运，实现天然气的远距离运输和储存。因此液化为天然气的高效输送、储存提供了新的途径，扩大了天然气的利用领域，也体现了流通加工的重要作用。

（三）流通加工的主要形式

我国常用的流通加工形式，包括剪板加工、集中开木下料、配煤加工、生鲜食品的流通加工、组装加工、加工定制等。

1. 剪板加工

热连轧钢板和钢带、热轧厚钢板等板材的交货长度常可达 7～12 m，有的是成卷交货。对于使用钢板的用户来说，大中型企业由于消耗批量大，可设专门的剪板及下料加工设备，按生产需要进行剪板、下料加工，但是，对于使用量不大的企业和多数中小型企业来讲，单独设置剪板、下料的设备有设备闲置时间长、人工费用高、不容易采用先进方法的缺点，钢板的剪板及下料加工可以有效地解决上述问题。

剪板加工是在固定地点设置剪板机进行下料加工或设置切割设备将大规格钢板裁小，或切裁成毛坯，降低销售起点，便利用户。

钢板剪板及下料的流通加工有以下优点：

（1）由于可以选择加工方式，加工后钢板的金相组织较少发生变化，可保证原来的交货状态，因而有利于进行高质量加工。

（2）加工精度高，可减少废料、边角料，也可减少再进行机加工的切削量，既可提高再加工效率，又有利于减少消耗。

（3）由于集中加工可保证批量及生产的连续性，可以专门研究此项技术并采用先进设备，从而大幅度提高效率和降低成本。

（4）使用户能简化生产环节，提高生产水平。

2. 集中开木下料

在流通加工点，将原木裁成各种锯材，同时将碎木、碎屑集中加工成各种规格板材，甚至还可进行打眼、凿孔等初级加工。

过去用户直接使用原木不但加工复杂、加工场地大、加工设备多，更严重的是资源浪费大，木材平均利用率不到 50%，平均出材率不到 40%。实行集中开木下料，按用户要求供应规格料，可以使原木利用率提高到 95%，出材率提高到 72% 左右，有相当大的经济效果。

3. 配煤加工

在使用地区设置集中加工点，将各种煤及一些其他发热物质，按不同配方进行掺配，生产出各种不同发热量的燃料，称为配煤加工。

这种加工方式可以按需要发热量生产和供应燃料，防止热能浪费、“大材小用”的情况，也防止发热量过小，不能满足使用要求的情况出现。工业用煤经过配煤加工，还可以起到便于计量控制、稳定生产过程的作用，在经济及技术上都有价值。

4. 生鲜食品的流通加工

生鲜食品的流通加工主要有以下几种情况：

（1）冷冻加工。为解决鲜肉、鲜鱼在流通中保鲜及搬运装卸的问题，采取低温冻结方式的加工，这种方式也用于某些流体商品、药品等。

（2）分选加工。农副产品规格、质量离散情况较普遍，为获得一定规格的产品，采取人工或机械分选的方式称为分选加工，广泛用于果类、瓜类、谷物、棉毛原材料等。

（3）精制加工。农、牧、副、渔等产品精制加工是在产地或销售地设置加工点，去除无用部分，甚至可以进行切分、洗净、分装等加工。这种加工不但大大方便了购买者，而且还可以对加工的淘汰物进行综合利用。例如，鱼类的精制加工所剔除的内脏可以制成某些药物或饲料，鱼鳞可以制成高级黏合剂，鱼头尾可以制成鱼粉等；蔬菜的加工剩余物可以制成饲料、肥料等。

（4）分装加工。许多生鲜食品零售起点较小，而为保证高效输送出厂，包装则较大，也有一些是采用集装运输方式运达销售地区。这样为了便于销售，在销售地区按所要求的零售起点进行新的包装，即大包装改为小包装、散包装改为小包装、运输包装改为销售包装。这种方式称为分装加工。

5. 组装加工

多年来，自行车及机电设备储运困难，主要原因是不易进行包装，如进行防护包装，则包装成本过大，并且运输装载困难，装载效率低，流通损失严重。但是，这些货物有一个共同特点，即装配较简单，装配技术要求不高，主要功能已在生产中形成，装配后无须进行复杂检测及调试。所以，为解决储运问题，降低储运费用，采用半成品（部件）高容量包装出厂、在消费地拆箱组装的方式。组装一般由流通部门在所设置的流通加工点进行，组装之后随即进行销售，这种流通加工方式近年来已在我国广泛采用。

6. 加工定制

企业委托外厂进行加工和改制，是弥补企业加工能力不足或商店不经营的一项措施，如非标准设备、工具、配料、半成品等，可分为带料加工和不带料加工，前者由使用单位供料，加工厂负责加工，后者由加工厂包工包料。

（四）流通加工合理化

流通加工合理化组织的含义是实现流通加工的最优配置，不但做到避免各种不合理，使流通加工有存在的价值，而且做到最优的选择。为避免各种不合理现象，对是否设置流通加工环节，在什么地点设置，选择什么类型的加工，采用什么样的技术装置等，都需要做出正确抉择。实现流通加工合理化需要考虑以下几个方面：

1. 加工和配送相结合

这是将流通加工设置在配送点中，一方面按配送的需要进行加工；另一方面加工又是配送业务流程中分货、拣货、配货的一环，加工后的产品直接投入配货作业，这就无须单独设置一个加工的中间环节，使流通加工有别于独立的生产，而使流通加工与中转流通巧妙地结合在一起。同时，由于配送之前有加工，可使配送服务水平大大提高，这是当前对流通加工合理选择的重要形式，在煤炭、水泥等产品的流通中已表现出较大的优势。

2. 加工和配套相结合

在对配套要求较高的流通中，配套的主体来自各个生产单位，但是，完全配套有时无法全部依靠现有的生产单位，进行适当流通加工，可以有效促成配套，大大提高流通的桥梁与纽带的作用。

3. 加工和合理运输相结合

流通加工能有效衔接干线运输与支线运输，以促进两种运输形式的合理化。利用流通加工，在干线运输转支线运输这本来就必须停顿的环节，按干线运输或支线运输合理的要求进行适当加工，可大大提高运输及运输转载水平。

4. 加工和合理商流相结合

通过加工有效促进销售，使商流合理化，也是流通加工合理化的考虑方向之一。加工和配送的结合，通过加工，提高了配送水平，强化了销售，是加工和合理商流相结合的一个成功的例证。

此外，通过简单地改变包装加工，提升购买量，通过组装加工解除用户使用前进行组装、调试的难处，都是有效促进商流的例子。

5. 加工和节约相结合

节约能源、节约设备、节约人力、节约耗费是流通加工合理化重要的考虑因素，也是目前我国设置流通加工，考虑其合理化的较普遍形式。

对于流通加工合理化的最终判断，是看其是否能实现社会的和企业本身的两个效益，而且是否取得了最优效益。对流通加工企业而言，与一般生产企业的重要不同之处是，流通加工企业更应树立社会效益为第一的观念，只有在补充完善为己任的前提下，才有生存的价值。如果只是追求企业的微观效益，不适当地进行加工，甚至与生产企业争利，这就有违于流通加工的初衷，或其本身已不属于流通加工范畴了。

六、信息处理

自 2014 年开始，中国快递业务量连续 8 年稳居全球第一，我国“双十一”当天的订单量就相当于整个欧洲 2 个月的包裹总和。而大量快递包裹高效率揽收投递的背后，需要有强大的物流信息处理能力作为支持。近年来，无人仓库、无人配送、智慧物流的发展，也均依赖于物流信息技术的进步与应用。

视频资源

信息处理

（一）物流信息的定义及特点

中华人民共和国国家标准《物流术语》将物流信息定义为：“反映物流各种活动内容的知识、资料、图像、数据的总称。”

狭义的物流信息就是指物流活动（如运输、仓储、包装、装卸、流通加工等）的有关信息。这些信息是在物流过程中产生或被使用的，物流信息和运输、仓储等环节都有着密切的关系，它在物流活动中起着神经系统的作用。只有加强物流信息的管理才能够更好地使物流成为一个有机的整体，而不是各个环节孤立地活动。

广义的物流信息，则是指与整个物流活动相关的各种信息，可以是直接相关的信息，也可以是间接相关的信息，例如，市场预测信息。它们并不直接与物流环节有关，但是通过市场预测，会对某种产品的市场需求有所规划，从而会影响到相关的仓储、运输等物流工作。类似这样的信息，被称为广义的物流信息。

一些物流产业发达的国家都把加强物流信息工作作为改善物流状况的关键而给予充分的注意。在物流活动中不仅要对各项活动进行计划预测、动态分析，还要及时提供物流费用、生产状况、市场动态等有关信息。只有及时收集和传输有关信息，才能使物流通畅化、定量化。

物流信息一般具有以下特点：

1. 物流信息量大，分布广泛

在物流的各个环节中，都会产生大量的物流作业信息，这些信息可能会来自不同的地区甚至是不同的国家，分布面极其广泛。

2. 物流信息具有较高的时效性和较强的动态性

在物流活动中，随着物流作业的推进，会产生大量的即时作业信息，如运输在途信息、分拣信息等，这些信息的时效性和动态性往往较强。因此，现代物流企业特别注重对物流信息的实时采集、即时传输和快速响应。

3. 物流信息具有复杂性

由于物流活动涉及地域广阔，物流活动环节较多，参与作业的人员繁杂，导致了物流信息的复杂性。因此需要对物流活动中不同来源、不同类型的信息进行筛选和整理，从而获得真正对企业有价值的物流信息，这个信息处理的过程是非常复杂的。

（二）物流信息的分类

物流的分类有很多种，信息的分类也有很多种，因此物流信息的分类方法也有很多：

1. 按不同物流功能分类

按信息产生和作用所涉及的不同功能领域分类，物流信息可分为仓储信息、运输信息、加工信息、包装信息、装卸信息等。对于某个功能领域还可以进行进一步细化，例如，仓储信息分成入库信息、出库信息、库存信息、搬运信息等。

2. 按信息环节分类

根据信息产生和作用的环节，物流信息可分为输入物流活动的信息和物流活动产生的信息。

3. 按信息的作用层次分类

根据信息的作用层次，物流信息可分为基础信息、作业信息、协调控制信息和决策支持信息。基础信息是物流活动的基础，是最初的信息源，如物品基本信息、货位基本信息等。作业信息是物流作业过程中发生的信息，信息的波动性大，具有动态性，如库存信息、到货信息等。协调控制信息主要是指物流活动的调度信息和计划信息。决策支持信息是指能对物流计划、决策、战略产生影响或与其有关的统计信息、宏观信息，如科技、产品、法律等方面的信息。

4. 按信息加工程度的不同分类

按加工程度的不同，物流信息可分为原始信息和加工信息。原始信息是指未加工的信息，是信息工作的基础，也是最有权威性的凭证性信息。加工信息是对原始信息进行各种方式和各个层次处理后的信息，这种信息是原始信息的提炼、简化和综合，利用各种分析工作在海量数据中发现潜在的、有用的信息和知识。

（三）物流信息的作用

物流信息在整个物流活动中起着不可替代的重要作用，物流各项活动的顺利有序完成都离不开物流信息的指导、调节和支持，物流信息的主要作用如下：

1. 物流信息具有沟通联系作用

物流信息系统通常包括供应链上的各个企业，系统内部通过计划、指令、数据、文件、报表等各种形式的物流信息，将生产商、批发商、零售商及客户之间建立起有效联系，以满足各方需要。

2. 物流信息具有引导和协调作用

在物流的各项活动中，不但有信息的产生，同样也有物资、资金及当事人等信息的输入。通过物流各个环节信息的传输及反馈，不但能够有效引导物流的各项活动，还能够改善物资结构，调节供需平衡，使企业内部人、财、物等物流资源的配置更加合理，促使供应链的结构不断优化。

3. 物流信息具有辅助分析决策的作用

企业的重大决策并非空穴来风，是需要建立在准确的数据分析基础上的。企业管理决策层，通过对物流信息的采集、分类、整理和分析，能及时发现企业管理中的漏洞，及时调整管理方法，优化作业流程。

（四）常用的物流信息技术

现代物流业的发展，尤其是在电子商务环境下，需要信息技术的引入与大力支持。物流活动中常用的信息技术主要包括以下几种：

1. 条码技术

物品的条码技术是一种先进的物品编码技术，它在物品外表借助不同宽度的亮、暗条组合来表示物品的编码。条码技术是实现物流信息管理的重要手段，条码识读设备将物品的条码读入计算机，该物品的品名、单价、规格等信息均可以相应地自动反映出来。国标《物流术语》将条码定义为:“由一组规则排列的条、空组成的符号，可供机器识读，用以表示一定的信息，包括一维条码和二维条码。”

一维条码的信息容量低，使用前要事先建立数据库，纠错能力较弱，为了进一步提升条码的信息容量，20 世纪 80 年代末二维条码技术正式诞生。二维条码能够在水平、垂直二维空间上存储信息，其信息密度远大于一维条码。因此在物流领域有着广泛的应用，例如用二维条码可以完整表示物品的装箱清单。

物流是各种经济活动中必需的职能。由于消费者需求日趋多样化，商品的生命周期不断缩短，这就使得订货频率增加。订货者与接单者之间必须建立物流信息系统，以实现物流系统的省力化、合理化、自动化与效率化。而条码是一种简易自动识别的符号，可利用相关自动化设备自动阅读，从而简化跟踪、监管、录入作业。因此，条码识别技术是目前最普及的识别方法，无论制造业、商业或服务业，在商品制造、销售与运输过程中均能见到条码识别系统的应用。在自动化的物流系统中，条码识别技术更可以辅助物品装卸、分类、拣货、库存，使作业程序简单而且准确。具体来说，条码的优点如下：

（1）高速自动输入数据。以键盘方式输入 13 个数字，约需 6 s。而接触式扫描器扫描条码只需 1～2 s，若用固定式扫描器，“瞬间”即可完成读取。

（2）高读取率。读取率是指对条码扫描的总次数中能够有效识读的百分比，这取决于包装纸、纸箱、标签纸的印刷精度及条码扫描器的光学分辨力。

（3）低误读率。利用校验码可以使误读率控制在几十万分之一以内。

（4）非接触式读取。以手持式扫描器接触阅读条码，省力化效果不明显。而使用非接触式扫描器，能够读取输送带上迅速移动的物品上贴的条码，叉车驾驶员可以读取高处或远处的货架或托盘上的条码，这些能力在物流作业现场是非常有用的。

（5）容易操作。任何种类的条码扫描器都很容易操作。

（6）设备投资低。条码扫描器可用七年以上，每年一两次的保养费很低，而印制条码标签的费用也很低，若在包装上直接印制条形码，几乎不增加任何费用。

（7）扫描条码可以自动、迅速、正确地收集数据，目前在商品流通的很多领域都得以广泛应用。

流通业未来的需求趋势是多品种、小批量、多频率、准时制，若仍依赖人工作业，就无法满足顾客需求，因为人无法持续、长时间地进行识别和寻找作业，作业效率与正确性会递减；而条码自动识别系统最适合物流作业的高速化、正确化、效率化的新需求。

2. 射频识别技术

射频是指可发射传播的电磁波（RF），射频识别技术（RFID 技术）是一种非接触式的自动识别技术。它通过射频信号自动识别目标对象并获取相关数据，识别工作无须人工干预，可工作于各种恶劣环境。射频识别技术可识别高速运动的物体并可同时识别多个标签，操作快捷方便。

最基本的 RFID 系统由三部分组成：①标签，由耦合元件及芯片组成，每个标签具有唯一的电子编码，附着在物体上标识目标对象；②阅读器，读取（有时还可以写入）标签信息的设备，可设计为手持式或固定式；③天线，在标签和读取器间传递射频信号。

RFID 的工作原理是：阅读器通过发射天线发送一定频率的射频信号，当射频卡进入发射天线工作区域时，产生感应电流，射频卡获得能量被激活；射频卡将自身编码等信息通过卡内置发送天线发送出去；系统接收天线接收到从射频卡发送来的载波信号，经天线调节器传送到阅读器，阅读器对接收的信号进行解调和解码，然后送到后台主系统进行相关处理；主系统根据逻辑运算判断该卡的合法性，针对不同的设定做出相应的处理和控制，发出指令信号控制执行机构动作。

与传统条码识别技术相比，RFID 技术有以下优势：

（1）快速扫描。条码一次只能有一个条码被扫描；RFID 辨识器可同时辨识读取数个 RFID 标签。

（2）体积小型化、形状多样化。RFID 在读取上并不受尺寸大小与形状限制，不必为了读取精确度而配合纸张的固定尺寸和印刷品质。此外，RFID 标签更可往小型化与多样形态方向发展，以应用于不同产品。

（3）抗污染能力和耐久性。传统条码的载体是纸张，因此容易受到污染，但 RFID 对水、油和化学药品等物质具有很强的抵抗性。此外，由于条码是附于塑料袋或外包装纸箱上，所以特别容易受到折损；RFID 卷标是将数据存在芯片中，因此可以免受污损。

（4）可重复使用。现今的条码印刷之后无法更改，RFID 标签则可以重复地新增、修改、删除 RFID 卷标内存储的数据，方便信息的更新。

（5）穿透性和无屏障阅读。在被覆盖的情况下，RFID 能够穿透纸张、木材和塑料等非金属或非透明的材质，并能够进行穿透性通信。而条码扫描机必须在近距离而且没有物体阻挡的情况下，才可以辨读条码。

（6）数据的记忆容量大。一维条码的容量是 50 B，二维条码最大的容量可储存 2～3 000 字符，RFID 最大的容量则有数兆字节。随着记忆载体的发展，数据容量也有不断扩大的趋势。未来物品所需携带的资料量会越来越大，对卷标扩充容量的需求也相应增加。

（7）安全性高。由于 RFID 承载的是电子式信息，其数据内容可经由密码保护，使其内容不易被伪造及变造。

近年来，RFID 因其所具备的远距离读取、高储存量等特性而备受瞩目。它不仅可以帮助一个企业大幅提高货物、信息管理的效率，还可以让销售企业和制造企业互联，从而更加准确地接收反馈信息，控制需求信息，优化整个供应链。

在我国物流相对发达的地区，射频识别技术在高速公路的自动收费系统、停车智能化管理、邮政包裹管理系统以及集装箱识别系统等多个方面的应用日益增多。快递企业也借助其完成包裹的分拣和定位，大大提高了作业效率和企业管理水平。

3. 全球定位系统

全球定位系统（global position system，GPS）是一种以人造地球卫星为基础的高精度无线电导航的定位系统，它在全球任何地方以及近地空间都能够提供准确的地理位置、车行速度及精确的时间信息。

全球定位系统不但定位精度高、观测时间短、执行操作简便，而且功能多、用途广，不受天气情况影响，能够实现全球24小时作业。对现代物流业具有无法替代的作用。例如，在货物运输中，物流企业常常借助全球定位系统实现对运输车辆的调度指挥、跟踪管理、路线规划及导航、报警等功能。

全球定位系统由以下三个部分组成：空间部分（GPS卫星）、地面监控部分和用户部分。GPS卫星可连续向用户播发用于进行导航定位的测距信号和导航电文，并接收来自地面监控系统的各种信息和命令以维持系统的正常运转。地面监控系统的主要功能是：跟踪GPS卫星，对其进行距离测量，确定卫星的运行轨道及卫星钟改正数，进行预报后，再按规定格式编制成导航电文，并通过注入站送往卫星。地面监控系统还能通过注入站向卫星发布各种指令，调整卫星的轨道及时钟读数，修复故障或启用备用件等。用户则用GPS接收机来测定从接收机至GPS卫星的距离，并根据卫星星历所给出的观测瞬间卫星在空间的位置等信息求出自己的三维位置、三维运动速度和钟差等参数。

素质园地

弘扬新时代北斗精神

2020年7月31日，北斗三号全球卫星导航系统建成暨开通仪式在人民大会堂举行。中国北斗卫星导航系统是中国着眼于国家安全和经济社会发展的需要，自行研制、自主建设、独立运行的全球卫星导航系统，也是继GPS之后的第三个成熟的卫星导航系统，已广泛应用于各行各业。北斗卫星导航系统由空间段、地面段和用户段三部分组成，可在全球范围内全天候、全天时为各类用户提供高精度、高可靠定位、导航、授时服务，并且具备短报文通信能力，已经初步具备区域导航、定位和授时能力，定位精度为分米、厘米级别，测速精度0.2 m/s，授时精度10 ns。随着北斗系统建设和服务能力的发展，相关产品已广泛应用于交通运输、海洋渔业、水文监测、气象预报、测绘地理信息、森林防火、通信时统、电力调度、救灾减灾、应急搜救等领域，逐步渗透到人类社会生产和人们生活的方方面面，为全球经济和社会发展注入新的活力。

（来源：人民网）

4. 地理信息系统

地理信息系统（geographical information system，GIS）是多种学科交叉的产物，它以地用空间数据为基础，采用地理模型分析方法，适时地提供多种空间的和动态的地理信息，是一种为地理研究和地理决策服务的计算机技术系统。其基本功能是将表格型地理数据转换为地理图形显示，然后对显示结果进行浏览、操作和分析。其显示范围可以从洲际地图到非常详细的街区地图，显示对象包括人口、销售情况、运输线路以及其他内容。

GIS应用于物流分析，主要是指利用GIS强大的地理数据功能来完善物流分析技术。例如，利用GIS开发的物流系统分析软件，集成了车辆路线模型、最短路径模型、网络物流模型、分配集合模型和设施定位模型等。

（1）车辆路线模型。用于解决一个起始点、多个终点的货物运输中如何降低物流作业费用，并保证服务质量的问题，包括决定使用多少辆车、每辆车的路线等。

（2）最短路径模型。用于寻求两点之间的最短路径，两点之间可能有多条路径可以连通，每条路径可能通过多个节点，由若干路线组成，一般以距离最短、时间最短、运费最低或流量最小为目标。该模型可以对不同的目标进行最短路径分析。

（3）网络物流模型。用于解决寻求最有效的分配货物路径问题，也就是物流网点布局问题，如将货物从 N 个仓库运往 M 个商店，每个商店都有固定的需求量，因此需要确定由哪个仓库提货送给哪个商店，所耗的运输代价最小。

（4）分配集合模型。可以根据各个要素的相似点把同一层上的所有或部分要素分为几个组，用以解决确定服务范围和销售市场范围等问题，如某一公司要设立 X 个分销点，要求这些分销点要覆盖某一地区，而且要使每个分销点的顾客数目大致相等。

（5）设施定位模型。用于确定一个或多个设施的位置。在物流系统中，仓库和运输线路共同组成了物流网络，仓库处于网络的节点上，节点决定着线路，根据供求的实际需要并结合经济效益等原则，对于在既定区域内设立多少个仓库，每个仓库的位置，每个仓库的规模，以及仓库之间的物流关系等问题，运用此模型均能很容易地得到解决。

七、配送

（一）配送的定义

视频资源

配　送

中华人民共和国国家标准《物流术语》将配送定义为：“根据客户要求，对物品进行分类、拣选、集货、包装、组配等作业，并按时送达指定地点的物流活动。”

配送是“配”与“送”的有机结合，“配”指的是配送中心分拣货物并安排配送员送货，而“送”指的是配送员送货给客户。所谓“合理的配”，是指在送货活动之前必须依据顾客的需求对其进行合理的组织与计划。只有“有组织有计划”的“配”才能实现现代物流管理中所谓的“低成本、快速度”地“送”，进而有效满足顾客的需求。配送质量的好坏影响着物流过程的兴衰，是整个物流过程的重要组成部分。

因此，配送的本质一定是根据用户的要求，在物流据点内（如仓库、配送中心等）进行分拣、配货等工作，并将配好的货物适时地送交收货人的过程。配送可以将货物从物流节点一直送到用户的手中、仓库、营业现场、车间乃至生产线的起点。它是一项有计划的活动，也是物流中一种特殊的、综合的活动形式，不仅包括了货物送达作业，还包括按要求开展的流通加工、订单处理、货物分拣等作业活动。

（二）配送的典型业务

1. 集货

集货，即将分散的或小批量的物品集中起来，以便进行运输、配送的作业。集货是配送的重要环节，为了满足特定客户的配送要求，有时需要把从几家甚至数十家供应商处预订的物品集中，并将要求的物品分配到指定容器和场所。集货是配送的准备工作或基础工作，配送的优势之一就是可以集中客户进行一定规模的集货。

2. 分拣

分拣是将物品按品种、出入库先后顺序进行分门别类堆放的作业。分拣是配送不同于其他物流形式的功能要素，也是配送成败的一项重要支持性工作。它是完善送货、支持送货的准备性工作，是不同配送企业在送货时进行竞争和提高自身经济效益的必然延伸。所以，也可以说分拣是送货向高级形式发展的必然要求。有了分拣，就会大大提高送货服务水平。

3. 配货

配货是使用各种拣选设备和传输装置，将存放的物品，按客户要求分拣出来，配备齐全，送入指定发货地点。

4. 配装

在单个客户配送数量不能达到车辆的有效运载负荷时，就存在如何集中不同客户的配送货物，进行搭配装载以充分利用运能、运力的问题，这就需要配装。跟一般送货不同之处在于，通过配装送货可以大大提高送货水平及降低送货成本，所以配装是配送系统中有现代特点的功能要素，也是现代配送不同于以往送货的重要区别之一。

5. 配送运输

配送运输是较短距离、较小规模、额度较高的运输形式，一般使用汽车作运输工具。与干线运输的区别是，配送运输的路线选择问题是一般干线运输所没有的，干线运输的干线是唯一的运输线，而配送运输由于配送客户多，一般城市交通路线又较复杂，如何组合成最佳路线，如何使配装和路线有效搭配等，是配送运输的特点，也是难度较大的工作。

6. 送达服务

将配好的货送达客户还不算配送工作的结束，这是因为送达和客户接货往往还会出现不协调，使配送前功尽弃。因此，要圆满地实现送达货物的移交，并有效、方便地处理相关手续并完成结算，还应讲究卸货地点、卸货方式等。送达服务也是配送独具的特殊性。

7. 配送加工

配送加工是按照配送客户的要求所进行的流通加工。在配送中，配送加工这一功能要素不具有普遍性，但往往是有重要作用的功能要素。这是因为通过配送加工，可以大大提高客户的满意程度，配送加工是流通加工的一种，但配送加工有它不同于流通加工的特点，即配送加工一般只取决于客户要求，其加工的目的较为单一。

（三）配送的基本形式

物流配送的基本形式可以按照以下三种不同的标准进行划分：

1. 根据物流配送的发起者不同划分

（1）配送中心配送。这种类型的配送发起方是配送中心，配送中心有大有小，但大多数规模都是较大的，存储着各式各样的商品。配送中心的配送体系完善，配送效率高，是配送中的主要形式，并且随着网购的大众化，配送中心也发展得越来越快。

（2）仓库配送。这种类型的配送发起方是仓库，从概念上讲，仓库配送经常与配送中心配送混淆，区别两者主要看它们的主要功能，仓库配送的主要功能是仓储，而配送中心的主要功能是配送货物。

（3）企业配送。这种类型的配送发起方是生产货物的企业，一般比较少见，这种方式配送不用再经过配送中心，缩减了配送流程，配送速度更快。

（4）商店配送。这种类型的配送发起方是零售商店，比如生活中的大型商场、超市等，商店配送主要是配送一些客户不方便随身携带的大件货物，对人们的生活提供了较大便利。

2. 根据商品种类和数量不同划分

（1）大批量单种类配送。这种配送是指客户的货物需求量较大且种类较少，这个时候不用去考虑货物之间的相互协调问题，直接专车配送。

（2）小批量多种类配送。这种配送是指客户需求的货物种类繁杂，这种情况下我们首先需要备齐所有的商品，其次是需要考虑货物的属性（如隔离易碎易燃物品与普通货物等），合理安排配送人员配送，像这种对专业性要求较高的配送一般交由配送中心配送。

3. 根据配送时间不同划分

（1）定时配送。定时配送是一种按固定的时间间隔进行的配送服务。配送的时间比较固定，如每天仅在上午 8:00 配送一次，或上午一次、下午一次。时间间隔较小的也有每小时配送一次的。一般采用“日配”制的较多。“日配”制配送适合各类鲜活产品，医药、体育用品、酒类等也采用“日配”制。小型商店、便利店等商品周转快，随进随卖的店铺要求“日配”或“小时配”者也居多。

（2）准时配送。所谓准时配送，就是按照客户的规定时间，双方协议配送。一般不随意改动配送时间，配送的品种也不轻易改变。比如，为汽车装配线的零部件配送就属于这种类型的配送。采用准时配送方式，生产线上只需维持 2～3 小时的用量，基本可以实现“零库存”。

（四）配送中心的定义

在配送过程当中，配送中心是必不可少的。国标《物流术语》将配送中心定义为：“具有完善的配送基础设施和信息网络，可便捷地连接对外交通运输网络，并向末端客户提供短距离、小批量、多批次配送服务的专业化配送场所。”

配送中心不等于一个仓库，它应该符合以下五项基本要求：①主要为特定用户服务；②配送功能健全；③辐射范围小；④多品种、小批量、多批次、短周期；⑤主要为末端客户提供配送服务。

因此，配送中心是专门从事货物配送活动的经济组织，也是集加工、理货、送货等诸多功能于一体的物流据点，是集货中心、分货中心和加工中心功能的综合。

（五）配送中心的工作流程

配送中心的主要活动是订货、进货、发货、仓储、订单拣货和配送作业。在确定配送中心主要活动及其程序之后，才能规划设计。有的配送中心还要进行流通加工、贴标签和包装等作业。当有退货作业时，还要进行退货品的分类、保管和退回等作业。

1. 进货

进货就是配送中心根据客户的需要，为配送业务的顺利实施而从事的组织商品货源、进行商品存储的一系列活动。进货是配送的准备工作或基础工作，它是配送的基础环节，又是决定配送成败与否、规模大小的最基础环节。同时，它也是决定配送效益高低的关键环节。

2. 订单处理

从接到客户订单开始到着手准备拣货之间的作业阶段，称为订单处理。订单处理是与客户直接沟通的作业阶段，对后续的拣选作业、调度和配送产生直接的影响，是其他各项作业的基础。订单是配送中心开展配送业务的依据，配送中心接到客户订单以后需要对订单加以处理，据以安排分拣、补货、配货、送货等作业环节。订单处理方式有人工处理和计算机处理，目前主要采用计算机处理方式。

3. 拣货

拣货作业是依据顾客的订货要求或配送中心的送货计划，迅速、准确地将商品从其储位或其他区域拣取出来，并按一定的方式进行分类、集中，等待配装送货的作业过程。拣货过程是配送不同于一般形式的送货以及其他物流形式的重要的功能要素，是整个配送中心作业系统的核心工序。按分拣的手段不同，拣货作业可分为人工分拣、机械分拣和自动分拣三大类。

4. 补货

补货是库存管理中一项重要的内容，根据以往的经验，或者相关的统计技术方法，或者计算机系统帮助确定的最优库存水平和最优订购量，在库存低于最优库存水平时发出存货再订购指令，以确保存货中的每一种产品都在目标服务水平下达到最优库存水平。补货作业的目的是保证拣货区有货可拣，是保证充足货源的基础。

5. 配货

配货是配送中心为了顺利、有序、方便地向客户发送商品，对组织来的各种货物进行整理，并依据订单要求进行组合的过程。配货也就是指使用各种拣选设备和传输装置，将存放的货物按客户的要求分拣出来，配备齐全，送入指定发货区。

配货作业与拣货作业不可分割，二者一起构成了一项完整的作业。通过分拣配货可达到按客户要求进行高水平送货的目的。

6. 送货

配送业务中的送货作业包含将货物装车并实际配送，而达到这些作业则需要事先规划配送区域的划分或配送线路的安排，由配送路线选用的先后次序来决定商品装车顺序，并在商品配送途中进行商品跟踪、控制，制订配送途中意外状况应对方法及送货后文件的处理办法。

送货通常是一种短距离、小批量、高频率的运输形式。它以服务为目标，以尽可能满足客户需求为宗旨。

7. 流通加工

流通加工是配送的前沿，它是衔接储存与末端运输的关键环节。流通加工是指物品在从生产领域向消费领域流动的过程中，流通主体（即流通当事人）为了完善流通服务功能，为了促进销售、维护产品质量和提高物流效率而开展的一项活动。流通加工的目的主要有；适应多样化客户的需求；提高商品的附加值；规避风险，推进物流系统化。不同的货物，流通加工的内容是不一样的。

8. 退货

退货或换货在物流业务中不可避免，但应尽量减少，因为退货或换货的处理只会大幅增加物流成本，减少利润。发生退货或换货的主要原因包括：瑕疵品回收、搬运中的损坏、商品送错退回、商品过期退回等。

（六）配送合理化

配送合理化可采取的措施如下：

1. 推行一定综合程度的专业化配送

专业化配送是根据产品的性质将其分类，利用专门的配送设备、设施及操作程序对其进行配送，这有利于充分发挥各专业组织的优势，使其根据自身的能力来进行选择。同时，专业化配送有利于降低配送的复杂程度和难度，从而实现配送合理化。

2. 推行加工配送

配送活动开展之前，配送组织可以充分利用自身的技术设备对商品进行简单加工，如包装、分割等，从而增加商品的附加值，提高经济效益。

3. 推行共同配送

共同配送是指由多个企业联合组织实施的配送活动。配送组织往往可以选择最近的路程、合理的配载方式和运输方式完成配送，实现配送合理化。

4. 推行送取结合

配送企业与客户之间建立良好的、稳定的关系，配送时，配送企业利用自身车辆将客户所需商品运达产区，同时，将客户所生产的商品运送出去。这一方面可以降低客户库存，另一方面可以减少配送车辆返回时的空载率，提高经济效益，稳定与客户的关系，实现双赢。

5. 推行准时配送系统

配送做到了准时，客户才可以放心地实施低库存或零库存，可以有效地安排接货的人力、物力，以追求最高效率的工作。保证供应能力也取决于准时供应。准时供应配送系统是现在许多配送企业追求配送合理化的重要手段。

6. 推行即时配送

推行即时配送，使配送企业能随时根据客户的需要进行科学、合理的配送。即时配送有很大的优越性：一方面，客户不仅可以充分降低库存水平，从而降低库存人力、财力、物力的投入，而且可以降低库存风险，企业也可以集中力量来经营自身的优势领域；另一方面，由于高标准地满足客户的要求，配送利润率较高，提高了配送组织的经济效益。

素质园地

“高铁急送”跑出便民“新速度”

2023 年 5 月 22 日“高铁急送”正式上线以来，经过三次扩网，服务城市由 40 个拓展到 141 个，已覆盖（除西藏自治区和港澳台地区）全国省会、直辖市和各主要城市，有效满足了急件运送需求，日均单量迅速攀升超过百单。截至 2023 年 9 月 7 日，累计办理 7 000 余单。

中铁快运公司坚持以“保障装运、保障时效”为第一原则，不断优化作业组织，提升服务质量。客户通过“中铁快运”微信公众号下单后，会有同城骑手第一时间上门取货，将货物直接送到高铁车站，装运时效最快的高铁列车，到达城市同城骑手在高铁车站完成接货后，专程进行“最后一公里”配送，安全准时送达货物。

推出“高铁急送”服务，是中铁快运股份有限公司贯彻我国《“十四五”现代物流发展规划》“推进铁路（高铁）快运稳步发展”部署的生动实践，是落实中国国家铁路集团有限公司构建“六个现代化体系”的具体行动。目前，已有商务函件、生鲜礼品、急用药品和个人物品等品类的上千种货物，搭乘高铁与时间赛跑，“江湖救急”式的铁路快运服务进一步突破了时空局限，跑出便民“新速度”。

（来源：人民铁道）

第三节　物流设施与设备

引导案例

世界第一个无人港口码头在中国建成

在我们印象中，码头是一个熙熙攘攘的地方，工人们来往不断，装货、运输，24 小时连轴转。然而，亚洲首个真正意义上的全自动化集装箱新码头在青岛港正式启用（见图 1-7），彻底颠覆了我们的想象！

图 1-7　青岛港全自动化集装箱码头

2017 年 5 月 11 日，青岛港全自动化集装箱码头一期工程投入商业运营。与传统人工码头相比，一期工程的作业效率提升 30%，人工减少 80%，自动化程度超过鹿特丹港等世界级港口。

2019 年 11 月 28 日，山东港口青岛港全自动化码头（二期）投产运营。此次投产运营的二期工程岸线长 660 m，2 个泊位，设计吞吐能力 170 万标准箱 / 年，配备 9 台双小车岸桥（STS）、38 台高速轨道吊（ASC）和 45 台自动导引车（L-AGV）。

2021 年 6 月 29 日，全球首个智能空中轨道集疏运系统在山东港口青岛港建成投用。该系统做到了集装箱的空中运输，实现了港区交通由单一平面向立体互联的突破升级。与传统集装箱运输模式相比，每自然箱可降低能耗 50% 以上。

2022 年 3 月 12 日，在“日邮维纳斯”轮作业中，青岛港自动化码头桥吊单机作业效率达到 52.7 自然箱 /h，第 8 次刷新装卸效率世界纪录。

思考：青岛港是如何通过使用物流设施与设备提高作业效率的？

视频资源

物流设施与设备认知

一、物流设施与设备认知

物流设施与设备是物流系统中的主要技术支撑要素，是构建物流产业链的物质基础，对提高物流能力与效率、降低物流成本和保证服务质量等方面有着重要影响。伴随着经济全球化的发展以及科技进步，我国在交通运输、仓储设施、物流园区等物流基础设施和设备的建设方面取得了很大进步，为物流业发展奠定了重要的物质基础。

（一）物流设施与设备的概念

物流设施与设备是组织物流活动和物流作业的物质技术基础，是物流服务水平的重要体现。物流系统的建立和运行，离不开大量的物流基础设施与设备的运行和保障。

1. 物流设施

视频资源

物流设施与应用

物流设施是组织物流系统运行的基础物质条件，是在供应链的整体服务功能上和供应链某些环节上，满足物流组织与管理需要的、具有综合或单一功能的场所或组织的统称。物流基础设施包括物流园区、物流中心、配送中心，公路、铁路、水路、航空、管道等各类运输枢纽、场站、仓储设施等。

2. 物流设备

物流设备是完成物流各项活动的工具与手段，是组织物流活动的物质技术基础。物流设备是指用于储存、装卸搬运、运输、包装、流通加工、配送、信息采集与处理等物流活动的设备或设备的总称。它包括运输设备、仓储设备、装卸搬运设备、流通加工设备、集装单元化设备、物流信息技术设备等。

运输设备是指用于较长距离运输货物的设备。根据运输方式的不同，运输设备可分为铁路运输设备、公路运输设备、水路运输设备、航空运输设备、管道运输设备等。运输在物流系统中具有独特地位，要求运输设备安全可靠，运输作业效率高，运输成本低，使运输设备达到最优化利用。

仓储设备是指在储存区进行作业活动所需要的设备器具，主要用于物资储藏、保管和相关仓储作业活动使用。仓储设备主要包括货架、堆垛机、室内搬运车、输送设备、分拣设备、商品质量检验器具、计量设备、通风设备、温湿度控制设备、消防设备以及计算机管理和监控系统等。

装卸搬运设备是用来搬移、升降、装卸和短距离输送物料或货物的机械。它是物流系统中使用频率最大、使用数量最多的一类机械设备。从用途和结构特征来看，装卸搬运设备主要包括起重设备、连续运输设备、装卸搬运车辆、专用装卸搬运设备等。

流通加工设备是完成流通加工任务的专用机械设备，主要用于物品包装、分割、计量、分拣、组装、价格贴付、标签贴付、商品检验等作业。它通过对流通中的商品进行加工，改变或完善商品的原有形态来实现生产与流水线的桥梁和纽带作用。流通加工机械的种类很多，其中，包装设备是指完成全部或部分包装过程的机器设备，按其功能标准可分为灌装机械、充填机械、裹包机械、封口机械、贴标机械、清洗机械、干燥机械、杀菌机械、捆扎机械、集装机械、多功能包装机械及完成其他包装作业的辅助包装机械和包装生产线；根据流通加工的对象不同，流通加工设备可以分为金属加工机械、玻璃加工机械、木材加工机械、食品加工机械等。

集装单元化设备是指用集装单元化的形式进行储存、运输作业的物流设备，主要有托盘、集装箱和其他集装单元器具。货物集装成组合包装后提高了搬运活性。集装单元化系统包括托盘、集装箱、滑板、集装袋、集装网络、货捆、集装装卸设备、集装运输设备、集装识别系统等。

物流信息技术设备是指用于物流信息的采集、传输、处理等的物流设备。它主要包括计算机及网络、信息识别装置、传票传递装置、通信设备等。现代物流系统中广泛应用了条码系统、射频技术、电子标签技术、物流电子数据交换技术（electronic data interchange，EDI）、GPS 与 GIS 设备、物流机器人、无人搬运车（automated guided vehicle，AGV）、自动导向车系统（automated guided vehicle system，AGVS）、货物跟踪系统等现代信息技术设备。

（二）物流设施与设备在物流系统中的地位和作用

物流设施与设备是构建物流产业链的物质基础，在整个物流过程中对提高物流能力与效率、降低物流成本、保证物流服务质量等方面有非常重要的影响。

1. 物流设施与设备是物流系统的物质技术基础

物流系统的正常运转离不开物流设施与设备，正确、合理地配置和运用物流设施与设备是提高物流效率的根本途径，也是降低物流成本、提高经济效益的关键。物流设施与设备是实现物流功能的技术保证，也是实现物流现代化、科学化、自动化的重要手段。

2. 物流设施与设备是物流系统的重要资产

随着物流设备技术含量和技术水平的日益提高，现代物流技术设备既是技术密集型的生产工具，也是资金密集型的社会财富，配置和维护这些设备与设施需要大量资金和相应专业知识。

3. 物流设施与设备涉及物流活动的各个环节

一个高效的物流系统离不开先进的物流设施与设备。物料或商品要经过包装、运输、装卸、储存等作业环节，而这些作业环节及其辅助环节的高效完成均离不开相应的物流设施与设备的良好运作。

4. 物流设施与设备是物流技术水平高低的重要标志

物流设施与设备的发展水平被视为生产力发展水平与物流现代化程度的重要标志。例如，自动化仓库技术综合运用了自动控制技术、计算机技术、现代通信技术等高科技，使仓储作业实现了半自动化、自动化。在物流管理过程中，从信息的自动采集、处理到信息的发布，可实现智能化，依靠功能完善的高水平监控管理软件可实现对物流各环节的自动监控，依靠专家系统可以及时诊断物流系统的运行情况，对系统的优化提出合理化建议。

二、物流设备管理

视频资源

物流设备管理

（一）物流设备使用管理的基本要求

物流设备使用管理的基本要求是：保持设备处于良好的技术状态，进行合理的生产组织，充分发挥物流设备的效能，安全、优质、高效、低耗地完成所担负的作业任务，并取得最佳的经济效益。

物流设备在使用过程中，由于受到工作环境条件、使用操作方法、工作持续时间、工作量、工作负荷等因素的影响，使其应有的功能和技术状态不断发生变化而慢慢劣化。为控制这种变化过程，除要创造物流设备适宜工作的环境条件外，正确使用物流设备是控制设备技术状态变化和延缓工作能力下降的先决条件。

（二）物流设备的正确使用

物流设备的正确使用包括技术合理和经济合理两个方面。技术合理是按有关技术文件规定的设备性能、使用说明书、操作规程、安全规则、维护保养规程以及不同的工作状况、工作环境、自然条件下的使用要求等正确操作设备。经济合理是在设备性能允许的范围内，通过合理的组织管理，充分发挥设备的效能，以高效、低耗地获得较高的经济效益。

1. 物流设备正确使用的衡量指标

评价物流设备是否得到正确使用，可从以下三方面的指标加以考察：高效率、经济性、故障率。

（1）高效率。物流设备的作业能力是否得到充分发挥是衡量设备是否正确使用的主要因素之一。在物流作业流水线或综合机械化组合中，至少应保证主要物流设备的作业能力得到充分发挥。

（2）经济性。物流设备的使用经济性是要求物流设备在完成一定工作量的作业时所需的运行成本最低，它包括物流设备的日常消耗品费用、养护费、人工操作费等。不同的物流设备、不同的作业性质，应有相应的使用经济性指标。

（3）故障率。物流设备的故障率是指在规定的使用寿命内发生故障的概率。引起设备故障的主要原因除设备的自然磨损和老化外，还有人为因素、维护保养、使用环境条件等方面。制定合理的设备操作规程及维护保养制度，并严格执行，是降低设备故障率、保持设备技术状态完好和延长使用寿命的重要手段。

2. 保证物流设备正确使用的措施

（1）严格按规程操作设备。操作规程规定了物流设备的正确使用方法和注意事项，以及对异常情况应采取的应急处理措施及异常事故的报告制度。

（2）实行使用设备的各级技术经济责任制。该制度要求操作者按规程操作，按规定交接班，按规定进行维护保养。班组、车间、生产调度部门和企业领导都应对设备正确使用承担责任，不允许安排不符合设备规范和操作规程的作业任务。

（3）严格使用程序管理。对重要设备采取定人定机、教育培训、操作考核和持证上岗。建立严格交接班制度，严肃处理设备事故。

（4）实行设备养护的奖励制度。设备考评的好坏直接决定责任人的工作业绩和工资收入。

3. 物流设备正确使用的注意事项

正确、合理地使用物流设备能减轻设备的自然损耗，使其保持良好的工作性能，充分发挥设备效能并延长设备使用寿命。全体人员都应树立关心设备、爱护设备的观念。物流设备的使用应做好以下工作：

（1）健全组织保障体系，做好设备安装工作。在使用前要严格按质量标准安装设备，安装后要经试运转验收合格才能投入使用。

（2）合理安排设备的工作量负荷。在安排设备工作量时，要根据设备本身的性能参数和物流作业任务量，经科学的计算，合理确定设备工时定额。不同设备，其性能、结构、效率、使用范围、工作条件和能力都不相同，所以在安排工作量时既要充分发挥设备的效能，提高设备利用率，又要防止设备的过度疲劳和磨损，更不能超负荷使用。

（3）加强对操作人员的规范管理，做到正确使用设备。设备操作人员、使用人员必须熟知设备性能、操作和使用程序。这要求对操作使用人员进行技术培训并严格考核。合格的操作人员须做到“四会四懂”，即“会使用、会维护保养、会检查、会排除故障”，“懂性能、懂结构、懂原理、懂用途”。

（4）完善设备使用的技术保障工作。要及时提供规格、质量符合要求的燃油、润滑油、液压油、各种配件等日常消耗品和替换件，保证物流设备正常运行。

（三）物流设备的维护保养管理

良好的设备维护保养能有效减少设备故障及修理次数，延长设备的使用寿命。维护保养是指对设备进行清洁、润滑、调整、防腐、检查等一系列工作的总称，其目的是减少设备磨损，及时发现和处理设备运行中出现的异常现象。

1. 物流设备保养管理的基本内容

尽管物流设备的结构、性能和使用方法不同，设备维护保养工作的具体内容也不完全相同，但设备维护保养工作的基本内容是一致的，即清洁、安全、润滑、防腐、检查。清洁是指各种物流设备要清洁，做到无灰、无尘、整齐，保持良好的工作环境；安全是指设备的安全保护装置要齐全，各种装置不漏水、不漏油、不漏气、不漏电，保证安全，不出事故；润滑是指对设备各运动摩擦部位要定时、定点、定量加注润滑油，保证运动部件得到正常的润滑，减少摩擦磨损，保证运转顺畅；防腐是要防止设备腐蚀生锈，提高设备运转的可靠性和安全性。

2. 物流设备的点检

检查设备的目的是判断和确定设备的技术状态是否在规定范围内，据此做出继续使用、采取预防措施或停机修理的结论。物流设备的点检是一种现代先进的设备检查制度，能减少设备维修工作的盲目性和被动性，及时掌握并消除故障隐患，提高设备完好率和利用率，提高设备维修质量，并节约费用。

1）设备点检的类别

设备点检的类别主要有日常点检、定期点检和专项点检。

（1）日常点检：设备点检人员每日通过感官检查设备运行中的关键部位的声响、振动、温度、油压等，并将检查结果记录在点检卡中。

（2）定期点检：指时间周期长短按设备具体情况划分，有一周、半月、一月、数月不等。定期点检除凭感官外，还要使用专用检测仪表工具。定期点检主要是针对重要设备，要检查其性能状况、缺陷、隐患以及设备的劣化程度，为设备的大修、项修方案提供依据。

（3）专项点检：指有针对性地对设备某些特定项目的检测，要使用专用仪器工具，在设备运行中进行。

2）设备点检的方式

设备点检的方式主要有：①运行中检查；②停机检查，其中包括停机解体检查和停机不解体检查；③凭感官和经验检查；④使用仪表仪器检查。

某设备的点检方法一经确定，点检人员不能随意自行改变。

3）设备点检的步骤

（1）确定设备的检查点。设备的检查点往往是设备的关键部位或薄弱环节，检查点一经确定，轻易不要变动，并要长期积累历史检查数据和资料。

（2）确定点检路线。检查点确定后，要根据设备的分布和类型等具体情况组成一条点检路线，并明确点检前后顺序。点检路线确定后，也不许轻易变动。

（3）确定点检标准。设备的点检标准要根据设备的各种资料并结合实际经验来制定，其标准要定量化，便于检查。

（4）确定点检周期。设备各自的性能不同、特点不同、寿命不同，点检周期也不同。因此要根据实际情况，分别制定各设备的点检周期，以保证设备按时接受检查。设备点检人员必须有高度的责任心和技术水平，切实做好点检工作。点检人员对检查信息记录要准确、简明、全面、规范。设备点检工作完成后，必须妥善保存、归档，以便今后工作所用。

3. 物流设备的维护保养

物流设备的维护保养可采用日常保养和定期保养相结合的二级保养制度。

1）物流设备的日常保养

物流设备的日常保养是全部维护工作的基础。它的特点是经常化、制度化。一般日常保养包括检查保险装置及操纵机构是否灵敏可靠、零部件是否完整等。

2）物流设备定期保养

物流设备的定期保养是指在物流设备运行一定间隔时间后由操作人员和保养人员按规范有计划地进行的强制性保养，是对物流设备的全面性维护工作，是使其能经常保持良好技术状态的预防性措施。

定期保养的基本内容主要有：①对设备进行清洁和擦洗：②检查、调整、紧固各操纵、传动及连接机构的零部件；③对各润滑点进行检查、注油或清洗换油；④调整和检查安全保护装置，保证其灵敏可靠；⑤更换已磨损的零部件；⑥使用相应的检测仪器和工具，按规范对主要测试点进行检测，并做好检测记录。

第四节　物流标准化

引导案例

全国物流标准化技术委员会

全国物流标准化技术委员会 2003 年 9 月 10 日宣告成立。这是继中国标准化协会物流技术标准化工作组、全国物流信息管理标准化技术委员会之后成立的又一个物流标准化管理机构。据了解，全国物流标准化技术委员会由国家标准委直接管理，具体负责物流基础、物流技术、物流管理、物流服务等方面的标准化工作。委员会成员分别来自交通、铁路、民航、机械、贸易、邮政、出版、粮食、医药、信息产业、军事后勤等多个行业。

思考：物流标准化对物流行业发展有何影响？

商业名言“三流企业做产品，二流企业做品牌，一流企业做标准”，表明在全球生产体系结合日益紧密的今天，拥有标准对于抢占产业制高点的重要性。随着经济全球化及我国进入“WTO 后过渡期”，各国综合国力的竞争越来越多地体现在技术标准的较量上，标准已经成为生产力的重要因素。标准决定着技术发展的导向，引导着国内外市场的趋势，是国家利益在技术领域中的体现。

一、物流标准化的定义

视频资源

物流标准化

标准化就是在经济、技术、科学及管理等社会实践中，对重复性事物和概念通过制定、发布和实施标准，达到统一，以获得最佳秩序和社会效益。目前，标准化工作开展较普遍的领域是产品标准，这也是标准化的核心，围绕产品标准，工程标准、工作标准、环境标准、服务标准等也出现了发展的势头。

物流业是一个综合性的行业，它涉及运输、包装、仓储、装卸搬运、流通加工、配送和信息等各个方面，而广义的物流更是涉及物流上下游企业间的贯通连接。我国的现代物流业是在传统行业的基础上发展起来的。由于传统的物流被人为地割裂为很多阶段，而各个阶段不能很好地衔接和协调，加上信息不能共享，造成物流的效率不高，这在很多小的医药物流企业表现得尤为明显。

物流标准化是以物流作为一个大系统，制定系统内部设施、机械设备、专用工具等各个分系统的技术标准；制定系统内各个分领域如包装、装卸、运输等方面的工作标准；制定物流运作流程标准、服务质量标准，以系统为出发点，研究各分系统与分领域中技术标准与工作标准的配合性，统一整个物流系统的标准；研究物流系统与相关其他系统的配合性，进一步谋求物流大系统的标准统一（见图 1-8）。

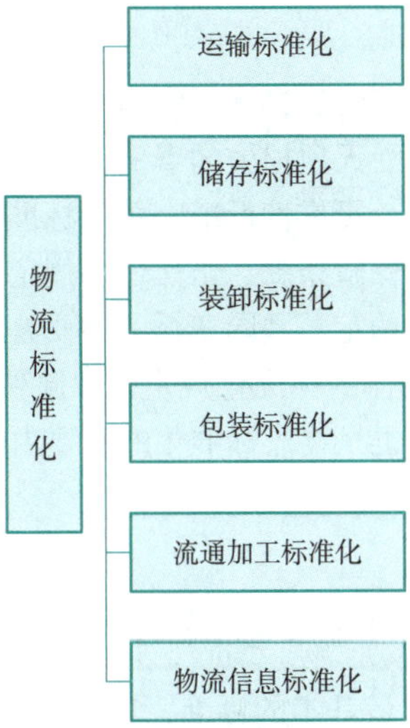

图 1-8　物流标准化

二、物流标准化的特点

（一）物流系统的标准化涉及面更为广泛

与一般标准化系统不同，物流系统的标准化涉及面更为广泛，其对象也不像一般标准化系统那样单一，而是包括了机电、建筑、工具、工作方法等许多种类。虽然处于一个大系统中，但缺乏共性，从而造成标准种类繁多，标准内容复杂，也给标准的统一性及配合性带来很大困难。

（二）物流标准化系统是属于二次系统

物流标准化系统是属于二次系统，或称为后标准化系统。这是由于物流及物流管理思想诞生较晚，组成物流大系统的各个分系统，过去没有归入物流系统之前，早已分别实现了本系统的标准化，并经多年的应用、发展和巩固，已很难改变。因此，连接这些方面的物流，等于要将这些标准统一起来，可想而知其所存在的困难。

（三）体现科学性、民主性和和经济性

物流标准化更应体现科学性、民主性和和经济性。这是标准的三性，是物流标准化特殊性所要求的。这“三性”的具体内容概括如下：

（1）科学性是指要体现现代科技成果，以科学实验为基础，在物流中则还要求与物流的现代化相适应，要求能将现代科技成果联结成大系统。这里既包含单项技术的高水平，还表现在协调与适应能力方面，使综合的科学水平最优。

（2）民主性是强调物流标准的制订应该采取协商一致的办法，广泛考虑各种现实条件，广泛听取意见，使标准更具有权威，减少阻力，易于贯彻执行。

（3）经济性是物流标准化的主要目的之一，也是标准生命力的决定因素，物流过程增值是有限度的，物流中的多支出，必然影响效益。不能因片面追求科技水平而引起物流成本的增加，这样自然会使标准失去生命力。

（四）物流标准化具有非常强的国际性

物流标准化具有非常强的国际性。这主要体现在，随着世界经济一体化，物流涉及的必然是整个国际的流通，因此，实现物流的标准化，最终要实现国际物流的标准化。

（五）贯彻安全与保险的原则

物流安全问题也是近些年来非常突出的问题，往往是一个安全事故会将一个公司损失殆尽，几十万吨的超级油轮、货轮遭受灭顶损失的事例也并不鲜见。

物流保险的规定也是与安全性、可靠性标准有关的标准化内容。在物流中，尤其在国际物流中，都有世界公认的保险险别与保险条款，虽然许多规定并不是以标准化形式出现的，而是以立法形式出现的，但是，其共同约定、共同遵循的性质是通用的，是具有标准化内含的，其中不少手续、申报、文件等都有具体的标准化规定，保险费用等的计算也受标准规定的约束，因而物流保险的相关标准化工作，也是物流标准化的重要内容。

三、物流标准化的方法

（一）基础编码标准

基础编码标准主要是对物流对象“物”编码，并且按物流过程的要求，转化成条码，这是物流大系统能够实现衔接、配合的最基本的标准，也是采用信息技术对物流进行管理和组织、控制的技术标准。在这个标准之上，才可能实现电子信息传递、远程数据交换、统计、核算等物流活动。

（二）物流基础模数尺寸标准

基础模数尺寸是指标准化的共同单位尺寸，或系统各标准尺寸的最小公约尺寸。在基础模数尺寸确定之后，各个具体的尺寸标准，都要以基础模数尺寸为依据，选取其整数倍数为规定的尺寸标准。由于基础模数尺寸的确定，只需在倍数系列进行标准尺寸选择，这就大大降低了尺寸的复杂性。物流基础模数尺寸的确定不但要考虑国内物流系统，而且要考虑到与国际物流系统的衔接，具有一定难度和复杂性。

（三）物流建筑基础模数尺寸

物流系统中各种建筑物所使用的基础模数，是以物流基础模数尺寸为依据确定的，也可选择共同的模数尺寸。该尺寸是设计建筑物长、宽、高尺寸，门窗尺寸，建筑物柱间距，跨度及进深等尺寸的依据。

（四）集装模数尺寸

在物流基础模数尺寸基础上，推导出的各种集装设备的基础尺寸，以此尺寸做为设计集装设备三向尺寸的依据。在物流系统中，由于集装是起贯穿作用的，集装尺寸必须与各环节物流设施、设备、机具相配合，因此，整个物流系统设计时往往以集装尺寸为核心，然后，在满足其他要求前提下决定各设计尺寸。因此，集装模数尺寸影响和决定着与其有关各环节标准化。

（五）物流专业名词标准

为了使大系统有效配合和统一，尤其在建立系统的情报信息网络之后，要求信息传递异常准确，这首先便要求专用语言及所代表的含义实现标准化，如果同一个指令，不同环节有不同的理解，这不仅会造成工作的混乱，而且容易出现大的损失。物流专业名词标准包括物流用语的统一化及定义的统一解释，还包括专业名词的统一编码。

（六）物流单据、票证的标准化

物流单据、票证的标准化，可以实现信息的录入和采集，将管理工作规范化和标准化，也是应用计算机和通信网络进行数据交换和传递的基础标准。它可用于物流核算、统计的规范化，是建立系统情报网、对系统进行统一管理的重要前提条件，也是对系统进行宏观控制与微观监测的必备前提。

（七）标志、图示和识别标准

物流中的物品、工具、机具都是在不断运动中，因此，识别和区分便十分重要，对于物流中的物流对象，需要有易于识别的乂易十区分的标识，有时需要自动识别，这就可以用复杂的条码来代替用肉眼识别的标识。

（八）专业计量单位标准

除国家公布的统一计量标准外，物流系统还有许多专业的计量问题，必须在国家及国际标准基础上，确定本身专门的标准，同时，由于物流的国际性很突出，专业计量标准要考虑国际计量方式的不一致性，还要考虑国际习惯用法，不能完全以国家统一计量标准为唯一依据。

四、物流标准化的优势

（一）物流标准化是物流系统设计的前提

物流标准化是物流系统同一性、一致性的保证，是几个环节有机联系的必要前提。例如，集装箱标准化可以实现不同运输方式之间的无缝连接，对于发展广泛的水陆联运、提高物流作业效率都有着重要意义。

（二）对降低物流成本和提高效益有作用

实现物流标准化后，贯通了全系统，可以实现“一贯到户”式的物流，其效益由速度加快，中间装卸、搬运、暂存费用降低，中间损失降低而获得。从而物流成本大大降低，效益显著提高。

（三）加快物流管理发展进程

物流标准化可以加快物流系统建设，是迅速推行物流管理的捷径。建立物流系统的涉及面广，难度非常大，推行物流标准化可以少走很多弯路，加快推行物流管理的进程。

（四）为物流系统创造条件

物流系统不是孤立的，为了使物流外系统与物流系统更好衔接，通过物流标准化简化和统一衔接点是非常重要的。

五、我国物流标准化发展现状

近些年，中国国民经济与对外贸易的发展为中国物流标准化的发展提供了良好的机遇，尤其是近几年来，国内的专业化物流公司和商业企业配送中心渐成气候，一些大型制造企业也在物流配送方面有所动作。随着物流产业基础市场的发育，我国的物流标准化工作开始启动，并取得了一系列成绩。具体表现在以下几个方面：

第一，制定了一系列物流或与物流有关的标准。据粗略统计，在我国现已制定颁布的物流或与物流有关的标准已有近千个。在包装标准方面，我国已全面制定了包装术语、包装尺寸、包装标志、运输包装、包装技术、包装材料、包装材料试验方法、包装容器、包装容器试验方法、产品包装、运输、贮存与标志等方面的标准；在物流机械与设施方面，我国制定了起重机械、输送机械、仓储设备、装卸机械、自动化物流装置以及托盘、集装箱等方面的标准。

从系统性的角度来看，已不仅仅是单纯制定技术标准，有关物流行业的通用标准、工作标准和管理标准也已开始制定。从标准层次性的角度来看，制定的与物流有关的标准不只有企业标准和地方、行业标准，也有不少的国家标准，其中有一部分标准还采用了国际标准或国外先进标准。从部门的角度来看，中国与物流关系比较密切的一些部门，均制定了一系列与物流有关的标准，特别是制定了许多作为国家标准系列中比较欠缺的作业标准和管理标准。

第二，建立了与物流有关的标准化组织、机构。中国已经建立了一套以国家技术监督局为首的全国性的标准化研究管理机构体系，而这中间有许多机构和组织从事着与物流有关的标准化工作。

第三，积极参与国际物流标准化活动。中国参加了国际标准化组织（ISO）和国际电工委员会（IEC）与物流有关的各技术委员会与技术处，并明确了各自的技术归口单位。

第四，积极采用国际物流标准。在包装、标志、运输、贮存方面的近百个国家标准中，已采用国际标准的约占30%；公路水路运输方面的国标中，已采用国际标准的约占5%；在铁路方面的国标中，已采用国际标准的约占20%；在车辆方面的国标中，已采用国际标准的约占30%。此外，在商品条码、企事业单位和社团代码、物流作业标志等方面也相应采用了一些国际标准。

第五，积极开展物流标准化的研究工作。在加入WTO的今天，中国物流国际化是必然的趋势，如何实现我国物流系统与国际物流大系统顺利接轨，关键在于物流标准化。至此，物流标准化工作被提到了前所未有的高度上来，全国不少相关科研院所、高等院校的科研机构，都投入到了这项研究工作当中。

拓展阅读

ISO 简介

国际标准化组织（international organization for standardization，ISO），是一个全球性的非政府组织，是国际标准化领域中一个十分重要的组织，ISO成立于1946年，当时来自25个国家的代表在伦敦召开会议，决定成立一个新的国际组织，以促进国际间的合作和工业标准的统一。于是，ISO这一组织于1947年2月23日正式成立，总部设在瑞士的日内瓦。ISO于1951年发布了第一个标准——工业长度测量用标准参考温度。ISO的任务是促进全球范围内的标准化及其有关活动，以利于国际间产品与服务的交流，以及在知识、科学技术和经济活动中发展国际间的相互合作。它显示了强大的生命力，吸引了越来越多的国家参与其活动。

课后练习

一、选择题

1. 物流的价值主要包括（　　）。

A. 时间价值　　B. 空间价值（场所价值）　　C. 加工附加价值　　D. 经济价值

2. 物流标准化应体现（　　）。

A. 科学性　　B. 民主性　　C. 统一性　　D. 经济性

3. 下列运输方式中，速度最快的是（　　）。

A. 铁路运输　　B. 水路运输　　C. 航空运输　　D. 公路运输

4.（　　）的定义是：“根据客户要求，对物品进行分类、拣选、集货、包装、组配等作业，并按时送达指定地点的物流活动。”

A. 配送　　B. 运输　　C. 包装　　D. 装卸搬运

5.（　　）是指物品在从生产地到使用地的过程中，根据需要施加包装、分割、计量、分拣、刷标志、拴标签、组装等简单作业的总称。

A. 装卸搬运　　B. 仓储　　C. 运输　　D. 流通加工

6.（　　）的定义是：“在同一场所内，以人力或机械方式对物品进行空间移动的作业过程。”

A. 装卸　　B. 搬运　　C. 配送　　D. 运输

7. 包装的主要功能不包括（　　）。

A. 保护功能　　B. 便利功能　　C. 促销功能　　D. 改变使用价值

二、问答题

1. 水路运输有哪些优点和缺点？
2. 仓储的作业内容主要包括哪些？
3. 物流信息的特点主要包括哪些？

实训项目

一、任务背景

2012 年 8 月 7 日，国务院发布了《关于深化流通体制改革加快流通产业发展的意见》，提出“流通产业已经成为国民经济的基础性和先导性产业”；2014 年 9 月 12 日，国务院发布了《物流业发展中长期规划（2014—2020）》，明确物流业“是支撑国民经济发展的基础性、战略性产业”。2019 年 3 月 1 日，发改委等部委发布《关于推动物流高质量发展促进形成强大国内市场的意见》提出，选择部分基础条件成熟的承载城市，启动第一批 15 个左右国家物流枢纽布局建设，培育形成一批资源整合能力强、运营模式先进的枢纽运营企业。

发改委等部委对物流业予以新的定位，加上先导性，即对国民经济发展起引领作用，足以看出国家对物流行业的重视。这从意见中提到物流高质量发展是经济高质量发展的重要组成部分，也是推动经济高质量发展不可或缺的重要力量。物流业发展的贡献不仅在于行业企业本身创造的税收、就业等，更在于支撑和促进区域内各相关产业产生更多的税收和就业，有力推动区域经济较快增长。要把推动物流高质量发展作为当前和今后一段时期改善产业发展和投资环境的重要抓手，培育经济发展新动能的关键一招，以物流高质量发展为突破口，加快推动提升区域经济和国民经济综合竞争力。

二、实训内容

1. 实训目的：通过调研当地物流企业，了解物流企业的组织结构、经营范围、岗位职责等内容。

2. 实训要求：结合调研内容和当地经济发展现状，分析物流行业对地方经济发展的影响，撰写物流认知实训报告。

物流认知实训报告		
调研企业名称		
调研内容	组织结构	
	经营范围	
	岗位职责	
实训总结		

第二章
物流业务模式认知

知识目标

- 了解传统物流业务模式。
- 掌握智慧物流业务模式。
- 理解电子商务与物流的关系。

能力目标

- 能够为客户选择合理的物流业务模式。
- 具备应用智慧物流技术的能力。

素质目标

- 具备良好的职业素养。
- 爱岗敬业、善于沟通交流。

第一节　传统物流业务模式

引导案例

供应链解决方案的引领者——宝供物流

宝供物流企业集团有限公司创建于1994年，1999年经国家工商总局批准，成为国内第一家以物流名称注册的企业集团，是我国最早运用现代物流理念为客户提供一体化物流服务的专业第三方物流企业，是目前我国最具规模、最具影响力、最领先的第三方物流企业之一，也是我国现代物流和供应链管理的开拓者和实践者。

经过二十多年的开拓与发展，宝供已成为物流与供应链解决方案的引领者，以二十多年服务全球500强企业的智慧，为广大工商企业提供供应链一体化服务，为政府提供产业供应链一体化解决方案，正形成一个以第三方物流为主体，集现代物流设施投资、供应链金融、电子商务、商品购销、国际货代、大数据服务等供应链服务功能为一体的综合集团。

从宝供物流成立伊始，宝供始终在致力为客户创造价值的使命上孜孜不倦，不断前行。在今天，客户的需求更多样化，也唯有用心、全力以赴才能实现宝供物流的使命。永远将客户的利益放在第一位，致力于成为客户的最佳合作伙伴，落实供应链每一环节的价值创造，以“开放、合作、实干、创新、共赢”的企业精神，助力客户成就卓越，基业长青，也使广大企业能更专注于自己的核心能力，实现业务发展更轻松、更便捷、更高效的企业价值，从而促进中国经济健康发展。

（来源：宝供物流官方网站）

思考：你了解的传统物流业务模式有哪些?

一、自营物流

（一）自营物流的定义

视频资源

自营物流

自营物流是指企业自身经营物流业务，建设全资或是控股物流子公司，完成企业物流配送业务，即企业自己建立一套物流体系。自营物流实际上是企业物流的纵向一体化行为，企业通过自营物流直接支配物流资产，控制物流职能，保证货物畅通和顾客服务质量，从而有利于保持企业和顾客的长期关系，也可以更好地防止企业商业秘密的外泄和扩散。

一些传统的大型制造企业、批发零售企业，例如苏宁和海尔，因为资金雄厚，其销售网络覆盖面极大，为了满足客户的需求，更好的服务客户，拓展市场，这些企业根据自己的市场覆盖，构建了自己的物流配送系统，拥有了自己的专业配送队伍。随着信息技术的不断发展，一些电子商务公司例如京东、亚马逊，也依据自己的实力和需求构建了自己的物流配送体系，目的就是拓展市场，降低客户在物流配送方面的投诉率，提高电子商务的整体运营效率，提高客户的满意度。

（二）自营物流的优点

自营物流的优点主要体现在以下几个方面：

1. 有利于企业掌握控制权

对于企业内部的采购、制造和销售环节，原材料和产成品的性能、规格，以及供应商和销售商的经营能力，企业自身掌握了最详尽的资料。企业采用自营物流可以运用自身掌握的资料有效协调物流活动的各个环节，能以较快的速度解决物流活动管理过程中出现的问题，获得供应商、销售商以及最终顾客的第一手信息，以便随时调整自己的经营战略。因此，自营模式下，企业对供应链的各个环节有较强的控制能力，容易让物流环节与其他业务环节密切配合，从而提高企业的运营管理效率。

2. 保护企业商业机密的安全

如果企业把物流服务外包给第三方，在双方的合作过程中，第三方就有机会深度接触企业的一些内部信息，例如企业的采购计划、生产计划，甚至新产品的开发计划等商业机密，所以就存在信息泄露的风险，对企业而言将是一种威胁。而企业自营物流可以保护企业的商业机密，例如海尔物流自建的原因之一就是出于对商业机密的保护。

3. 能提高客户满意度，提升企业的品牌价值

由于物流设施和配送队伍属于企业自己所有，企业能够自由调度和掌握配送主动权，不用再去寻求第三方公司，从而节省了中间委托的时间，缩短了商品的配送时间。因此企业可以更好地为自己的顾客服务，提高企业的服务质量，保障客户对企业的忠诚度。也可以发现消费者新的需求，及时反馈给企业以制定新的生产计划，及时把握市场的需求变化，不断提高客户满意度，从而提升企业的品牌价值。

例如，京东商城自 2007 年以来开始建立自营物流网络，拥有覆盖全国范围的八大运营中心，自营站点 4 000 余个，覆盖全国城市 338 个，区县 2 400 余个，有多种多样的服务模式，配送点数量和自提点数量共计 5 300 余个。在配送方面，可以做到仓配一体，精准履约，在物流配送商品之前，京东通过收件人的地址选择距离收件地址最近的仓库发货，将发货路径缩减到最小，提高了物流配送的时效性，保障了大部分收件人在下单后当天或者次日就能收到快递。京东的自营物流使其在中国众多电商企业的竞争之中脱颖而出，为其大幅增加了产品的复购率，提高了客户的满意度。

（三）自营物流的缺点

自营物流也会在企业的运营管理过程中呈现出诸多的运营难题，主要集中在以下三个方面：

1. 投资成本高

自营物流需要大量的资金购买物流设备，建设物流仓库和构建物流网络，这就要求企业进行大规模、长周期的投资，为此必然沉淀、占用大量资源，延长企业资本回收周期，降低企业现金周转速度，在短期内会加剧企业资金链的负担，同时还影响长期发展战略。尤其对于物流业务量较小、经营规模不大的企业，自营物流配送体系将会大幅度提高企业经营成本，制约企业业务规模的扩张和竞争实力的提升，影响企业正常的经济效益。

2. 不利于核心竞争力的提高

对于非物流企业来说，尽管在有的条件下，物流对自身的活动有着重要的影响，但物流并非企业自身的核心业务，也非自身最擅长的业务。如果采取自营物流，一方面减少对核心业务的投入，另一方面企业管理人员需要花费过多的时间、精力和资源去从事物流工作，会削弱企业的核心竞争力。

3. 需要较高的物流管理和综合运营能力

自营物流的运营，除了需要强有力的硬件支持，更需要企业工作人员具有专业化的物流管理能力和综合运营能力。缺乏专业的从业人员以及对配送过程的科学规划、高效管理，会使得自营物流运行效率低、缺乏竞争力，进一步导致企业无法发挥主营业务的核心作用，引发企业管理失效。

例如，某些企业的自营物流会出现一些服务较差的情况，比如物流配送不及时、包装缺损、产品在配送过程中发生损坏、物流信息缺失或者不真实，供货商良莠不齐等问题，这都是管理水平不够高而引起的，整个供应链中任何一环缺乏严格的管控，都将影响到企业的发展和业务的开展。在自营物流新建仓库或者配送网点时，未来的发展情况也是一个未知数，未来的收益也不可预测，若是经营情况萧条，不仅将直接影响到企业整个未来的发展情况，降低业务量和收入，甚至可能对企业整个财务状况造成极大的负担，引发财务危机风险。

因此，鉴于自营物流的优点和缺点，企业在进行物流模式决策时，要有成本意识和综合分

析的能力，需要权衡利害以作判断：一方面需要考虑资金状况、人才储备和市场风险；另一方面需要考虑企业物流活动的重要程度、对顾客的控制力要求以及商业秘密的保护程度等。只有在综合分析的基础上才能做出科学的决策。

拓展阅读

京东物流集团：成为全球最值得信赖的供应链基础设施服务商

京东集团2007年开始自建物流，2017年4月正式成立京东物流集团，2021年5月，京东物流于我国香港联交所主板上市。京东物流是我国领先的技术驱动的供应链解决方案及物流服务商，以“技术驱动，引领全球高效流通和可持续发展”为使命，致力于成为全球最值得信赖的供应链基础设施服务商。

一体化供应链物流服务是京东物流的核心赛道。目前，京东物流主要聚焦于快消、服装、家电家具、3C、汽车、生鲜等六大行业，为客户提供一体化供应链解决方案和物流服务，帮助客户优化存货管理，降低运营成本，高效分配内部资源，实现新的增长。同时，京东物流将长期积累的解决方案、产品和能力模块化，以更加灵活、可调用与组合的方式，满足不同行业的中小客户需求。

京东物流建立了包含仓储网络、综合运输网络、最后一公里配送网络、大件网络、冷链物流网络和跨境物流网络在内的高度协同的六大网络，具备数字化、广泛和灵活的特点，服务范围覆盖了中国几乎所有地区、城镇和人口，不仅建立了中国电商与消费者之间的信赖关系，还通过211限时达等时效产品和上门服务，重新定义了物流服务标准，客户体验持续领先行业。截至2022年6月30日，京东物流运营超1 400个仓库，含云仓生态平台的管理面积在内，京东物流仓储总面积约2 600万 m^2。同时，在全球运营近90个保税仓库、直邮仓库和海外仓库，总管理面积近90万 m^2。

京东物流始终重视技术创新在企业发展中的重要作用。基于5G、人工智能、大数据、云计算及物联网等底层技术，京东物流不断扩大软件、硬件和系统集成的三位一体的供应链技术优势，不仅利用自动搬运机器人、分拣机器人、智能快递车、无人机等，在仓储、运输、分拣及配送等环节大大提升效率，还自主研发了仓储、运输及订单管理系统等，支持客户供应链的全面数字化，通过专有算法，在销售预测、商品配送规划及供应链网络优化等领域实现决策。凭借这些专有技术，京东物流已经构建了一套全面的智能物流系统，实现服务自动化、运营数字化及决策智能化。截至2022年6月30日，京东物流已申请的专利和软件许可超7 000项，其中与自动化和无人技术相关的专利数量超过4 000项。

京东物流构建了协同共生的供应链网络，中国及全球各行业合作伙伴参与其中。2017年，京东物流创新推出云仓模式，将自身的管理系统、规划能力、运营标准、行业经验等应用于第三方仓库，通过优化本地仓库资源有效增加闲置仓库的利用率，让中小物流企业也能充分利用京东物流的技术、标准和品牌，提升自身的服务能力，截至2022年6月30日，云仓生态平台合作云仓的数量已超过1 700个。京东物流着力推行战略级项目“青流计划”，从“环境”“人文社会”和“经济”三个方面，协同行业和社会力量共同关注人类的可持续发展。京东物流是国内首家完成设立科学碳目标倡议（SBTi）的物流企业，同时引入使用更多清洁能源，推广和使用更多可再生能源和环保材料，践行绿色环保措施。

京东物流正坚持“体验为本、技术驱动、效率制胜”核心发展战略，将自身长期积累的新型实体企业发展经验和长期技术投入所带来的数智化能力持续向实体经济开放，服务实体经济，持续创造社会价值。

（来源：京东物流网）

二、物流联盟

视频资源

物流联盟

（一）物流联盟的定义

物流联盟是以物流为合作基础的企业战略联盟，是指两个或两个以上的企业为了实现自己的物流战略目标，通过各种协议、契约而结成的优势互补、风险共担、利益共享的组织。中华人民共和国国家标准《物流术语》将物流联盟定义为："两个或两个以上的经济组织为实现特定的物流目标而形成的长期联合与合作的组织形式。"

从物流联盟的概念当中我们可以看到，物流联盟是为了实现联盟成员的合作共赢，因此，联盟成员之间要建立战略联盟关系，树立共同的奋斗目标，不能再按照各自之前的交易方式和思想进行，而是要以长期合作伙伴关系为基础，开展多种形式的合作，不仅可以在单一领域、单一功能或单一资源之间合作，也可以在多个领域、多个功能模块或多种资源之间进行合作。联盟成员之间要建立一些规则、契约，给联盟成员以一定的约束力，以利于联盟稳定、降低风险，从整体上提高物流的服务水平。

（二）物流联盟的分类

根据物流联盟的组建方式不同，可以将物流联盟分为以下三种：

1. 水平一体化物流联盟

水平一体化物流联盟又叫作横向联盟，组成横向联盟的成员企业的业务基本相同或在供应链中处于相同的位置。例如 A 快递公司与 B 物流公司组建动态物流联盟，两家企业有着相似的业务服务范围，但是 A 快递公司发现自己在航空运输方面存在明显的不足，而 B 公司则在航空运输方面有着比较突出的业务优势，基于此，两家企业组建了水平一体化物流联盟，A 快递公司将航空运输业务外包给了 B 公司，使得企业不仅可以专注于自身的核心业务，同时消除了自身不全面的问题。

2. 垂直一体化物流联盟

垂直一体化物流联盟又叫作纵向联盟，与横向联盟相对应，纵向物流联盟的成员企业处于供应链的上下游，成员企业之间的业务不同，组建联盟后，进行资源统筹分配，优势互补，从而实现共同的目标。例如电子商务平台与快递企业的合作，电子商务平台主要是负责销售商品，对于后续的配送业务能力较弱，因此，电子商务平台与不同的快递企业组成联盟，将配送业务交给专业的快递公司，电子商务平台负责销售商品，快递企业负责配送，提高了配送的时效和服务品质，实现了双赢。

在垂直一体化物流联盟体系中，物流供应商需要对从原材料采购到终端销费者配送等供应链环节的物流服务进行系统性优化和提升；需要对产品生产和物流运输全过程进行监督和管控；需要企业根据自身发展条件，建立和发展与生产厂商、原材料供应商等供应链参与者的良性战略合作伙伴关系，从而集聚成势，获得有利的发展机遇。

3. 混合一体化物流联盟

混合一体化物流联盟兼具了水平一体化物流和垂直一体化物流的机制特征，是二者的综合应用。例如以一家物流企业为核心，联合一家或几家处于平行位置的物流企业和处于上下游位置的中小物流企业共同加盟组成。这些物流企业通过签订联盟契约，共同采购，共同配送，形成相互信任、共担风险、共享收益的集约化物流伙伴关系。

（三）物流联盟的优势

1. 降低企业物流成本

物流联盟有助于物流合作伙伴之间在物流设备、技术、信息、管理、资金等各方面互通有无，优势互补，减少相关的交易费用，降低物流成本。例如物流合作伙伴之间需要经常沟通与合作，物流联盟可使得搜寻交易对象信息方面的费用大为降低，另外，在服务过程中产生冲突，也可通过协商加以解决，从而避免无休止讨价还价，甚至提出法律诉讼产生费用。

2. 形成竞争优势

通过物流企业间的合作，成员企业能够实现资源和信息的共享、降低物流运营成本、缩短商品交付期限、扩大物流市场份额、提升顾客服务质量等，使得参与联盟的物流企业都能够专注于其核心业务，达到共同提高、逐步完善的目的，从而使物流业朝着专业化、集约化方向发展，提高整个行业的竞争能力，达到各企业互利共赢的效果。

3. 风险共担

单个企业的力量是有限的，如果对一个领域的探索失败了，会对企业产生很大的损失。但如果几个企业联合起来，在不同的领域分头行动，就会降低风险。而且联盟企业在行动上也有一定的协同性，对于突如其来的风险，也能够共同分担，这样便降低了单个企业面临的市场风险，提高了抵抗风险的能力。

（四）物流联盟的缺点

1. 建立信任关系较困难

物流联盟是基于一个特定的市场机遇而形成的合作关系。为了快速适应市场机遇，盟主在制定选择成员企业的标准时往往更注重企业所拥有的核心能力或为实现该市场机遇而需要的关键资源，而忽略其他诸多可能影响合作关系的因素。因此，在物流联盟建立后，各企业难免会遇到较多较为陌生、差异很大的合作伙伴，这对它们在物流联盟中建立长期信任和稳固的关系造成了巨大的挑战。

2. 信息共享较困难

由于物流联盟中的企业需要进行大量的企业内部生产过程中信息的交流和知识的共享，而各企业之间的距离问题减少了伙伴间进行“面对面”交流的机会，导致各企业信息共享的道路不通畅，在沟通交流方面存在较大困难。

3. 企业文化管理理念上的冲突

物流联盟需要企业之间进行高度默契的合作，但是由于各成员企业通常来自不同的地区和国家，企业文化和背景有着巨大的差异。因此，在交流合作中，企业在文化、管理理念上容易产生冲突，不利于建立相互信任的关系。

（五）物流联盟的建立方法

1. 联盟要给成员带来实实在在的利益

联盟采取的每一项措施都要考虑到每个成员的利益，使联盟的每个成员都是受益者，并能协调处理成员间的摩擦，提高客户服务能力，降低成本和获得持久的竞争优势。

2. 联盟战略目标与企业的物流战略一致或部分一致

联盟是一个独立的实体，是一个系统一体化的组织，联盟成员需要采取共同的目标和一致的努力，优化企业的外部行为，共同协调并实现联盟的目标。

3. 联盟成员的企业文化的精神实质基本一致

企业文化往往决定着企业的行为，只有企业文化大体相同的企业才有可能在行为上取得一致，从而结盟。

4. 联盟成员的领导层相对稳定

如果联盟成员经常更换领导层，后一任领导可能不认同前一任领导的决策，导致联盟不稳定性加大，因此领导层的相对稳定是联盟长期稳固发展的重要因素。

素质园地

“一带一路”倡议与物流联盟

“一带一路”是“丝绸之路经济带”和“21 世纪海上丝绸之路”的简称，依靠中国与有关国家既有的双多边机制，借助既有的、行之有效的区域合作平台，积极发展与沿线国家的经济合作伙伴关系，共同打造政治互信、经济融合、文化包容的利益共同体、命运共同体和责任共同体。随着“一带一路”倡议的实施与推进，中国与沿线国家贸易往来逐年增长，投资合作不断深化，涵盖基础设施、工业、商业、能源资源等众多领域。这些领域的开发与建设都离不开物流的支撑，物流既起着后方保障也起着前方引导的作用。因此，在物流业转型升级、国际化发展的大背景下，企业尤其是中小物流企业如果“单打独干”，则生存空间狭小，极易被竞争激烈的市场淘汰，因此物流联盟不断涌现。

例如，2020 年 12 月 26 日，由甘肃省物流行业协会和兰州国际港务区投资开发有限公司共同倡议并发起的甘肃省“一带一路”国际物流企业联盟在兰州正式成立，联盟首批成员单位共 22 家，常设机构为秘书处，秘书处设在甘肃兰州国际陆港。兰州陆港是“一带一路”国际物流中转枢纽、国际贸易物资集散中心，兰州陆港着力推进国际物流大通道建设，发展高水平开放型经济，构建内陆多层次开放平台，拓展区际互动合作，打造国家物流枢纽城市，推动现代物流体系核心基础设施建设，突出枢纽城市辐射区域更广、集聚效应更强、服务功能更优、运行效率更高的特点，为建设国家物流枢纽城市提供了源源不断的动力。2015—2020 年，兰州陆港累计完成固定资产投资 340 亿元，汽车整车进口口岸启动运营，保税物流中心（B 型）全面建成，多式联运物流园通过验收；累计组织发运国际班列 662 列，不断推进西部陆海新通道和中欧、中亚、南亚贸易通道建设。今后，兰州陆港将更加紧密地与甘肃省物流行业协会拥抱发展，加快实现“国家陆港型物流枢纽、甘肃向西向南开放的新高地、兰州外向型经济发展的重要增长极”的发展目标。

联盟的成立在甘肃省通道物流产业发展史上具有里程碑意义，将促进甘肃省通道物流产业平稳、健康、有序、快速发展，为物流业发展的新时代作出新贡献，为甘肃省融入“通道＋枢纽＋网络”的现代物流运作体系，加快融入以国内大循环为主体、国内国际双循环相互促进的新发展格局提供有力支撑，为加快构建现代通道流通新体系、畅通国民经济大循环贡献力量。联盟成立之后，整合了甘肃省国际物流资源、优化了国际物流体系，促进了相关物流企业之间信息互换、资源共享、政策叠加，进一步实现互联互通，使成员企业都能享受到联盟实实在在的成果。

通过物流联盟可以看出合作才能发展、合作才能共赢、合作才能提高。合作需要目标一致，相互信赖，要有契约精神，以合作共赢为基础。而“合作共赢”的理念也彰显了中国与世界各国平等交流、开诚布公的大国风范，充分表达了团结合作、互助共赢的思想。

（来源：中国甘肃网）

三、第三方物流

第三方物流是一个区别于第一方物流和第二方物流的概念。因此，在理解第三方物流之前，先要明确什么是第一方物流和第二方物流。

（一）第一方物流和第二方物流的概念

按照服务提供者的不同，物流可以分为第一方物流和第二方物流。第一方物流是指由物资提供者自己承担向物资需求者送货的任务，以实现物资的空间位移的过程，也就是说由物资的卖方负责物资的物流活动。传统上，多数制造企业都自己配备规模较大的运输工具和运输自己产品所需的仓库等物流设施。

第二方物流是指由物资需求者自己解决所需物资的物流问题，以实现物资的空间位移，即由物资的买方负责所有的物流活动。

（二）第三方物流的定义

视频资源

第三方物流

中华人民共和国国家标准《物流术语》将第三方物流定义为：“由独立于物流服务供需双方之外且以物流服务为主营业务的组织提供物流服务的模式。”第三方物流又叫合同物流或契约物流，是指企业在生产经营活动中，通过与第三方物流服务供应商签署委托配送协议，将企业的物流业务外包给第三方物流企业，并通过物流信息管理系统实现对物流的全过程进行监督和控制。其中，第三方物流服务商本身不参与商品的实际生产和市场交易环节，而只是凭借高度专业化的物流服务为客户企业提供高质量、高效率、便捷化的物流服务。

第三方物流模式的出现是顺应信息技术发展和经济全球化的趋势，满足生产、流通活动的日益繁杂和强化供应链管理、提高物流服务质量的要求。目前，国内第三方物流市场不断发展，已出现一批既有规模又有效益且能够有效提供第三方物流服务的企业，如中远国际货运公司、中国对外贸易运输（集团）总公司、中国储运总公司、中海物流、宝供物流等。

（三）第三方物流产生的原因

1. 第三方物流的产生是社会分工的结果

随着社会专业分工的精细化，各企业为增强市场竞争力，而将企业的资金、人力、物力投入到其核心业务上去，寻求社会化分工协作带来的效率和效益的最大化。专业化分工的结果导致许多非核心业务从企业生产经营活动中分离出来，其中就包括物流业。将物流业务委托给第三方专业物流企业负责，可降低物流成本、完善物流活动的服务功能。

2. 第三方物流的产生是新型管理理念的要求

进入20世纪90年代后，信息技术特别是计算机技术的高速发展与社会分工的进一步细化，推动着管理技术和思想的迅速更新，由此产生了供应链、虚拟企业等一系列强调外部协调和合作的新型管理理念，既增加了物流活动的复杂性，又对物流活动提出了零库存、准时制、快速反应等更高的要求，使一般企业很难承担此类业务，由此产生了专业化物流服务的需求。第三方物流的思想正是为满足这种需求而产生的。它的出现一方面迎合了个性化需求时代企业间专业合作、资源配置不断变化的要求，另一方面实现了进出物流的整合，提高了物流服务质量，加强了对供应链的全面控制和协调，促进供应链达到整体最佳性。

3. 改善物流与强化竞争力相结合意识的萌芽

物流研究与物流实践经历了成本导向、利润导向、竞争力导向等几个阶段。将物流改善与竞争力提高的目标相结合是物流理论与技术成熟的标志。这是第三方物流概念出现的逻辑基础。

4. 物流领域的竞争激化导致综合物流业务的发展

随着经济自由化和贸易全球化的发展，物流领域的政策不断放宽，同时也导致物流企业自身竞争的激化，物流企业不断地拓展服务内涵和外延，从而导致第三方物流的出现。这是第三方物流概念出现的历史基础。

（四）第三方物流的特征

1. 关系合同化

首先，第三方物流是通过契约形式来规范物流经营者与物流消费者之间的关系的。物流经营者根据契约规定的要求，提供多功能直至全方位一体化物流服务，并以契约来管理所有提供的物流服务活动及其过程。其次，第三方物流发展物流联盟也是通过契约的形式来明确各物流联盟参加者之间的权利责任等相互关系的。

2. 服务个性化

首先，不同的物流消费者存在不同的物流服务要求，第三方物流企业需要根据不同物流消费者在企业形象、业务流程、产品特征、客户需求特征、竞争需要等方面的不同要求，提供针对性强的个性化物流服务和增值服务。其次，从事第三方物流的物流经营者也因为市场竞争、物流资源、物流能力的影响需要形成核心业务，不断强化所提供物流服务的个性化和特色化，以增强其在物流市场中的竞争能力。

3. 功能专业化

第三方物流所提供的是专业的物流服务，从物流设计、物流操作过程、物流技术工具、物流设施到物流管理必须体现专门化和专业水平，这既是物流消费者的需要，也是第三方物流自身发展的基本要求。

4. 管理系统化

第三方物流应具有系统的物流功能，这是第三方物流产生和发展的基本要求。第三方物流企业需要建立现代管理系统才能满足运行和发展的基本要求。

5. 信息网络化

信息技术是第三方物流发展的基础。物流服务过程中，信息技术发展实现了信息实时共享，促进了物流管理的科学化，极大地提高了物流效率和物流效益。

（五）第三方物流企业的分类

根据不同的标准，第三方物流企业可以划分为不同的类型：

（1）按照物流企业完成的物流业务范围的大小和所承担的物流功能，可将物流企业分为功能性物流企业和综合性物流企业。

功能性物流企业（也称单一物流企业）是指那些仅承担和完成某一项或少数几项物流功能的企业，按照其主要从事的物流功能可将其进一步分为运输企业、仓储企业、流通加工企业等。

综合性物流企业是指那些能完成和承担多项或全部物流功能的企业，企业一般规模较大、资金雄厚，并且有着良好的物流服务信誉。

（2）按照物流企业是自行完成和承担物流业务，还是委托他人进行操作，可将物流企业分为物流运营企业与物流代理企业。

物流运营企业是指实际承担大部分物流业务的企业，它们可能有大量的物流环境和设备支持物流运作，如配送中心、自动化仓库、交通工具等。

物流代理企业是指接受物流需求方的委托，运用自己的物流专业知识、管理经验，为客户制订最优化的物流路线，选择最合适的运输工具等，最终由物流运营企业承担具体的物流业务。物流代理企业还可以按照物流业务代理的范围，分成综合性物流代理企业和功能性物流代理企业。功能性物流代理企业包括运输代理企业（货代公司）、仓储代理企业（仓代公司）和流通加工代理企业等。

（六）第三方物流的作用

第三方物流已经发展成为一种先进的物流运作与管理方式，并逐渐形成了功能专业化、服务个性化、信息现代化、关系联盟化等鲜明特征，其作用具体表现在：

1. 提高企业竞争力

由于任何企业的资源都是有限的，很难成为业务上面面俱到的专家。为此，企业应把自己的主要资源集中于自己擅长的主业。通过第三方物流减轻自身的负担，实现资源优化配置，将有限的人力、技术等资源集中于核心业务，进行重点研究，努力开发新产品参与市场竞争，无形之中可以提高企业竞争力。

2. 减少库存

企业不能承担原料和库存的无限增加，过多的库存不仅占用了企业仓库的位置，还需要消耗一定的人力去管理仓库以及保证仓库的安全，这是一笔不菲的费用。第三方物流提供者借助精心设计的物流计划和适时运送手段，最大限度地调配库存，为企业降低了成本。

3. 减少固定资产投资，加速资金周转

企业自建物流需要投入大量的资金购买物流设备，建设仓库和信息网络等。这些资源对于缺乏资金的企业特别是中小企业是个沉重的负担。根据对工业用车的调查结果，企业解散自有车队而代之以寻求公共运输服务的主要原因就是为了减少有关的固定费用，这不仅包括购买车辆的投资，还包括与车间、仓库、发货设施、包装机械以及员工工资等有关的开支。如果使用第三方物流，不仅可以减少物流设施的投资，还解放了仓库和车队方面的资金占用，加速了企业的资金周转。

4. 提升企业形象

第三方物流提供者与客户不是竞争对手，而是战略伙伴。他们为客户着想，通过信息网络使客户的供应链管理完全透明化，客户随时可通过信息网络了解供应链的情况。第三方物流提供者是物流专家，他们利用完备的设施和训练有素的员工对整个供应链实现完全的控制，降低物流的复杂性。通过遍布各地的运送网络和服务提供者大大缩短了交货期，帮助客户改进服务，树立品牌形象。

5. 创新管理

可利用第三方物流服务商的创新性物流管理技术和先进的渠道管理信息系统为企业开辟业务发展道路。一流的第三方物流服务商一般在全球拥有广泛的网络，并拥有开展物流服务的经验和专业技术。当企业计划在自己不熟悉的地理环境中开展业务时，可充分利用第三方物流服务商的专业技术和经验来进行有关运作。

（七）第三方物流的缺点

与其他物流模式相比，第三方物流也存在一些问题，在这些问题当中第三方物流企业的诚信缺失最为严重。在第三方物流服务过程中，第三方物流服务供应商与供应链中的其他参与者应形成互相信任、共担风险、共享收益的市场共生关系。但是，鉴于现实因素的复杂性，一些第三方物流企业诚信缺失的现象屡见不鲜，主要表现在以下两个方面：

1. 承诺过度，实际服务较差而且不承担任何责任

有些第三方物流企业为了吸引顾客，通过承诺一些理想化的谎言，例如“零货损”“零延期”“零风险”等来欺骗客户。在现实中，由于物流服务有其特殊性，货物在运送过程中会有一些意外情况发生，有时会导致服务质量达不到合同中的约定，可能出现物流企业收发货滞后、配送过程中货物丢失、配送人员态度较差等情况，严重影响企业的服务水平和市场形象，从而无法满足客户企业对物流服务的个性化的需求。这时货主想要索赔时，物流企业有各种理由来回应其顾客，拒不赔偿。

2. 违反规定泄露顾客的商业资料

第三方物流企业与顾客长期合作，使得第三方物流企业掌握了顾客的部分运营信息甚至是商业机密。按合同约定，物流企业有义务和责任替其顾客保守机密，但是在实际操作过程中，有些物流公司管理不完善和受利益驱动，将顾客信息泄露或高价卖给顾客的竞争对手，会给顾客带来巨大的利益损失。

因此，第三方物流企业的诚信缺失问题会对物流产业的健康和快速发展产生极大困扰，制约着物流行业迈向更广阔的成长道路。随着市场经济的快速发展，许多物流企业都意识到诚信经营是激烈的市场竞争中获胜的法宝，是第三方物流企业的生命线，“诚实守信”正在成为第三方物流企业的经营宗旨和改进目标。只有做到“诚实守信”，才能让第三方物流企业树立良好的诚信品牌，更好地为中国特色的市场经济健康发展服务。

（八）第三方物流的价值来源

第三方物流发展的推动力就是要为客户及自己创造利润。第三方物流企业必须以有吸引力的服务来满足客户需要，服务水平必须符合客户的期望，要使客户在物流方面得到利润，同时自己也要获得收益，因此，第三方物流企业必须通过自己物流作业的高效化、物流管理的信息化、物流设施的现代化、物流运作的专业化、物流量的规模化来创造利润。

1. 作业利益

第三方物流企业能为客户提供“物流作业”改进利益。第三方物流企业可以通过第三方物流服务，提供给客户不能自我提供的物流服务或物流服务所需要的生产要素，这是产生物流外包并获得发展的重要原因。在企业自行组织物流活动的情况下，或者局限于组织物流活动所需要的专业知识，或者局限于自身的技术条件，企业内部物流系统难以满足自身物流活动的需要，而企业自行改进或解决这一问题又往往是不经济的。物流作业的另一个改进就是改善企业内部管理的运作表现，增加作业的灵活性，提高质量和服务、速度和服务的一致性，使物流作业更具效率。

2. 经济利益

第三方物流企业为客户提供经济或与财务相关的利益是第三方物流服务存在的基础。一般低成本是由于低成本要素和规模经济的经济性而创造的，其中包括劳动力要素成本。通过物流外包，可以将不变成本转变成可变成本，又可以避免盲目投资，从而将资金用于其他用途。一般来讲，一个环节的成本难以清晰地与其他环节区分开来，但通过物流外包，使用第三方物流服务，则供应商要申明成本和费用，成本的明晰性就增加了。

3. 管理利益

第三方物流企业给客户带来的不仅仅是作业的改进及成本的降低，还应该给客户带来与管

理相关的利益。正如前面所述，物流外包可以使用企业不具备的管理专业技能，也可以将企业内部管理资源用于别的更有利可图的用途中去，并与企业核心战略相一致。物流外包可以使企业的人力资源更集中于企业的核心活动，而同时获得的是其他企业（第三方物流企业）的核心经营能力。此外，如单一资源和减少供应商数目所带来的利益也是物流外包的潜在原因，单一资源减少了公关等费用，并减轻了企业在几个运输、搬运、仓储等服务商间协调的压力。第三方物流企业可以给客户带来的管理利益还有很多，如订单的信息化管理、避免作业中断、运作协调一致等。

4. 战略利益

物流外包还能产生战略意义及灵活性，包括地理范围跨度的灵活性（设点或撤销）及根据环境变化进行调整的灵活性。集中主业在管理层次与战略层次高度一样具有重要性。共担风险的利益也可以通过第三方物流服务来获得。

拓展阅读

我国第三方物流业现状

20 世纪 90 年代中期，第三方物流的概念开始传到我国，它是运输、仓储等基础服务行业的一个重要发展。近几年，随着市场经济体制的完善和企业改革的深入，企业自我约束机制增强，外购物流服务的需求日益增大。特别是随着外资企业的进入和市场竞争的加剧，企业对物流重要性的认识逐渐深化，视其为“第三利润源泉”，对专业化、多功能的第三方物流需求日渐增加。

我国较早的第三方物流企业是传统仓储和运输企业转型而来的，如上海友谊集团物流有限公司是由原上海商业储运公司经过分离和改制后组建的，20 世纪 90 年代初便为国际上最大的日用消费品公司——联合利华提供专业物流服务，业务由最初的仓储和运输服务，发展到今天提供运输、仓储、配送、流通加工、信息反馈等多功能个性化服务，双方建立了良好的战略合作伙伴关系：1993 年成立的中远集团，对陆上货运企业进行整合，于 1995 年成立了中远国际货运有限公司，建立起全国统一的货运网络，2001 年又通过合资方式，与广东科龙公司、无锡小天鹅公司成立安泰达物流公司。

从第三方物流企业的形成结构看，大体有四个途径。第一是传统仓储、运输企业经过改造转型而来的占主导地位，占据较大市场份额。中远国际货运公司、中国对外贸易运输（集团）总公司（简称中外运）、中国储运总公司等，凭借原有的物流业务基础和在市场、经营网络、设施、企业规模等方面的优势，不断拓展和延伸其他物流服务，向现代物流企业逐步转化。第二是新创办的国有或国有控股的新型物流企业，它们是现代企业改革的产物，管理机制比较完善，发展比较快。例如，中海物流公司成立于 1993 年 11 月，从仓储开始发展物流业务，现发展成能为国际大型知名跨国公司提供包括仓储、运输、配送、报关等多功能物流服务的第三方物流企业。第三是外资和港资物流企业，它们一方面为原有客户——跨国公司进入中国市场提供延伸服务，另一方面用它们的经营理念、经营模式和优质服务吸引中国企业，逐渐向中国物流市场渗透，如丹麦有利物流公司主要为马士基船运公司及其货主企业提供物流服务，深圳的日本近铁物流公司主要为日本在华的企业服务。第四是民营物流企业，它们由于机制灵活、管理成本低等特点，发展迅速，是我国物流行业中最具朝气的第三方物流企业。如广州的宝供物流集团，是从 1992 年承包铁路货物转运站开始，1994 年成立广东宝供储运公司，当年承接世界上最大的日用消费品生产企业——美国宝洁公司在中国市场的物流业务，经过几年的开拓创新，已成为在澳大利亚、泰国及国内主要城市设有40多个分公司或办事处，为40多个跨国公司和一批国内企业提供国际性物流服务的物流集团公司。

从提供的服务范围和功能来看，我国的第三方物流企业仍以运输、仓储等基本物流业务为主，加工、配送、定制服务等增值服务功能处在发展完善阶段。像宝供、中海这样功能完善的第三方物流企业目前为数不多，规模也不是很大。中远集团、中外运集团、中国储运总公司这样大型的运输、仓储企业虽已向第三方物流企业转化，但它们的传统运输、仓储业务仍占主要部分，第三方物流的功能还不完善。

（来源：搜狐网）

四、第四方物流

视频资源

第四方物流

随着信息技术的发展以及全球化程度的不断加深，我国在成为制造强国的同时注定会成为物流大国。而竞争环境的迅猛变化也对我国物流高质量发展提出了新的要求，不仅要求物流在降低成本、提供方便快捷服务方面有所提升，还要求物流企业能够集成和优化供应链，从而提高企业的整体竞争力。在这种情况下，第四方物流这一新兴的物流模式应运而生。

（一）第四方物流的定义

第四方物流的概念是由美国埃森哲咨询公司在1998年率先提出的，它的定义是："第四方物流供应商是一个供应链的集成商，它对公司内部和具有互补性的服务供应商所拥有的不同资源、能力和技术进行整合和管理，提供整套供应链解决方案。"

第四方物流就如同供应链的"大脑"，它从整体出发使客户利益最大化，通过整合供应链内所拥有的资源、技术制定最优的供应链集成方案，包括方案设计、实施途径、可能遇到的问题和解决办法等。依靠业内最出色的供货商、信息技术服务提供商、管理咨询顾问、第三方物流服务提供商和其他增值服务提供商，为客户提供最优的供应链解决方案，并对现有资源进行有效整合和重新配置，从而达到从整个供应链的角度提高运作效率、降低运作成本、为客户提供跨功能作业一体化的运作空间的目的。

（二）第四方物流的作用

相比于第三方物流，第四方物流以先进的信息技术为依托，能够与客户的制造、市场、分销等方面的数据进行全面、实时共享，提高供应链上企业之间的配送速度、降低其配送成本，提高物流的服务质量。其作用主要表现在以下几个方面：

1. 持续降低企业物流整体成本

第四方物流能够充分利用其物流网络及现有的信息技术对物流活动中的所有环节进行整合、协调，并管理物流各环节、各参与方的活动与利益冲突，不像第三方物流企业可能只承担企业的一部分运输环节，从而能够帮助企业持续降低物流的整体运作成本。

2. 显著提高物流运营效率

第四方物流能够提高库存周转率，改善了客户的库存管理水平，并通过提高物流设备利用率或资产重组，将利用率低的资产进行处理，加快固定资产的周转率。此外，第四方物流通过采用先进的物流管理系统，提高物流工作单执行的质量，增加客户满意度，加速客户付款过程，从而加快应收账款的周转率，提高资金的利用效率。

3. 树立高品质的物流服务

第四方物流可以提供专业化的供应链物流管理运作能力和专业高素质的物流人才，制定出以顾客为导向的快捷、高质、低廉的物流服务方案，改善物流服务质量。这种服务有利于参与市场竞争，有利于树立企业和品牌的形象，有利于和服务对象结成长期、稳定、战略性合作伙伴，这对企业长远的、战略性的发展有非常重要的意义。

4. 培植企业的核心竞争力

核心竞争力是企业在市场竞争中保持持续优势的源泉。采用第四方物流，能使企业更好地配置自身的资源，专注于核心业务，集中优势资源拓展主业，大大提升企业的核心竞争力，并为企业的后续发展提供永久的动力。

（三）第四方物流的运作模式

根据合作方式和目标的不同，第四方物流主要有三种运作模式：

1. 协同运作模式

在这种模式下，第四方物流企业与第三方物流企业达成战略合作，共同开发市场。第四方物流企业具有丰富的供应链管理经验、信息技术能力、管理咨询水平，且拥有大量的物流相关信息，可以为第三方物流企业提供针对性的服务。第三方物流企业则拥有物流服务的硬件设备、人员储备、客户订单等，是第四方物流实现供应链解决方案的实施者。两者间互惠共利，达到双赢。

2. 方案集成运作模式

在这种模式下，第四方物流企业承担方案集成商的角色，整合第三方物流企业、信息技术提供商、管理咨询提供商等相关机构，为用户提供完善的供应链解决方案。其占主导地位，领导传统物流运作。第三方物流企业是方案执行机构之一，受第四方物流企业管理。相对于第三方物流在产品交付上的努力，第四方物流更关注产品交付后的质量。

3. 行业创新运作模式

在这种模式下，第四方物流企业的服务对象从单一客户转变为某一行业的用户群。第四方物流企业仍需整合第三方物流企业、技术提供商等资源，但服务重点是行业供应链。对于整体行业的方案规划可以形成规模效应，进而改善经营成本，提高运营效率。

拓展阅读

菜鸟网络

2013 年，阿里巴巴集团、银泰集团联合顺丰集团、三通一达等民营物流企业，以及中信银行等金融机构共同建立了“菜鸟网络科技有限公司”。菜鸟的核心发展模式就是为电子商务技术企业、仓储、快递、第三方物流服务商等各类企业提供平台建设服务，即第四方物流。过去的物流业靠规模驱动，尽可能地利用低成本工作人员进行业务渠道的拓宽，进而取得发展。但在提升物流质量方面这样的驱动方式明显动力不足，整体行业正在从规模驱动模式向技术驱动模式转变，这里的技术不仅指的是自动化仓储、自动化分拣和自动化堆垛等地面技术的普及，更是大数据、云计算平台、物联网等高新技术的革新与应用。

菜鸟网络识别市场机会和需求，以互联网 + 的思维方式重新定位物流业，致力于建设一个数据驱动、社会化协同的物流及供应链平台，即在现有物流业态的基础上，建立一个开放、共享、社会化的物流基础设施平台，打通了覆盖跨境、快递、仓配、农村、末端配送的全网物流链路，是国内第四方物流发展的优秀案例。菜鸟网络并不是物流公司，而是通过与第三方物流企业合作，利用数据为物流供应链各环节的合作伙伴提供更清晰的业务场景。

由阿里巴巴集团牵头创建菜鸟网络，充分发挥了阿里巴巴的资源整合能力及用户群。阿里巴巴集团旗下的淘宝网和天猫是国内最大的网络购物平台，有着良好的用户基础。阿里巴巴作为信息技术企业，其在互联网领域的实力足以开发和维护菜鸟网络这样的基础设施平台。阿里巴巴的大数据分析和算法构建实力，使其足以利用数据和信息优势为现有供应链提供更加完善的供应链解决方案。菜鸟网络背靠阿里巴巴集团，利用旗下“淘宝”“天猫”网络购物平台的大数据来源和阿里云计算平台，形成一个连接商家、仓储、快递和消费者的超大数据枢纽。依靠数据分析物流网络来实现对物流各方资源的统筹配置，为现有供应链提供更加完善的供应链解决方案，提升物流质量。

因此，大数据、云计算平台、物联网等高新技术的革新与应用，物流行业基础设施等硬实力及行业管理等软实力的提升，共同推动了第四方物流的发展，我国物流产业也逐渐走向技术驱动模式。

（来源：阿里巴巴菜鸟网）

五、第五方物流

视频资源

第五方物流

从第一方物流到第四方物流的发展过程中，我们能够发现物流服务商对信息的掌控能力不断增强，对供应链物流系统的优化协同不断加深。随着信息技术的进一步革新和各类社交网络、共享经济的全面发展，第五方物流的概念悄然出现在人们面前。第五方物流的提出对于促进现代物流业的发展具有积极的推动作用。

（一）第五方物流的概念

第五方物流源自物流界对业内未来发展趋势的评价，是指专门为第一方、第二方、第三方和第四方提供物流信息平台、供应链物流系统优化、供应链集成、供应链资本运作等增值性服务的活动。在商贸的实际运作中应用互联网技术去支持整个物流服务链，并且能组合相关的执行成员协同为企业的物流需求提供高效服务。因此，第五方物流企业是专门对物流信息资源进行整合的物流企业，并不实际承担具体的物流运作活动。

（二）第四方物流与第五方物流的区别

随着第五方物流的出现，二者之间有明显的区别：与第五方物流相比，第四方物流只是一个供应链的集成商，它提供的物流信息系统是在客户已有的物流信息系统上的优化和完善，所以更多的是针对一个企业或者是一批企业，即是一种架构对一种架构的物流信息系统。同时，第四方物流公司还要参与实际物流运作的完成，不能算是一个完全意义上的软件服务商。

而第五方物流则是一种标准化物流信息系统的提供者，只要是这个供应链上的任何一个环节，都可以安装这个物流信息系统与自己的上下游进行无缝对接，在这个系统平台上的任何信息都是公开的、透明化的，它是一个层面对一个层面的物流信息系统。

（三）第五方物流的作用

第五方物流具有以下四个作用：

1. 经营能力集成化

第五方物流是以信息技术为基础为客户组合供应链上的各个环节，将平台系统放进客户的实际运作中，收集实时物品动态信息，以达到跟踪、监控、评估、快速反馈运作信息的作用，满足客户服务需求。

2. 物流标准化

第五方物流通过对标管理、系统化衔接，可以促进物流标准化的实现。

3. 市场定位差异化

第五方物流通过运用物流系统规划技术，通过定性与定量分析相结合的方法，找到准确的市场定位。

4. 服务体系系统化

第五方物流通过顶层设计，构建一个用户之间可以寻求多种组合的服务体系，构成多接口、多用户、跨区域、无时限的物流服务平台。

素质园地

应急物流与第五方物流

应急物流是指为应对严重自然灾害、突发性公共卫生事件、公共安全事件及军事冲突等突发事件而对物资、人员、资金的需求进行紧急保障的一种特殊物流活动。其内容包括应急物流组织机制的构建、应急技术的研发、应急物流专业人员的管理、应急所需资金与物资的筹措、应急物资的储存与管理、应急物流中心的构建、应急物资的运输与配送等内容。应急物流与普通物流一样，由流体、载体、流向、流程、流量等要素构成，具有空间效用、时间效用和形质效用。普通物流既强调效率又强调效益。应急物流一般具有突发性、弱经济性、不确定性和非常规性等特点，应急物流多数情况下通过物流效率实现其物流效益。目前中国的应急物流有自己的特点，其表现为：政府高度重视，企业积极参与；军民携手合作，军队突击力强；平时有准备、预案演练到位等。

鉴于第五方物流的含义与特点，我们可以将第五方物流的理论应用于应急物流体系的构建当中。第五方物流可以针对应急物流发生的不可预知性、发生时间的突然性、发生地点的随机性、需求数量的峰值性、反应时效的紧迫性、成本核算的弱经济性等特点，通过建立集成式电子网络物流技术，借助电子商务、物联网及信息技术对供应链系统进行集成，搭建信息交互平台，利用信息系统优化物流运营体系，整体协调、组织并执行物流解决方案，满足物流服务对象需求，实现应急物流目标，保障人们生活物资的充沛，稳定社会秩序。

（来源：根据相关网络资料整理）

第二节　智慧物流创新模式

引导案例

亚马逊的智慧物流

亚马逊是美国最大的一家网络电子商务公司，2020年8月10日，亚马逊名列2020年《财富》世界500强排行榜第9位。但其创始人兼CEO杰夫·贝索斯（Jeff Bezos）在创立亚马逊之初是希望将其打造成一家科技公司，为此在盈利期间，亚马逊持续不断地在科技创新领域，如智慧物流方面投入大量资金，现阶段亚马逊是全球公认的科技巨头。

亚马逊在业内最先将大数据、人工智能和云计算等技术运用于仓储物流管理，其最新的“无人驾驶”智慧供应链，可以完成自动预测、自动采购、自动补货、自动分仓，自动根据客户需求调整库存。

亚马逊拥有强大的基于大数据分析的系统，可以准确分析客户的需求。后台系统会根据客户的浏览历史，将客户感兴趣的产品提前分配存储到离消费者最近的运营中心，实现“客户还没有下订单，但商品已在路上”。

在亚马逊的运营中心，从订单处理到快速提货、快速包装等一切都是由大数据驱动的。例如，系统通过智能计算优化每个分配器的拣货路径，可以比传统分配器减少 60% 以上的行走路径。亚马逊也在仓库使用大量的 Kiva 机器人，Kiva 将根据指令找到货架，完全颠覆了传统仓库的“人们寻找商品”模式，实现“商品寻找人”，运行效率增加了 2～4 倍，准确性高达 99.99%。大数据分析技术也应用于配送过程。该智能系统将对订单的分配进行分析，并据此计算出最优的分配路径，从而更科学合理地安排每位配送员的配送工作，提高配送效率。

（来源：根据相关网络资料整理）

思考：1. 亚马逊公司应用了哪些智慧物流技术？
2. 智慧物流创新模式给企业带来了哪些改变？

一、智慧物流

（一）智慧物流的内涵

视频资源

智慧物流认知

智慧物流（intelligence logistics）最早于 2009 年 12 月由中国物流技术协会信息中心、华夏物联网、“物流技术与应用”编辑部联合提出。目前，智慧物流的发展是一种趋势，各界人士对智慧物流的概念众说纷纭，并没有形成统一的认识。大多数研究者认为，智慧物流是指将无线射频识别、传感器、全球定位系统等先进的物联网技术，广泛应用于物流业运输、仓储、配送、快递等基本环节，实现物流行业的智能化模式与自动化管理，实现智慧物流信息化、智能化、系统自动化的运作模式，主要利用高新技术和现代管理手段实现物流配送体系的高效率与低成本智能化运作。

根据国标《物流术语》，智慧物流是指以物联网技术为基础，综合运用大数据、云计算、区块链及相关信息技术，通过全面感知、识别、跟踪物流作业状态，实现实时应对、智能优化决策的物流服务系统。目前，智慧物流不仅是现代物流发展的大趋势，同时也是我国物流产业转型与产业升级的重要方向，强调信息流与物质流快速、高效、通畅地运转，从而实现降低社会成本、提高生产效率、整合社会资源的目的。

智慧物流的本质是智慧，物流是智慧的应用客体。智慧物流的核心和灵魂是提供科学的物流解决方案，为客户和社会创造更好的综合效益。

（二）智慧物流的功能

智慧物流一般具有识别感知、优化决策、定位追溯、智能分析、系统支持、自动修正和及时反馈等功能。

1. 识别感知

智慧物流将物品信息进行数字化处理，通过使用射频识别、卫星定位技术，快速对物品进行识别，进而实现物流领域中生产自动化、销售自动化、流通自动化的管理。

2. 优化决策

将数据挖掘和信息处理技术应用于物流管理和配送系统，通过对物流数据、客户需求、商品库存等信息和数据进行数据挖掘和分析，计算并决策最佳仓储位置与配送路径，实现物流存储与配送决策的智能化。

3. 定位追溯

通过射频识别、卫星定位技术，可实时获取车辆及物流配送过程各环节的数据和信息，了解货物的位置和状态等配送信息，对货物进行定位和追踪管理，为客户与管理者提供实时的物流运行状态的信息反馈，并可对物品产地等相关生产和流通信息进行追溯，当物品出现问题时，便于追根溯源。

4. 智能分析

运用智能的模拟器模型等手段分析物流问题，根据问题提出假设，并在实践过程中不断验证问题，发现新问题，做到理论实践相结合。在运行中系统会自行调用原有经验数据，随时发现物流作业活动中的漏洞或者薄弱环节，从而实现发现智慧。

5. 系统支持

系统智慧集中表现于智慧物流并不是各个环节各自独立、毫不相关的物流系统，而是每个环节都能相互联系，互通有无，共享数据，优化资源配置的系统，从而为物流各个环节提供最强大的系统支持，使得各环节协作、协调、协同。

6. 自动修正

在前面各个功能的基础上，按照最有效的解决方案，系统自动遵循最快捷有效的路线运行，并在发现问题后自动修正，并且备用在案，方便日后查询。

7. 及时反馈

物流系统是一个实时更新的系统，反馈是实现系统修正、系统完善必不可少的环节。反馈贯穿于智慧物流系统的每一个环节，为物流相关作业者了解物流运行情况并及时解决系统问题提供强有力的保障。

（三）智慧物流的作用

智慧物流就是能迅速、灵活、正确地理解物流问题，运用科学的思路、方法和先进技术解决物流问题，创造更好的社会效益和经济效益的物流模式。

1. 降低物流成本，提高企业利润

智慧物流能大大降低制造业、物流业等各行业的成本，实打实地提高企业的利润，生产商、批发商、零售商三方通过智慧物流相互协作，信息共享，物流企业便能更节省成本。其关键技术诸如物体标识及标识追踪、无线定位等新型信息技术应用，能够有效实现物流的智能调度管理、整合物流核心业务流程，加强物流管理的合理化，降低物流消耗，从而降低物流成本，减少流通费用、增加利润。

2. 加速物流产业的发展，成为物流业的信息技术支撑

智慧物流的建设，将加速当地物流产业的发展，集仓储、运输、配送、信息服务等多功能于一体，打破行业限制，协调部门利益，实现集约化高效经营，优化社会物流资源配置。同

时，将物流企业整合在一起，将过去分散于多处的物流资源进行集中处理，发挥整体优势和规模优势，实现传统物流企业的现代化、专业化和互补性。此外，这些企业还可以共享基础设施、配套服务和信息，降低运营成本和费用支出，获得规模效益。

3. 为企业生产、采购和销售系统的智能融合打基础

随着 RFID 技术与传感器网络的普及，物与物的互联互通，将给企业的物流系统、生产系统、采购系统与销售系统的智能融合打下基础，而网络的融合必将产生智慧生产与智慧供应链的融合，企业物流完全智慧地融入企业经营之中，打破工序、流程界限，打造智慧企业。

4. 使消费者节约成本，轻松、放心购物

智慧物流通过提供货物源头自助查询和跟踪等多种服务，尤其是对食品类货物的源头查询，能够让消费者买得放心，吃得放心，在增加消费者购买信心的同时促进消费，最终对整体市场产生良性影响。

5. 提高政府部门工作效率

智慧物流可全方位、全程监管食品的生产、运输、销售，大大减轻了相关政府部门的工作压力，同时使监管更彻底更透明。通过计算机和网络的应用，政府部门的工作效率将大大提高。

6. 促进当地经济进一步发展，提升综合竞争力

智慧物流集多种服务功能于一体，体现了现代经济运作的特点，即强调信息流与物质流快速、高效、通畅地运转，从而降低社会成本，提高生产效率，整合社会资源。

智慧物流的建设，在物资辐射及集散能力上同邻近地区的现代化物流配送体系相衔接，全方位打开企业对外通道，以产业升级带动城市经济发展，推动当地经济的发展。物流中心的建设，将增加城市整体服务功能，提升城市服务水平，增强竞争力，从而有利于商流、人流、资金流向物流中心所属地集中，形成良性互动，对当地社会经济的发展有较大的促进作用。

二、智慧物流技术

智慧物流是以物流互联网和物流大数据为依托，通过协同共享创新模式和人工智能先进技术，重塑产业分工，再造产业结构，转变产业发展方式的新生态物流。物联网、大数据及人工智能三大领域是未来智慧物流发展的重要方向，也是智慧物流能否进一步迭代升级的关键。

（一）智慧物流的关键技术

视频资源

智慧物流技术

1. 物联网技术

物联网（Internet of things，IoT）即“万物相连的互联网”。2005 年 11 月 17 日，国际电信联盟（ITU）在发布的《ITU 互联网报告：物联网》中正式提出了物联网的概念，并深入探讨了物联网的技术细节及其对全球商业和个人生活的影响。

对于不同领域的研究者而言，由于思考的出发点不同，其对物联网的描述侧重点各不相同，因而在短期内并没有达成共识。狭义上的物联网指连接物品到物品的网络，实现物品的智能化识别和管理：广义上的物联网则可以看作是信息空间与物理空间的融合，将一切事物数字化、网络化，在物品之间、物品与人之间、人与现实环境之间实现高效信息交互，并通过新的服务模式使各种信息技术融入社会行为，是信息化在人类社会综合应用达到的更高境界。物联网的核心是物与物以及人与物之间的信息交互，基本特征见表 2-1。

表 2-1 物联网基本特征

特　征	含　义
全面感知	利用射频识别、二维码、传感器等感知、捕获、测量技术随时随地对物体进行信息采集和获取
可靠传送	通过将物体接入信息网络，依托各种通信网络，随时随地进行可靠的信息交互和共享
智能处理	利用各种智能计算技术，对海量的感知数据和信息进行分析并处理，实现智能化的决策和控制

2. 云计算技术

云计算（cloud computing）有广义云计算与狭义云计算之分。广义云计算是指将计算能力作为一种商品，通过互联网为顾客提供服务的交付和使用模式。狭义云计算是指通过信息技术基础设施、网络平台等为顾客搜寻他们所需的资源，并通过互联网完成的交付和使用模式。云计算是继互联网、计算机后在信息化时代的一种革新。现阶段所说的云服务，可根据需求进行访问计算，也可以在很短的时间内快速处理全球的海量数据，同时为上千万的用户提供服务。其中较为简单的云计算技术已经普遍运用于互联网服务中，最为常见的就是网络搜索引擎和网络邮箱。

采用云计算技术可以收集整合实际数据，再传输至超级计算机集群内，使之形成庞大的资源池后进行数据处理，快速、高效地向用户传送处理后的数据信息。

素质园地

菜鸟网络“鲲鹏计划”

采用更安全的物流云服务是物流行业的必然趋势，云服务能够帮助物流企业有效抵御外部攻击，并降低物流行业成本。当“双十一”“双十二”业务量大幅增加时，物流云也可以在瞬间灵活扩展，无须担心系统崩溃等问题。企业上云，是指企业以互联网为基础进行信息化基础设施建设、管理方法、业务流程等方面应用，并通过互联网与云计算手段连接社会化资源、共享服务及能力的过程。

菜鸟网络科技有限公司（以下简称“菜鸟网络”）由阿里巴巴集团、银泰集团、顺丰集团、三通一达（申通、圆通、中通、韵达）等相关机构于 2013 年 5 月 28 日正式成立。菜鸟网络与阿里云联合宣布启动物流加速上云的“鲲鹏项目”，共同推动全球物流行业进入“云上的日子”。一方面，该计划将进一步加快国内物流企业和包裹使用物流云的比例，另一方面，物流云也将利用遍布全球的节点集群，将服务范围扩大到海外物流企业。

（来源：根据相关网络资料整理）

3. 大数据技术

麦肯锡全球研究所给出大数据（big data）的定义是：一种规模大到在获取、存储、管理、分析方面，大大超出了传统数据库软件工具能力范围的数据集合，具有数据规模海量、数据流转快速、数据类型多样和价值密度低四大特征。

大数据的诞生是信息技术发展的必然结果。互联网的出现及深入应用，让数据得以大量产生及聚集，并为数据采集及集成奠定基础；云计算的出现为大数据提供了存储空间和访问渠道，物联网和移动互联网成为大数据的加速器；智能终端的普及为大数据的商业应用补齐了最后一块短板。

4. 人工智能技术

人工智能（artificial intelligence，AI）是计算机科学中涉及研究、设计和应用智能机器的一个分支，是计算机科学控制论、信息论、自动化、仿生学、生物学、语言学、神经生理学、心理学、数学、医学和哲学等多种学科相互渗透而发展起来的综合性的交叉学科和边缘学科。自20世纪50年代中期人工智能诞生以来，人工智能取得了长足的发展，理论和技术日益成熟，应用领域也不扩大。人工智能在物流中的应用方向可以大致分为两种：一是以AI技术赋能的如无人卡车、无人配送车、无人机、客服机器人等智能设备代替部分人工；二是通过计算机视觉机器学习、运筹优化等技术或算法驱动的如车队管理系统、仓储现场管理、设备调度系统、订单分配系统等软件系统提高人工效率。总的说来，人工智能研究的一个主要目标是使机器能够胜任一些通常需要人类智能才能完成的复杂工作。

5. 区块链

区块链技术（blockchain technology，BT）也被称为分布式账本技术，是一种由集体共同维护的可靠的数据库技术。该技术通过参与系统中的任意节点，把一段时间内系统全部信息交流的数据，通过密码学算法计算和记录到一个数据块中，并生成该数据块的指纹，用于链接下个区块链和校验，系统所有参与节点共同认定记录是否为真。区块链技术通俗地理解就是把“物”的前、后、左、右区块用一种技术连接成一个链条，但每个区块的原始数据不可篡改，是一种物联网范畴的、可以让参与者信任的“各个模块链动”的技术。

区块链的特征包括去中心化、开放性、自治性、信息不可篡改、匿名性等。区块链的特征见表2-2。

表2-2　区块链的特征

特　征	含　义
去中心化	由于使用分布式核算和存储，不存在中心化的硬件或管理机构，任意节点的权利和义务都是均等的，系统中的数据块由整个系统中具有维护功能的节点来共同维护
开放性	系统是开放的，除了交易各方的私有信息被加密外，区块链的数据对所有人公开，任何人都可以通过公开的接口查询区块链数据和开发相关应用，因此整个系统信息高度透明
自治性	区块链采用基于协商一致的规范和协议（比如一套公开透明的算法），使得整个系统中的所有节点能够在去信任的环境自由安全地交换数据，使得对“人”的信任改成了对机器的信任，任何人为的干预不起作用
信息不可篡改	一旦信息经过验证并添加至区块链，就会永久地存储起来，除非能够同时控制住系统中超过51%的节点，否则单个节点上对数据库的修改是无效的，因此区块链的数据稳定性和可靠性极高
匿名性	由于节点之间的交换遵循固定的算法，其数据交互是无须信任的（区块链中的程序规则会自行判断活动是否有效），因此交易对手无须通过公开身份的方式让对方产生信任，对信用的累积非常有帮助

当前物流业正处在“互联网+”的新时代，区块链结合新一代信息技术在物流领域得到不断地开发和运用，从仓储、运输、配送、跨境以及物流金融等各个维度为物流行业带来了新的巨变。

拓展阅读

区块链在物流领域的应用

1. 防伪溯源

区块链通过时间戳、分布式存储以及非对称加密等技术，能够对商品生产和流通的各个环节形成不可篡改的记录，在技术上保证数据是真实有效和唯一的。

2. 物流运输

在区块链赋能下，运输过程中的货物信息对于托运人、承运人以及其他相关人员都是公开透明的，从而确保了货物运输信息和资金的安全可追溯。

3. 物流配送

基于区块链技术的数据共享平台可将快递包裹寄件、揽件、运输、末端配送、签收的全流程数据进行上链，从而确保了包裹流转过程的公开透明。

4. 物流智能仓储

利用区块链技术，并有效结合RFID、GPS、传感器、条码等科技对电商物流仓储进行智能化管理，可实现对出仓、入仓货物的有效实时监控，从而降低查找、识别、追踪货物的人力成本、时间成本。

5. 物流金融

通过引入区块链技术，将区块链与物流金融信息数据库相连接，利用链式账本实时记录各个参与方的交易信息，从而建立高效、安全、透明、信任的交易环境。

（来源：根据相关网络资料整理）

（二）智慧物流技术的其他技术

（1）仓内技术：主要有机器人与自动化分拣、穿戴设备、无人驾驶车、货物识别四类技术。

（2）干线技术：干线运输主要是无人驾驶卡车技术。

（3）最后一公里技术：主要包括无人机技术和3D打印技术。

（4）末端技术：主要是智能快递柜。

（5）智慧数据底盘技术：主要包括物联网、大数据及人工智能三大领域。

素质园地

无 人 仓

某物流企业着力打造的智慧物流中心里，从入库、在库到拣货、分拣、装车的完整过程都无须人力参与，让库房具有极高的效率和出色的灵活性。

“无人仓”代表着全新物流系统技术，是物流应用质的飞越，其智能化体现为：数据感知、机器人融入、算法指导生产。智慧物流是一个完整的体系，无人仓解决进货、存储、拣货、包装、分拣等环节，无人车主攻城市环境下的最后一公里配送，无人机则锁定乡村配送……

单一环节的自动化升级只会带来局部效率的提升，而该物流企业拥有完整的物流体系，掌握每一个物流环节，并展开全面的智慧物流升级，通畅的数据流、天然的无缝衔接、完整的全局考量让企业的实践颇具特色和优势。

这张智慧物流的大网不仅会进一步发挥企业在物流领域的优势，也能让消费者拥有更便捷的购物体验。

（来源：根据相关网络资料整理）

三、智慧物流的创新模式

（一）智慧物流服务模式

视频资源

智慧物流创新模式

智慧物流服务模式根据不同的分类方式有不同的类别，按照物流服务提供方不同可分为第一方物流服务、第二方物流服务、第三方物流服务和第四方物流服务；按提供方式不同分为自营、第三方、“1+3”和基于管理平台的服务模式。以平台方式可以分为一体化服务模式、网络化服务模式、虚拟化服务模式和移动化服务模式（见图 2-1），下面对此种分类方式进行具体介绍。

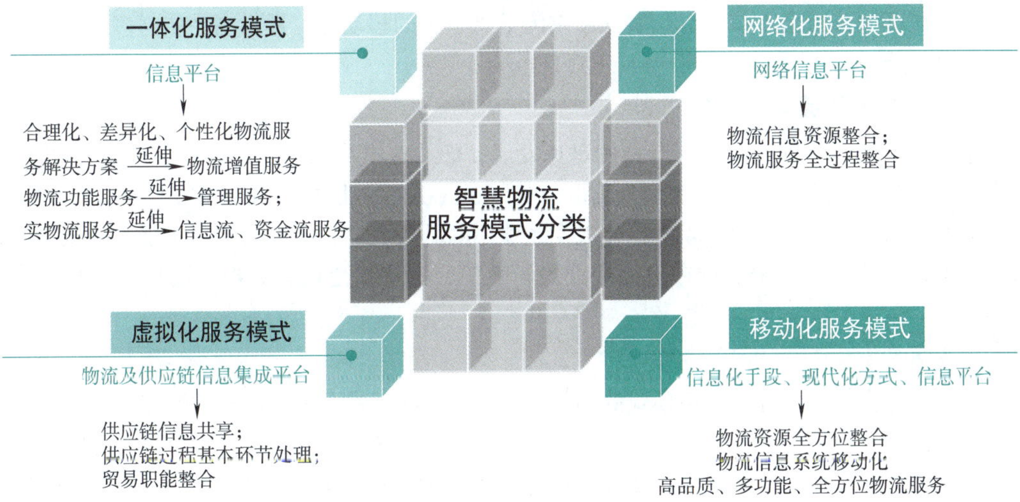

图 2-1 智慧物流服务模式以平台方式分类

1. 一体化服务模式

一体化服务模式是以信息平台为基础，根据客户需求，从原材料采购到产成品分销的整个供应链的流程方案，整合、协调和管理涉及整个流程的资源，一体化服务不是若干物流功能服务的简单汇总，而是提供综合物流服务整体解决方案，扮演物流参与者角色；将多个物流功能服务进行整合，对物流运作进行总体设计和管理，扮演的是物流责任人角色。一体化物流服务的市场竞争，实际上是物流解决方案合理性的竞争。

2. 网络化服务模式

网络化服务模式是以互联网和实体网络为支撑，并将分散的物流资源有效整合的一种服务模式，使得原本呈现出分散态势的物流信息资源，通过网络信息平台实现了整合，使物流企业之间突破了地域的界限，在计算机网络这个空间相互交流、协作，并且实现了优势互补；每个智慧物流服务通过网络平台实现相互衔接，最终实现物流服务全过程的整合。与此同时，为了能够使各种物流服务整体优化，网络化服务模式将服务功能建立在满足服务使用者的基础之上，做到高效益、高精确度的服务，促进智慧物流服务由智慧物流服务的规模化、综合化逐渐向自动化和信息化迈进。

3. 虚拟化服务模式

虚拟化服务模式是以计算机网络技术进行物流运作与管理，实现企业间物流资源共享和优化配置的物流服务方式，其依靠物流及供应链信息集成平台，通过物流组织、交易、服务、管理方式的虚拟网络化，以获取物流领域的规模化效益为纽带，以先进的信息技术为基础，以达到供应链信息共享的目的，实现物流的高速、安全、可靠、低费用。虚拟化服务模式一般借助虚拟物流企业，其是由功能合理分配的、信息和运作一体化的、利益共享的，对于社会物流需求而言又是整合众多原先物流各环节承担者所组成的物流共同体。

4. 移动化服务模式

物流信息具有很强的时效性、动态性，信息价值衰减速度快，对物流信息的管理及时性要求高，如订单处理、配送管理和运输管理对信息的实效性要求很高。因此为了进一步降低运作成本、提高工作与沟通效率、加强企业竞争力，移动信息化服务彰显出自己的优势。移动化物流服务模式充分运用信息化手段和现代化方式，以信息平台为依托，对物流市场做出快速反应，对物流资源进行全方位整合，实现了物流信息系统的移动化，提供高品质、多功能、全方位的物流服务。

（二）智慧物流的创新模式

近年来，随着我国电商零售行业的迅速发展，像“双十一”、春节这种关键节点，物流仓储系统经常出现崩溃，严重影响用户体验。传统的“人工＋机械”的物流仓储方式远不能达到高速增长的电商零售行业需求。国外电商企业不断升级仓储物流的自动化系统，降低响应时间和成本，提高生产效率。国内电商企业纷纷效仿，制定改建或者新建自动化物流仓储系统计划。

1. 云物流

云物流是指基于云计算应用模式的物流平台服务。在云平台上，所有的物流公司、代理服务商、设备制造商、行业协会、管理机构、行业媒体、法律机构等都集中整合成资源池，各个资源相互展示和互动，按需交流，达成意向，从而降低成本，提高效率。

通过对物流行业各方面的基础需求分析，以及对现阶段国内物流行业的信息化现状的把握，我们把物流云计算服务平台划分为物流公共信息平台、物流管理平台及物流园区管理平台三个部分。这三个平台有各自适合的作用层面，物流公共信息平台针对的是客户服务层，它拥有强大的信息获取能力；物流管理平台针对的是用户作业层，它可以大幅度提高物流及其相关企业的工作效率，甚至可以拓展出更大范围的业务领域；物流园区管理平台针对的是决策管理层，它可以帮助物流枢纽中心、物流园区等管理辖区内的入驻企业，帮助他们进行规划和布局。

拓展阅读

智慧物流云平台

2010 年 8 月 29 日，为了提升企业供应链管理水平，辅助物流企业成长，宁波政府与 IBM 合作成立“IBM 中国智慧物流中心”，共同建设 IBM 智慧物流云平台项目，打造智慧的“物流港”。

IBM 智慧物流云平台以供应链全程可视化为核心，引入 IBM“物流云”技术，融合了 IBM 在云计算、物联网、优化和智能分析以及移动技术的成果，涉及物流运作管理服务、供应链可视化服务、关联方门户服务、供应链协同网络服务、智慧物流移动服务等多个领域。

宁波舟山港是全球首个年货物吞吐量突破 10 亿 t 的大港，也是世界集装箱运输发展较快的港口，是我国大陆重要的集装箱远洋干线港、国内最大的铁矿石中转基地和原油转运基地、国内重要的液体化工储运基地，以及华东地区重要的煤炭、粮食储运基地，是我国的主枢纽港之一。在智慧物流云平台的辅助下，2021 年，宁波舟山港完成货物吞吐量 12.24 亿 t，同比增长 4.4%，连续第 13 年保持全球第一；完成集装箱吞吐量 3 107.9 万标箱，同比增长 8.2%，继续位列全球第三。

（来源：根据相关网络资料整理）

2. 云仓资源共享

云仓资源共享是指通过建立云仓系统实现仓库设施网络的互联互通，在此基础上面向用户开放云仓资源，实现仓储资源共享的模式，如菜鸟云仓、京东云仓及顺丰云仓等。

云仓系统是基于实体的仓库设施网络系统打造的在线互联网平台，通过互联网联通全国各地仓库的管理系统，实现仓库数据与云仓平台互联互通，基于云计算和大数据分析，整合、运筹和管理实体仓库系统，实现优化仓库资源配置和实时进行全国仓库系统的网络化运营与共享的管理。

素质园地

京东云仓

京东自建的物流系统已经开始对社会开放，京东物流依托自己庞大的物流网络设施系统和京东电商平台，从供应链中部向前后端延伸，为京东平台商家开放云仓共享服务，提升京东平台商家的物流体验。此外，利用京东云仓完善的管理系统，跨界共享给金融机构，推出“互联网＋电商物流金融”的服务，利用信息系统全覆盖，实现仓配一体化，能满足电商企业的多维度需求。

（来源：根据相关网络资料整理）

3. 物流众包共享

物流众包是一种基于互联网平台的开放式配送模式，它借助成熟的移动网络技术，将原来由专职配送员完成的任务，以自愿、有偿的方式，通过网络外包给非特定的群体，这些人只要有一部智能手机和一辆交通工具，在空闲时间就可以抢单、取货、送货，门槛低、时间自由，还能赚一份兼职收入。

目前以新达达、人人快递、京东众包、闪送、快收、蜂鸟配送等为代表的众包模式受到了快递人员与消费者的欢迎。

当前，物联网、云计算、移动互联网等新一代信息技术的蓬勃发展，正推动着中国智慧物流的变革。可以说，智慧物流将是信息化物流的下一站。

智能物流标志着信息化在整合网络和管控流程中进入到一个新的阶段，即进入到一个动态的、实时进行选择和控制的管理水平。

物流信息化的标准问题一直是物流产业发展的关键问题之一。我们要加快研究和制定物流信息技术、服务、编码、安全和管理标准，促进数据层、应用层和交换层等物流信息化标准的衔接，推动物流信息化标准体系建设。

第三节　电子商务物流

引导案例

物流企业助力电商“双十一”

历年的“双十一”都是快递物流企业的“年终大考”。这些快递物流企业在人力成本不断上涨和市场竞争日益激烈的双重挑战下，需要满足降低成本、提高效率和高质量服务的多重需求。而运用以大数据为基础的智能化管理工具和技术手段成为帮助中国物流企业破解难题的关键。

顺丰通过多种方式相结合的方法实现了更加合理和有效的整体资源配置。第一，使用大数据、云计算以及其他新技术来提高其业务量预测的准确性；第二，推出货物前置仓服务，在北京、上海、青岛等城市试点微仓，客户可以通过微仓将有预测销售的货物提前存储，从而缩短物流流程，提高物流效率；第三，发挥多元化运力优势，打出“飞机＋高铁”的黄金组合，一方面为“双十一”期间更为充足的流通提供运力保障，另一方面最大程地降低恶劣天气对快件运输的影响；第四，上线快递行业中首个面向个人寄件用户的线上自助理赔服务项目，并通过“顺丰速运”微信公众号以及在线客服实现用户线上自助理赔、查询和收款。

中国邮政发挥信息科技潜力来支持业务运作。首先，邮政 EMS 推出适用不同场景的 AGV 智能搬运机器人，如“小黄人”用于 5 kg 以下小件包裹分拣，效率可达每小时 2 万件左右；“橙色金刚”主要用于大件和重件包裹分拣，其最高承重量达 100 kg；“橙色金刚Ⅱ”可实现供包环节的无人化，应用场景更广泛。其次，邮政 EMS 开通全国首条可以实现 L4 级自动驾驶的中高速货运邮路。该邮路在测试过程中，测试条件更为严苛，其路况更为复杂，并需要克服天气、行人和交通信号灯等外界因素干扰。最后，邮政 EMS 开始无人机送货领域的布局，2018 年，中国邮政 U650 无人机试飞成功，具有 250 kg 的有效载荷。

中通力促无人驾驶快递计划在物流和快递中的应用。首先，中通通过无人机投送方式完善农村的快递服务。中通在陕西西安临潼网点正式启动无人机常态化运行工作。其次，中通还与 L4 级无人驾驶公司 AutoX（深圳裹动智驾科技有限公司）达成了战略合作协议，AutoX 会面向物流服务商，提供软硬件一体的无人驾驶产品全套服务。AutoX 的无人物流小车现已投入试运营。

圆通 2018 年在杭州建设超级机器人分拨中心。该中心投入 350 台机器人，这些机器人不仅可以自动运送包裹、自动充电，而且遇到障碍物时还可以自动让路，使得物流分拣效率和准确率大幅度提升。该中心包裹分拣效率可以达到每日 50 万个以上。

申通和宅急送等企业在北京启用了一批新式电动三轮车，新式电动三轮车采用太阳能薄膜技术提供电力，并装备了倒车影像，大大提高了道路安全系数。同时这批车辆还增加了互联网大数据采集功能，车辆运行过程中电池状态、发电情况、运行线路和行驶里程都可以追踪。

德邦与华为达成合作，在快递分拣过程中应用光学字符识别（optical character recognition，OCR）技术，该技术使分拣设备能够快速精准地识别面单上的文字信息，读出货物的目的地；同时德邦在分拣中心通过 AI 监控系统管理野蛮暴力分拣行为，减少了包裹破损纠纷，大大提高了货物分拣的安全性和准确性。

（来源：根据相关网络资料整理）

思考：结合案例分析我国电子商务的快速发展对物流企业提出了哪些新要求？

一、电子商务与物流

视频资源

电子商务物流

（一）电子商务

电子商务是网络技术、电子技术和数据处理技术在商业和贸易领域中综合应用的产物，同时也是当代高科技手段与商贸实务和营销策略相结合的结果。电子商务的内涵可以从广义和狭义两个层面理解。

广义的电子商务（electronic business，EB）是通过电子手段进行的商业事务活动。通过使用互联网等电子工具，使公司内部、供应商、客户和合作伙伴之间，利用电子业务共享信息，实现企业间业务流程的电子化，配合企业内部的电子化生产管理系统，提高企业的生产、库存、流通和资金等各个环节的效率。

狭义的电子商务（electronic commerce，EC）是指通过使用互联网等电子工具（这些工具包括电报、电话、广播、电视、传真、计算机、计算机网络、移动通信等）在全球范围内进行的商务贸易活动，是以计算机网络为基础所进行的各种商务活动，包括商品和服务的提供者、广告商、消费者、中介商等有关各方行为的总和。

无论是广义的还是狭义的电子商务的概念，电子商务都涵盖了两个方面：一是离不开互联网这个平台，没有了网络，就称不上电子商务；二是通过互联网完成的是一种商务活动。

（二）电子商务对物流的影响

电子商务作为一个新兴的商务活动，为物流创造了一个虚拟化的运动空间。在电子商务状态下，人们可以通过这种虚拟化的方式去体现物流的各种职能。在虚拟化的过程当中，人们可以通过各种组合方式使商品在实际运动过程中能以最高的效率、最低的成本、最短的距离和最少的时间实现物流的合理化。

1. 电子商务将改变物流的运作方式

首先，电子商务对物流网络可以实现实时控制。在电子商务下，信息不仅可以决定物流的运动方向，而且可以决定物流的运作方式，物流以信息为中心进行运作。在实际的运作过程中，通过网络信息传递的方式，还可以有效控制物流并实现物流的合理化。其次，网络全球化的特点使物流能够在全球范围内实施整体实时控制。传统的物流活动是基于计算机对物流进行单一操作模式下的实时控制，而在电子商务时代，通过网络就可以对整体物流进行实时控制。

2. 电子商务将改变物流企业的经营形态

首先，电子商务将改变物流企业对物流的组织和管理。传统经济条件下，物流通常由某个企业进行组织和管理。但在电子商务下，为改变传统物流的分散状态，就要求对物流从社会的角度进行系统的组织和管理。这就对企业组织物流的过程提出了更高的要求，要求企业不仅要着重考虑本企业的物流组织和管理，还要考虑全社会的整体系统。其次，电子商务将改变物流企业的竞争状态。在传统的经济活动当中，物流企业之间通常是依靠企业提供的优质服务并降低物流成本的方式参与竞争的，因此企业之间竞争非常激烈。但在电子商务时代，这种竞争方式的有效性却大大降低，因为电子商务需要一个全球性的物流系统来确保商品实体的合理流动。对于单一企业而言很难满足这一要求，因此就对物流企业提出了更高的要求，物流企业之间应做到相互团结，协同竞争，以实现物流的高效化、合理化和系统化。

3. 电子商务将促进物流基础设施的改善、物流技术的进步与物流管理水平的提高

首先，电子商务将促进物流基础设施的改善。电子商务的发展离不开物流，为了使电子商务借助物流实现高效率和全球性的目标，就需要将良好的交通运输网络、通信网络和其他基础

设施作为其最基本的保证，以此促进物流基础设施的改善。其次，电子商务将促进物流技术的进步。物流技术水平是影响物流效率的重要因素，且建立一个适应电子商务高效运作的物流系统对于电子商务的发展具有极大的促进作用。因此，电子商务的发展对于物流技术的进步起着非常重要的促进作用。最后，电于商务将促进物流管理水平的提高。物流管理水平直接决定并影响物流效率和电子商务效率。只有建立起科学合理的管理体系和不断提高物流管理水平，同时将管理手段和方法合理地运用到物流管理中，才能保证物流过程的顺利进行，并以此实现物流的合理化和高效化，进而促进电子商务的发展。

4. 电子商务对物流人才提出了更高的要求

电子商务不仅要求物流管理人员具有较高的电子商务理论知识水平，还要求其拥有较高的物流管理水平，同时需要将二者有效地结合并运用到实际的运营过程中。

二、电子商务物流

（一）电子商务物流的定义

电子商务物流，有人将其理解为是与电子商务这一新兴商务模式相配套的物流；也有人理解为是物流企业的电子商务化。其实，可以从更广义的角度去理解这一个概念，既可以理解为“电子商务时代的物流”，即电子商务对物流管理提出的新要求，也可以理解为“物流管理电子化”，即利用电子商务技术（主要是计算机技术和信息技术）对传统物流管理的改造。因此，有人称其为虚拟物流（virtual logistics），即以计算机网络技术进行物流运作与管理，实现企业间物流资源共享和优化配置的物流方式。

（二）电子商务物流的特点

1. 物流信息化

电子商务时代，物流信息化是电子商务的必然要求，物流信息化表现为物流信息收集的代码化、物流信息处理的电子化、物流信息传递的标准化和实时化、物流信息存储的数字化，以及物流信息自身的商品化等。

2. 物流自动化

物流自动化可以扩大物流作业能力、提高劳动生产率、减少物流作业的差错等，物流自动化的系统非常多，如条码、语音、射频自动识别系统、自动分拣系统、自动存取系统、自动导向系统、货物自动跟踪系统等。

3. 物流网络化

物流网络化有两层含义：一是计算机的网络化及物流系统的网络化，计算机网络包括物流中心与上游供应商或制造商联系的计算机网络，以及与下游顾客之间联系的计算机网络，如当配送中心向供应商发订单时，就需要使用计算机网络；二是物流组织的网络化及建立物流组织的内部网，有效开展物流服务，必须使物流企业的管理电子化、网络化，通过对企业内部流程的重新整合，建立起企业的内部网，使企业的内部管理实现网络化，更重要的是通过内部网的建设，实现物流实体的网络化布局与管理。物流的网络化是物流信息化，其是电子商务下物流活动的主要特征之一，当今世界互联网等全球网络资源的可用性及网络技术的普及，为物流的网络化提供了良好的外部环境，物流的网络化是必然趋势。

4. 物流智能化

物流智能化是物流自动化、信息化的一种高层次应用，物流作业过程大量的运筹和决策，如库存水平的确定、运输路径的选择、自动导向车的运行轨迹和作业控制、自动分拣机的运行、物流配送中心经营管理的决策支持等问题，都需要借助于大量的知识才能解决。在物流自动化的进程中，物流智能化是不可回避的技术难题。对于系统机器人等相关技术，在国际上已经有比较成熟的研究成果。为了提高物流现代化的水平，物流智能化已成为电子商务下物流发展的一个新趋势。

5. 物流柔性化

物流柔性化原是生产领域为实现“以顾客为中心”的理念而提出的。但需要真正做到柔性化及真正地能根据消费者需求的变化来灵活调节生产工艺，没有配套的柔性化的物流系统是不可能达到目的的。20 世纪 90 年代国际生产领域纷纷推出弹性制造系统、计算机集成制造系统、制造资源系统、企业资源计划，以及供应链管理的概念和技术。这些概念和技术的实质是要将生产流通进行集成，根据需求端的需求组织生产，安排物流活动柔性化。电子商务物流正是适应生产流通和消费的需求而发展起来的新型物流模式，它要求物流配送中心根据消费需求“多品种，小批量，多批次，短周期”的特点，灵活组织和实施物流作业。

第四节　冷链物流

引导案例

解决生鲜冷链物流难点　打造社区智能微菜场

一、基本情况

苏州食行生鲜电子商务有限公司总部位于苏州高新区，公司利用现代互联网信息技术自行研发建设运营“食行生鲜”电商平台，积极打造“社区智能微菜场”，实现居民网上订菜和社区智能直投站全程冷链配送，创建生鲜农产品 O2O 新型流通模式，打通生鲜业 C2B2F（customer to business to farm/factory）的完整产业链条。

食行生鲜社区智能微菜场的目标产品是向每个家庭提供每天消费的生鲜农副产品。目前，销售产品涵盖蔬菜豆菇、新鲜水果、鲜肉蛋禽、水产海鲜、速食冻品、牛奶面点、粮油副食、零食酒水等居民日常生活所需食材。依托“互联网 +”平台的社区“智能微菜场”，通过在社区设立农产品直投智能冷藏柜，直接连通农产品生产基地与社区居民，将传统线下菜场零售与现代电子商务相融合，可为市民提供 24 小时买菜服务。

食行生鲜两年内共计完成 A、B、C 三轮近 5 亿元的融资，截至 2016 年 6 月底，食行生鲜已经在苏州、上海、北京和无锡 1 000 多个中高档社区建立了社区智能微菜场，为超过 82 万户家庭提供生鲜配送服务。食行生鲜通过预定制消费模式，一手牵农民，一手牵市民，减少中间环节，以销定采，为市民打造“家门口的菜市场”。

二、主要做法

据数据显示，2012 年，生鲜市场的 99% 的份额被菜场和大卖场占据，只有不到 1% 的份额属于电商平台。事实上，菜场已经存在了几百年，超市大卖场存在了 15 年，而生鲜电商只是新生事物。尽管电商平台占比还不到百分之一，但该数据的存在就意味着它得到了认可，也意味着生鲜电商渠道变革正在开始，其成为品类的机会出现了。

“80后”“90后”是网络培养起来的一代，目前已经成长为家庭消费的主力军，网购对于他们和一些有知识的老年人来说，并不是难以接受的新鲜事物。食行生鲜首先将现场填单预定这个过程通过线上App实现，配送则采用了全程冷链加独立冷柜。这些做法避免了“落地电商”在物流配送方面存在的弊端，如食材都混杂放在一个冰箱，居民取菜时，义工需要耗费时间和精力去查找核对，如果用户忘记前来取菜，义工还需要电话通知，耗费了大量的人力物力，也不能保证新鲜食材第一时间准确到达用户的手中。

在物流方面，公司自建冷链配送中心，完成农产品的储存、自动化分拣、包装，严格控制时效。食行生鲜实行订单制配送，每天晚上12点之前截止收单，前一天的订单会根据客户的需求，在次日的上午9点半或下午4点这两个时段送至小区，并承诺延期赔款、有问题轻松退。

目前的生鲜电商一般更愿意做进口水果、牛排、三文鱼等高附加值的商品，再通过满百包邮等方式做大客单价。食行生鲜却主打大众生鲜食材，即蔬菜、肉禽蛋等日常高频品类，由基地直采，冷链配送到冷柜，使部分品类为“零库存”。通过规模化的生产和采购降低损耗，抢占传统线下的市场。农贸市场和商超看似效率高，其实是繁忙给人的虚假印象。流通非常碎片化，损耗达到20%～30%。和传统线下渠道比，食行生鲜在便捷、安全、新鲜、价格四个方面都产生了不同的竞争力。

“便捷”容易理解，“新鲜”是因为全程冷链到社区冷鲜柜的模式，“价格”则是因为预定制消费加基地大规模直采减少了损耗。关于食品“安全”问题，损耗同样也是食品安全的原罪，中间环节很多的安全问题都是商贩为了减少损耗带来的，比如他们会用甲醛浸泡娃娃菜根部，用硫磺熏制冬笋，加孔雀石绿来让鱼活得更久一些。但是最终这个菜到底新鲜不新鲜，消费者一吃就能评判。

传统生鲜电商难做，根本在于运输保存过程中的损耗，加上昂贵的冷链建设成本等，反映为“订单履约成本”（平均每个订单所投入的人员、物流及其他运营成本和值，含优惠券及促销成本等）过高，造成只卖高附加商品，日常刚需品类稀少，价格昂贵、时效差，以及脱冷、不新鲜等种种问题，让消费者失去信任，最终又抬高履约成本，造成死循环。

最后一公里的配送也是生鲜电商的另一个老大难问题。除快递上门配送外，不少平台选择与便利店合作，由便利店老板上门配送。而食行生鲜的解决方案是“生鲜柜”。食行生鲜在超市储物柜的基础上，加上了制冷功能，并且给柜子连网。这样果蔬何时入柜，入柜后温度是多少，有无故障等均可网络管理，从而达到了对果蔬挑选、系统分发、物流等多方面的掌控，解决了生鲜对全程冷链物流的需求难点。同时，通过柜子模式，还可以达到对成本的控制，首先节省了配送的人工成本，再者选择公众场所、公共区域设置保鲜柜，还省下了店面的商业租金。

目前，食行生鲜社区智能微菜场已经遍布苏州、上海、北京、无锡四个城市1 000多个社区，并且每日都在增加。

（来源：根据相关网络资料整理）

思考： 1. 什么是冷链物流？其与一般常温物流系统相比有何特点？
2. 分析苏州食行生鲜是如何解决生鲜冷链物流难点的？

视频资源

冷链物流

一、冷链物流概述

（一）冷链物流的概念

根据《物流术语》，冷链（cold-chain）是指“根据物品特性，从生产到消费的过程中使物品始终处于保持其品质所需温度环境的物流技术与组织系统”。根据

《冷链物流分类与基本要求》(GB/T 28577—2021)，冷链物流(cold chain logistics)是根据物品特性，从生产到消费的过程中使物品始终处于保持其品质所需温度环境的实体流动过程。

适用冷链物流的商品一般情况下可以分为三类：一类是初级农产品，包括蔬菜、水果、肉、蛋、禽、水产品、花卉等；二是加工后的食品，如速冻食品、肉、禽、水产等包装熟食，以及冰激凌和奶制品等；三是特殊商品，如疫苗和药品等。

冷链物流是以冷冻工艺学为理论基础、制冷技术为发展手段的一个物流行业中的重要分支。冷链物流的适用范围非常广泛，可以应用到水产品、食品加工业，农产品行业、医药行业、航天航空等各个领域。在实施过程中，冷链物流比常温物流有更高、更严格的限制要求，因此冷链物流是以先进的技术支持和共同协作的运营理念为依托而发展起来的一个重要的物流产业。

(二)冷链物流的分类

1. 按货物品类分类

冷链物流按货物品类可分为食品类冷链物流，医药、医疗类冷链物流，花卉、植物类冷链物流和其他冷链物流等，具体见表 2-3。

表 2-3　冷链物流按货物品类分类示例

分　类	对应物品
食品类冷链物流	果蔬类、肉类、水产类、禽蛋类、乳类、粮食类及其加工制品等
医药、医疗类冷链物流	药品、医疗器械、生物样本等
花卉、植物类冷链物流	花卉、植物及其鲜切产品等
其他冷链物流	化学品、精密仪器、电子产品、艺术品等

2. 按冷链物流温度带分类

冷链物流按温度带可分为冷藏(C)和冷冻(F)两大类，并对每一大类进行细分，具体分类见表 2-4。

表 2-4　冷链物流温度带分类

分　类	类别细分	温度带
冷藏(C)[1]	C_1	10 ℃ $<C_1\leq$ 25 ℃
	C_2	0 ℃ $<C_2\leq$ 10 ℃
冷冻(F)[2]	F_1	−18 ℃ $<F_1\leq$ 0 ℃
	F_2	−30 ℃ $<F_2\leq$ −18 ℃
	F_3	−55 ℃ $<F_3\leq$ −30 ℃
	F_4	$F_4\leq$ −55 ℃

注 1：表中 C 是 Cold 的英文首字母，代表冷藏的英文缩写。
注 2：表中 F 是 Frozen 的英文首字母，代表冷冻的英文缩写。

(三)冷链物流的特征

冷链物流的目的是保证易腐生鲜物品的品质，并在此基础上实现增值，这就决定了它和其他物流系统有所区别。冷链物流有以下几个特征：

1. 协调性

作为专业物流，冷链物流涉及的领域相当广泛。易腐生鲜产品的不易储藏性，要求冷链物流必须高效运转，物流过程中的每个环节都必须具有协调性，这样才能保证整个链条的稳定运行。同时，冷链物流的监控难度也很大，因为冷链物流不仅要对点进行监控，还要跟踪整个产品的流通链。

2. 复杂性

冷链物流必须遵循 3T 原则，即物流的最终质量取决于冷链的储藏温度（temperature）、流通时间（time）和产品本身的耐储藏性（tolerance）。冷藏物品在流通过程中质量随着温度和时间的变化而变化，不同的产品都必须有对应的储藏时间和温度。同时，冷链物流服务的消费市场、产品生产和冷链物流服务环境还具有明显的区域性，这就大大提高了冷链物流的复杂性，所以说冷链物流是一个庞大的系统工程。

3. 高成本性

为了确保易腐生鲜产品在流通各环节始终处于规定的低温条件下，必须安装温控设备，使用冷藏车或低温仓库。例如，2020 年全国蔬菜消费量超过 7 亿 t，如果这些蔬菜有 20% 需冷藏运输，则需要追加冷藏车投资 100 亿元人民币以上。另外，为提高物流运作效率又必须采用先进的信息系统等。这些都决定了冷链物流的成本比其他物流系统成本要高。

二、农产品冷链物流

农产品冷链物流是指使肉、禽、水产、蔬菜、水果、蛋等生鲜农产品从产地采收（或屠宰、捕捞）后，在产品加工、贮藏、运输、分销、零售等环节始终处于适宜的低温控制环境下，最大程度地保证产品品质和质量安全、减少损耗、防止污染的特殊供应链系统。其包括的冷冻加工、冷冻贮藏、冷藏运输及配送、冷冻销售四个环节都要求按照农产品物流的特性需要，保证农产品的原料品质和耐藏性，保证保鲜贮运工具设备的数量与质量，保证处理工艺水平高、包装条件优和清洁卫生好，保证现代化管理和快速作业，最终保证农产品冷链物流冷链协调、有序、高效地运转。

（一）农产品冷链物流的特点

农产品冷链物流与一般常温物流系统相比，具有高投入、高要求的特点。

（1）农产品冷链物流各环节的管理与运作都需要专门的设备和设施，建设投资较大、回报期较长。

（2）农产品冷链物流的生产和消费较分散，市场供求及价格变化较大，天气、交通等各种不确定的影响因素较多，其运作和能耗成本较高和较不稳定。

（3）农产品冷链物流要求冷链的各环节具有较高的组织协调性，保障物流环节和物流交易次数，保证易变质农产品的时效性。

（4）农产品冷链物流要求较高的信息技术对农产品进行安全性的质量监控或实时跟踪。

（二）农产品冷链物流的特殊要求

生鲜农产品冷链物流强调生鲜农产品从生产到消费的整个流通过程都必须不间断地在规定的低温状态下进行，即从收获（捕获、宰杀）、加工处理、储存、运输配送、销售直到消费者手中都处于低温环境下，组成一个低温条件下生产流通的连续不间断的体系，以保证农产品的质量，减少损失，把最佳质量的农产品提供给消费者。

1. 产地分级 + 预冷

农产品在田间地头采收后，首先要进行严格的检验、检测工作，在源头严把质量关，以防止变质或有害的农产品进入流通领域，并根据需要进行分级处理，以此来提高产品的销售价值。经过初步分级拣选，并通过产地预冷迅速将其降低到规定温度，才能去除田间热，最大程度地提升品质、保留最佳口感，并降低流通损耗。

2. 运输配送

经过初步分级并进行产地预冷的农产品需要通过冷藏车，在合适的温度范围内将农产品运送到物流服务商的物流中心、大型商超物流中心、批发市场的物流中心，并进行冷藏储存。在装卸搬运过程中，应提前做好合理的调度安排，控制常温操作时间，注意温湿度的把控，尽量保持农产品的新鲜度。

3. 分拣、加工

有些农产品要经过加工才能配送到终端零售商、超市、便利店或终端消费者，或者从终端零售商、超市、便利店仓库进行分拣处理后送至消费者手中。在农产品加工过程中，需要注意加工技术、加工工艺的选择以及科学合理的包装，从而保证产品的品质。在销售过程中，应注意农产品保质期的核查，防止过期变质。

4. 配送

末端配送就是指农产品从商家送到最终消费者手中的过程。配送环节需要使用经济有效的冷链快递箱、冷藏电动车等，并合理规划城市冷链物流通道以及小区终端冷藏点设施。此外，在农产品全程冷链体系中，农产品信息追溯系统也很重要，对农产品进行溯源，了解农产品的种植、采摘以及物流全流程，可以保障农产品品质，提升消费体验。

素质园地

加快农产品仓储保鲜冷链设施建设

为贯彻落实党中央关于实施城乡冷链物流设施建设等补短板工程的部署要求，根据《中共中央、国务院关于抓好“三农”领域重点工作确保如期实现全面小康的意见》（中发〔2020〕1号）和2019年中央经济工作会议、中央农村工作会议精神，农业农村部决定实施“农产品仓储保鲜冷链物流设施建设工程”，支持新型农业经营主体建设仓储保鲜冷链设施，从源头加快解决农产品出村进城“最初一公里”问题。

1. 建设目标

以鲜活农产品主产区、特色农产品优势区和贫困地区为重点，到2020年底在村镇支持一批新型农业经营主体加强仓储保鲜冷链设施建设，推动完善一批由新型农业经营主体运营的田头市场，实现鲜活农产品产地仓储保鲜冷链能力明显提升，产后损失率显著下降；商品化处理能力普遍提升，产品附加值大幅增长；仓储保鲜冷链信息化与品牌化水平全面提升，产销对接更加顺畅；主体服务带动能力明显增强；“互联网 +”农产品出村进城能力大幅提升。

2. 建设内容

新型农业经营主体根据实际需求选择建设设施类型和规模，在产业重点镇和中心村鼓励引导设施建设向田头市场聚集，可按照“田头市场 + 新型农业经营主体 + 农户”的模式，开展仓储保鲜冷链设施建设。

（1）节能型通风贮藏库。在马铃薯、甘薯、山药、大白菜、胡萝卜、生姜等耐贮型农产品主产区，充分利用自然冷源，因地制宜建设地下、半地下贮藏窖或地上通风贮藏库，采用自然通风和机械通风相结合的方式保持适宜贮藏温度。

（2）节能型机械冷库。在果蔬主产区，根据贮藏规模、自然气候和地质条件等，采用土建式或组装式建筑结构，配备机械制冷设备，新建保温隔热性能良好、低温环境适宜的冷库；也可对闲置的房屋、厂房、窑洞等进行保温隔热改造，安装机械制冷设备，改建为冷库。

（3）节能型气调贮藏库。在苹果、梨、香蕉和蒜薹等呼吸跃变型果蔬主产区，建设气密性较高、可调节气体浓度和组分的气调贮藏库，配备碳分子筛制氮机、中空纤维膜制氮机、乙烯脱除器等专用气调设备，对商品附加值较高的产品进行气调贮藏。

根据产品特性、市场和储运的实际需要，规模较大的仓储保鲜冷链设施，可配套建设强制通风预冷、差压预冷或真空预冷等专用预冷设施，配备必要的称量、除土、清洗、分级、愈伤、检测、干制、包装、移动式皮带输送、信息采集等设备以及立体式货架。

（来源：根据相关网络资料整理）

第五节　国际物流

引导案例

深圳开行“深圳—布达佩斯”国际物流新线路

2020 年 10 月 16 日，由中外运深圳国际物流有限公司运营的“湾区号”中欧班列（见图 2-2）从深圳平湖南铁路场站鸣笛发出，驶往匈牙利布达佩斯。

图 2-2　“深圳—布达佩斯”班列

此次开行的“深圳—布达佩斯”班列是“湾区号”中欧班列在首发运营 2 个月后，根据市场需求增添的新线路，开辟了粤港澳大湾区通往欧洲腹地的全新陆上国际物流通道。此趟班列全程运行时间约16天，共装载41个40尺集装箱，主要搭载了粤港澳大湾区的优势跨境电商小商品。

据了解，“湾区号”中欧班列自2020年8月18日首趟发车以来，市场需求旺盛，从最开始的每周开行1列增长至每周2列。目前，“湾区号”中欧班列分别开往德国及匈牙利，并辐射波兰、法国、西班牙、意大利、俄罗斯、哈萨克斯坦等国家和地区，主要将粤港澳大湾区等地生产的机械设备、家用电器输送到欧亚各国和地区。

（来源：根据相关网络资料整理）

思考：1. 什么是国际物流？国际物流有何特点？
2. 分析国际物流与国际贸易、跨境电子商务的关系。

一、国际物流概述

（一）国际物流的含义

视频资源
国际物流

根据国标《物流术语》，国际物流（international logistics）是指跨越不同国家（地区）之间的物流活动。国际物流也可以理解为是国内物流的延伸和进一步扩展，是一种跨越国界的、流通范围扩大了的“物的流通”。国际物流的目标是为国际贸易和跨国经营服务，使各国物流系统相互接轨，因而与国内物流系统相比，具有国际性、复杂性和风险性等特点。

国际物流采用现代物流技术，利用国际化的物流网络，选择最佳的方式与路径，以最低的费用、最短的时间和最小的风险，实现货物的国际流动与交换。作为企业价值链的基本环节，国际物流不仅使国际商务活动得以顺利实现，而且为国际企业带来新的价值增值，成为全球化背景下的“第三利润源泉”。

（二）国际物流的特点

国际物流的主要服务对象是国际贸易和跨国经营，实现各国物流系统之间的接轨，因此与国内物流系统相比，它更加复杂、风险更大。具体来讲，国际物流具有如下特点：

1. 各国物流环境有差异

这是国际物流的一个非常重要的特点，尤其是物流软环境的差异。差异的原因在于国际物流系统的地理范围大，跨越不同地区和国家，运输距离长，运输方式多样。物流环境的差异迫使一个国际物流系统需要在几个不同的法律、人文、习俗、语言、科技、设施的环境下运行，这无疑会大大增加物流的难度和系统的复杂性。

2. 国际物流系统范围广、风险大

国际物流的风险主要包括政治风险、经济风险和自然风险。政治风险主要是指所经过国家政局动荡，使货物受到损害或损失。经济风险包括汇率风险和利率风险，主要是指从事国际物流必然要发生的资金流动的风险。自然风险则是指物流过程中，由自然因素所引起的风险。正因如此，国际物流采用现代化系统技术，其效果才比以前更显著，风险也才有了一定程度的降低。例如，开通某个“大陆桥”之后，国际物流速度会成倍提高，效益也会显著增加。

3. 国际物流要求更高程度的信息系统

国际化信息系统是国际物流尤其是国际联运非常重要的支持手段。国际信息系统建立困难，一是管理麻烦，二是投资巨大，再加上世界各国物流信息水平参差不齐，导致信息水平不均衡，使得信息系统的建立更为困难。当前国际物流信息系统一个较好的建立办法是和各国海

关的公共信息系统联机，以及时掌握各相关港口、机场，以及联运线路、站场的实际状况，为供应或销售物流决策提供支持。国际物流是最早发展电子数据交换（EDI）的领域。以EDI为基础的国际物流将会对物流的国际化产生重大影响。

4. 国际物流的标准化要求更高

为了国际物流的畅通，统一标准非常重要。没有统一的标准，就无法提高国际物流的水平。目前，美国、欧盟基本实现了物流工具和设施标准的统一。在物流信息传递技术方面，欧盟各国不仅实现了企业内部的标准化，而且实现了企业之间及欧盟统一市场的标准化，这就使欧洲物流系统比亚洲、非洲等地区的物流系统更简单、更有效。

（三）国际物流系统的构成

运输和仓储子系统是物流系统的主要组成部分，在国际物流中尤其如此。国际物流最终通过商品的存储和运输，实现其自身的时间和空间效益，满足国际贸易活动和跨国公司经营的要求。其他子系统包括商品的检验、包装、流通加工和其前后的整理、再包装以及国际配送等。

1. 运输子系统

运输的作用是将商品进行空间移动，物流系统依靠运输业解决了商品生产地和需要地的空间距离问题，创造了商品的空间效益。运输费用在国际贸易商品价格中占有很大比重。

2. 仓储子系统

商品存储、保管使商品在其流通过程中处于一种或长或短的相对停滞状态。这种停滞是完全必要的，因为商品流通是一个由分散到集中，再由集中到分散的源源不断的流通过程。从物流角度看，应尽量减少存储时间、存储数量，加速货物和资金周转，实现国际物流的高效率运转。

3. 商品检验子系统

由于国际贸易和跨国经营具有投资大、风险高、周期长等特点，因此商品检验成为国际物流系统中重要的子系统。通过商品检验，确定交货品质、数量和包装条件是否符合合同规定。如发现问题，可分清责任，向有关方面索赔。在买卖合同中，一般都订有商品检验条款，其主要内容包括检验时间与地点、检验机构与检验证明、检验标准与检验方法等。

4. 商品包装子系统

杜邦定律（由美国杜邦化学公司提出）认为63%的消费者是根据商品的包装决定是否购买的。国际市场上的消费者是通过商品来认识企业的，而商品的商标和包装就是企业的面孔，它反映了一个国家的综合科技文化水平。

5. 国际物流信息子系统

该子系统的主要功能是采集、处理和传递国际物流和商流的信息情报。没有功能完善的信息系统，国际贸易和跨国经营将寸步难行。国际物流信息的主要内容包括进出口单证的作业过程、支付方式信息、客户资料信息、市场行情信息和供求信息等。国际物流信息系统的特点是信息量大、交换频繁、传递量大、时效性强、环节多、点多、线长。要建立技术先进的国际物流信息系统，电子商务的发展是一个重要契机。我国应该在国际物流中充分利用电子商务的网络优势，加强推广EDI（electronic data interchange，电子数据交换）的应用，与配送系统、装搬系统以及流通加工系统等有机联系起来，建设国际贸易和跨国经营的高速公路和适应国际竞争要求的国际物流系统。

二、国际物流节点

根据国标《物流术语》，物流节点（logistics node）是指具有与所承担物流功能相配套的基础设施和所要求的物流运营能力相适应的运营体系的物流场所和组织。

国际物流节点是指那些从事与国际物流相关活动的物流结点，如制造厂商仓库、中间商仓库、口岸仓库、国内外中转点仓库以及流通加工配送中心和保税区仓库、物流中心、物流园区等。

（一）国际物流节点的类型

根据其主要功能，国际物流节点可分以下四类：

1. 转运型节点

转运型节点指以连接不同运输方式为主要职能的节点，如货站、编组站、车站、货场、机场、港口、码头等。

2. 储存型节点

储存型节点指以存放货物为主要职能的节点，如储备仓库、营业仓库、中转仓库、口岸仓库、港口仓库、货栈等。

3. 流通加工型节点

流通加工型节点指以组织货物在系统中运动为主要职能，并根据需要对货物施加包装、分割、计量、组装、刷标志、商品检验等作业的节点，如流通仓库、流通中心、配送中心就属于这类节点。

4. 综合性节点

综合性节点指多功能的国际物流节点，往往表现为一个大区域，如国际物流中心、出口加工区、国际物流园区、自由经济区等。综合性节点是为适应国际物流大量化和复杂化的趋势而产生的，它使国际物流更为精密准确，在一个节点中要求实现多种转化而使物流系统简化，是国际物流系统节点的重点和发展的方向之一。

（二）国际物流节点的功能

1. 衔接功能

国际物流节点将各个物流线连成一个系统，使各个线路通过节点变得更加贯通，这种作用称之为衔接作用。在物流实现系统化之前，不同线路的衔接有很大的困难。再加上运量巨大的差异，所以两者之间往往需要很长时间的间隔，然后才能逐渐实现转化。这就是两者不能贯通物流节点，利用各种技术和管理方法可以有效地起到衔接作用，将中断转化为畅通。

2. 信息功能

国际物流节点是整个物流信息的传递、收集、处理和发送的集中地。这种信息作用在国际物流系统中非常重要，是复杂的国际物流有机连接的重要保障。

在国际物流系统中，每一个节点都是物流信息的一个点，若干个这种信息点和国际物流系统信息中心连接起来，便形成了指挥、调度、管理整个系统的网络信息。这是一个国际物流系统建立的前提条件。

3. 管理功能

国际物流系统的管理设施和指挥机构大都属于物流节点。实际上，物流节点大多都是集中管理、指挥、调度、衔接及货物处理为一体的物流综合设施，整个物流系统的运转有序化、正常化和整个物流系统的效率高低都取决于物流节点的管理水平。

三、国际物流系统网络

国际物流系统网络是指由多个收发货“节点”和它们之间的“连线”所构成的物流实体网络，

以及与之相伴的物流信息网络的集合，即由国际物流实体网络和信息网络所组成的有机整体。

“节点”是指国际物流网络中收发货的各个环节，也就是物流网络中物流线路的连接点或端点。如制造厂仓库、中间商仓库、口岸仓库、国内外中转点仓库以及流通加工配送中心和保税区仓库。

“连线”是指各种运输方式的通道，如海洋运输通道、陆桥运输通道、铁路运输通道、航空运输通道、管道运输通道等。这些网络连线是库存货物的移动（运输）轨迹的物化形式；每一对节点有许多连线，以表示不同的运输路线、不同产品的各种运输服务；各节点表示存货流动暂时停滞，其目的是为了更有效的移动（收或发）。

信息流动网的连线通常包括国内外的邮件，或某些电子媒介（如电话、电传、电报以及目前的 EDI 等），其信息网络的节点则是各种物流信息汇集及处理之点，如员工处理国际订货单据、编制大量出口单证或准备提单，或计算机对最新库存量的记录；物流网与信息网并非独立，它们之间的关系是密切相联的。

素质园地

“一带一路”构建多元化国际物流网络

2013 年，中国提出“一带一路”倡议，得到越来越多沿线和域外国家（地区）的积极回应和广泛参与，域内经贸联系日趋紧密，基础设施互联互通深入推进，在这个覆盖全球 2/3 人口的庞大市场上，构建了一张更加广泛、更加多元的国际物流网络。在经济全球化的前两个阶段，海运是国际物流的主要模式，而“一带一路”倡议按照合作重点和空间布局提出了“六廊六路多国多港”的合作框架。随着一批涵盖铁路、公路、航运、航空、管道和空间综合信息网络的标志性设施联通项目取得实质性进展，以及若干保障海上运输大通道安全畅通的合作港口稳步推进，“一带一路”与印度尼西亚“全球海洋支点”、哈萨克斯坦“光明之路”、蒙古“发展之路”、土耳其“中间走廊”等规划设想，共同在沿线拓展形成了以港口、陆路边境口岸、机场等枢纽为支点，海陆空紧密衔接的立体化国际物流格局。在欧亚大陆与太平洋上，中欧班列、陆海新通道等国际物流大通道将东亚与欧洲、东盟等地区紧密衔接。

截至 2019 年底，中欧班列已连通中国与境外超过 16 个国家 53 个城市，累计开行 2.1 万列，发运集装箱 222.8 万 TEU 。2020 年，中欧班列全年开行达到 12 406 列，同比增长 50%，是 2016 年的 7.3 倍。

（来源：根据相关网络资料整理）

课后练习

一、选择题

1. 以下不属于自营物流优点的是（　　）。

A. 有利于企业掌握控制权　　B. 投资成本高

C. 保护企业商业机密的安全　　D. 提高客户满意度，提升企业的品牌价值

2. 以下不属于物流联盟组建方式的是（　　）。

A. 水平一体化物流联盟　　B. 垂直一体化物流联盟

C. 混合一体化物流联盟　　D. 配送一体化物流联盟

3.“由独立于物流服务供需双方之外且以物流服务为主营业务的组织提供物流服务的模式”指的是（　　）。

A. 第一方物流　　B. 第二方物流　　C. 第三方物流　　D. 第四方物流

4. 按照物流企业完成的物流业务范围的大小和所承担的物流功能，可将物流企业分为（　　）和综合性物流企业。

A. 运输代理企业　　B. 功能性物流企业　　C. 物流运营企业　　D. 物流代理企业

5. 以下不属于第四方物流运作模式的是（　　）。

A. 水平运作模式　　B. 协同运作模式

C. 方案集成运作模式　　D. 行业创新运作模式

二、问答题

1. 物流联盟的优势有哪些？
2. 第三方物流的优势有哪些？
3. 什么是第四方物流？
4. 冷链物流有哪些显著特征？

三、案例分析

辣椒酱的进口运输方案选择

胡先生曾在韩国留学，回国后在哈尔滨经营一家韩式口味的饭店。因为胡先生对食材要求非常严格，希望食客可以吃到地道的韩国料理，因此其使用的辣椒酱均要从韩国直接进口。由于胡先生是个体经营者，本身没有进出口权，所以他找到了国际货运代理 A 公司进行咨询。首先 A 公司为其匹配了一家长期做进口食品代理的贸易公司作为其辣椒酱进口的代理商，然后 A 公司的客户顾问与胡先生多次沟通，了解胡先生的需求。

基于胡先生对于进口食品运输时长及提货便捷等要求，A 公司的客户顾问为其提供了两套运输方案：

第一套为进口空运方案。由韩国直飞哈尔滨，并由 A 公司负责在哈尔滨当地完成清关工作后，安排送货至胡先生的店里。

第二套为进口海运集装箱拼箱运输。此过程需要装箱、订舱、上门提货、报关、目的港清关送货等一系列运输环节。

思考：如果你是胡先生，你会选择哪套方案？请给出你的依据。

实训项目

“双十一”物流解决之道

一、任务背景

电子商务的发展，尤其是网络购物的爆发式增长，大大促进了电子商务物流服务业的发展，使其成为社会商品流通的重要渠道。2022 年的“双十一”快递业务旺季主要呈现出以下几个特点。一是行业运行更加平稳。电商平台 11 月 1 日“开门红”进一步分流了“双十一”当天业务量的峰值，业务“双高峰”成为电商平台“双十一”促销的一种常态，有效缓解了快递企业旺季期间揽收投递量陡增的压力。二是快递电商协同更加紧密。通过广泛运用大数据等技术，电商平台进一步强化分析研判，将大量预售商品前置存储至快递企业的仓储场地和网点，快递企业针对性调配运力、人员等各类资源，使得商品发货速度更快更便捷。三是科技应用更加深入。全行业新投入900多套自动化处理设备，“网点管家”、智慧安检、地址围栏等技术更加成熟，快递企业大力推广运用智能快件箱等无接触递送模式，整体作业效率持续提升。

二、实训内容

1. 实训目的

以某一电商企业或物流企业为研究对象，通过调研其在历年“双十一”促销活动期间为解决物流问题而开展的工作，加深对物流与电商关系的理解。

2. 实训要求

（1）各小组自由选择一家电商企业或物流企业，如菜鸟网络、京东、顺丰、中国邮政、苏宁、申通、中通、圆通、百世等，调研该企业在历年“双十一”促销活动期间为解决物流问题而开展的工作，并撰写调研报告，报告内容应包括但不限于：

①企业简介。

②企业在“双十一”大促中面临的问题。

③企业在应对“双十一”物流问题时采取的措施。

④企业应用的主要信息技术，这些技术应用的范围、解决了什么问题。

⑤企业采取应对措施取得的成效。

（2）各小组完成调研报告并在全班展示，教师点评。

电商物流实训报告		
调研企业名称		
调研报告内容	1. 企业基本情况	
	2. 企业在“双十一”大促中面临的问题	
	3. 企业在应对“双十一”物流问题时采取的措施	
	4. 企业应用的主要信息技术，技术应用的范围及解决问题	
	5. 企业采取应对措施取得的成效	
实训总结		

第三章
物流企业认知

知识目标

- 了解物流企业的分类。
- 掌握各种物流企业的概念和评定要求。
- 掌握各种物流企业的特色服务。

能力目标

- 能阐述综合物流企业的优化步骤。
- 能强化仓储企业安全管理意识。

素质目标

- 具备从事物流管理工作所需的身体和心理素质。
- 具有爱岗敬业的精神和自我完善的品质。
- 具有团队合作和与人交流沟通的素质。

第一节　物流企业概述

引导案例

智慧物流推动物流产业数字化发展

“在当前的智慧物流阶段，物流应借助互联网+的手段，帮助企业实现资源整合、全程管理和精准营销”，这是中储智运创始人、首席战略官李敬泉在第四届中国公路运力发展大会上的发言。在当前的发展阶段和经济形式下，物流的战略职能转变了吗？李敬泉给出了答案。

自20世纪50年代物流概念产生以来，物流业发展已经历了分销物流、现代物流、社会物流和智慧物流四个阶段。而在当前的“智慧物流”阶段，物流借助互联网+的手段，将碎片化的物流需求进行资源整合，发挥规模效应；通过数据的实时采集与反馈，实现物流作业环节的全程可追溯可管理；通过海量数据挖掘，形成供应链上、下游的联动，实现社会供需的有效结合，从而帮助实现精准营销。

李敬泉指出，物流战略的目标是要达到效果性与效率性的辩证统一，物流战略既要对企业整体战略起支撑作用，通过物流战略与生产战略、营销战略等职能战略的协同实施，实现企业的长期效益最大化，同时也要作为一个相对独立的子系统，实现自身的长期效益最大化。

2022年9月22日～9月24日，由中物联组织的第四届中国公路运力发展大会，在江苏省盐城市盛大召开。本次大会以“突围·重塑发展新动能”为主题，围绕增强供应链物流韧性、培育公路品质运力主体，解读政策，分享经验，提出对策。各地货运与物流企业（平台）、货主企业、设施设备供应商，以及有关政府管理部门、行业协会、院校及科研机构等方面的代表300余人参会。

会上，中储智运入选中国公路货运行业“2021年度创新实践优秀案例”及2021年公路货运行业30家重点企业名单。

当前，我国正处于从“物流大国”迈向“物流强国”的关键时期和战略机遇期，物流企业承担维护国家物流供应链畅通稳定的历史使命。依托前沿科技和深厚经验，中储智运在智慧物流服务的基础上发展以数字供应链为核心的现代产业服务体系。为客户美好未来创造卓越的智能供应链新世界，与行业企业共同推动中国的物流技术、物流与供应链的数字化发展。

（来源：根据相关网络资料整理）

思考：以中储智运为代表的物流企业，是如何推动我国物流业发展的？

一、物流企业的定义

视频资源

物流企业概述

物流企业（logistics enterprise）是指至少从事运输（含运输代理、货物快递）或仓储一种经营业务，并能够按照客户物流需求对运输、储存、装卸、包装、流通加工、配送等基本功能进行组织和管理，具有与自身业务相适应的信息管理系统，实行独立核算、独立承担民事责任的经济组织，非法人物流经济组织可比照适用。

那么国内知名的物流企业有哪些？这里列举了部分物流企业：

（1）中国外运。在国内航空运输方面的地位首屈一指，其主要业务也是航运，其经济实力雄厚、员工数量庞大，目前可以说是中国物流公司中的龙头企业。

（2）中远海运。其特色就是海洋运输，目前正处于走向全球化进程中，有着一套完整的产业链的国际知名物流公司，其拥有世界第一只运输石油和天然气、杂货、集装箱等的船队。

（3）顺丰速运。顺丰速运对于中国人来说是非常熟悉的，可以说是目前国内运输最快的快递公司，在国内的覆盖范围也非常广泛。

（4）中国石油天然气运输公司。主要运输的是石油和天然气，我国的石油和天然气主要分布在西北地区，而这家公司的总部也恰恰位于新疆，随着公司的日益壮大，在全国其他30多个省份也逐步建立了分部。

（5）冀中能源国际物流。河北省第一大的物流产业公司，虽然公司成立的时间比较晚，但是其发展速度绝对是一流的，在短短的几年时间里，公司的总人数达到了上千人，并且获得多项荣誉称号。

（6）圆通速递。在小包裹运输产业中，圆通已经是非常成功了，而其也并不满足于国内的小包裹运输，而是将目标放到了国际上，目前已经在东南亚及欧美地区开通了快递路线。

（7）远成物流。一家产业链十分完备的物流公司，其最大的特色就是综合性强，有着非常完备的车队，在运输方式上也由原来的汽车运输逐渐发展成为海陆空兼备的运输模式。

（8）申通快递。依托近几年网上购物的快速发展，申通快递借此契机也迅速发展起来，覆盖全国各大省市以及城乡，有着完备的快递产业链。

（9）锦城国际物流。和其他物流公司不同的是，它的业务不是以运输货物为主，而是主要侧重为客户制定一系列运输方案上，同时它也是我国首个面向全球提供在线解决方案的物流公司。

二、物流企业的 A 级评定

A 级物流企业评估主要是评估机构依据《物流企业分类与评估指标》国家标准评估认定 A 级物流企业，以此引领物流行业沿着标准化、现代化、规模化方向发展。A 级物流企业评估主要分为运输型、仓储型、综合服务型三种类型，分别依据各自的评估指标体系，针对企业经营状况、资产情况、设备设施、管理及服务、人员素质、信息化水平等六个方面，十六至十八个指标及项目，按照规范、标准的流程进行的物流企业综合评估认证。A 级物流企业有运输型、仓储型、综合服务型三种类型，划分为 A、AA、AAA、AAAA、AAAAA 五个等级。

从 2022 年 3 月开始，第三十四批共评估 A 级物流企业 645 家（包括升级企业 126 家）。其中，5A 级企业 31 家（包括 4A 升 5A 级企业 22 家），占 4.81%；4A 级企业 211 家（包括 3A 升 4A 级企业 75 家、2A 升 4A 级企业 2 家），占 32.71%；3A 级企业 330 家（包括 2A 升 3A 级企业 24 家），占 51.16%；2A 级企业 65 家（包括 1A 升 2A 级企业 3 家），1A 级企业 8 家，2A 级以下企业占 11.32%。其中，运输型企业 87 家，占 13.49%，仓储型企业 37 家，占 5.74%，综合服务型企业 521 家，占 80.77%。加上已向社会正式公告过的前三十三批 A 级物流企业 8 136 家，到目前为止共完成三十四批 8 655 家 A 级物流企业评估。自 2005 年第一次开展 A 级物流企业评估工作起至今，累计完成了 10 243 次新评及升级企业的现场评估工作。

三、物流企业的分类

物流企业根据功能不同主要分类以下三类：

1. 运输型物流企业

运输型物流企业以从事货物运输业务为主，包括货物快递服务或运输代理服务，具备一定规模，可以提供门到门运输、门到站运输、站到门运输、站到站运输服务和其他物流服务，具备网络化信息服务功能，应用信息系统可对运输货场进行状态查询、监控。

比较具有代表性的运输型物流企业有德邦快递和顺丰速运。

（1）德邦快递，于 1996 年成立，2018 年在上海证券交易所挂牌上市。历经市场日新月异变化，德邦快递与无数商业伙伴并肩作战，共同成长。今天德邦快递已成为一家联动快递、物流、跨境、仓储与供应链的综合性物流供应商。

德邦快递多年来在“大件快递发德邦”的定位驱动下，在大件配送领域精耕细作。一直以来，凭借在大小件快递与物流领域中积淀下来的专业能力——大件行家、加强包装、送货上楼、亲手交付、官方直营，德邦快递专注于揽件、中转、运输、交付等每一个服务环节，以臻于细节的用心，兑现“为客户创造可感知的高品质服务”的承诺，陪伴客户不断创造美好生活。

同时，德邦快递大力推进“快递进村”，构建与乡村振兴相匹配的高效物流服务体系，推动快递包装绿色转型，彰显德邦快递的企业使命与担当，为推进乡村振兴事业贡献行业力量。

（2）顺丰速运，1993 年诞生于广东顺德，经过多年发展，已成为国内领先的快递物流综合服务商、全球第四大快递公司。顺丰秉承“以用户为中心，以需求为导向，以体验为根本”的产品设计思维，聚焦行业特性，从客户应用场景出发，深挖不同场景下客户端到端全流程接触点需求及其他个性化需求，设计适合客户的产品服务及解决方案，持续优化产品体系与服务质量。同时，顺丰利用科技赋能产品创新，形成行业解决方案，为客户提供涵盖多行业、多场景、智能化、一体化的智慧供应链解决方案。

顺丰围绕物流生态圈，横向拓展多元业务领域，纵深完善产品分层，满足不同细分市场需求，覆盖客户完整供应链条。经过多年发展，依托于公司拥有的覆盖全国和全球主要国家及地区的高渗透率的快递网络基础，顺丰为客户提供贯穿采购、生产、流通、销售、售后的一体化供应链解决方案。同时，作为具有“天网＋地网＋信息网”网络规模优势的智能物流运营商，顺丰拥有对全网络强有力管控的经营模式。

2. 仓储型物流企业

仓储型物流企业以从事仓储业务为主，为客户提供货物储存、保管、中转等仓储服务，具备一定规模，企业能为客户提供配送服务以及商品经销、流通加工等其他服务，具备网络化信息服务功能，应用信息系统可对货物进行状态查询、监控。

比较具有代表性的仓储型物流企业有以下几家：

（1）中国物资储运总公司是具有 45 年历史的专业物流企业，提供全过程物流解决方案、组织全国性及区域性仓储、配送、加工、分销、现货交易市场、国际货运代理、进出口贸易、信息等综合物流服务，并充分利用其土地资源的优势，开展房地产、实业开发等多元化经营。仓储业务主要为货主提供货物的储存、保管，网络遍布全国，主要在沈阳、大连、太原、石家庄、郑州、青岛、青州、北京、天津、西安、成都、洛阳、平顶山、衡阳、广州、上海、南京、连云港、无锡、武汉、咸阳等地有业务。

（2）宝供物流企业集团有限公司创建于 1994 年，总部设在广州，是国内第一家经国家工商总局批准以物流名称注册的企业集团，是我国最早运用现代物流理念和方法为客户提供供应链一体化物流服务的专业公司，也是目前我国最具规模、最具影响力、最领先的第三方物流企业之一。从成立之初，宝供物流就已经确认了物流基地的重要性。经过二十年的耕耘，目前在全国共拥有北京、上海、广州、天津、顺德、成都、苏州、南京、合肥、沈阳十大自建物流基地。同时在全国 110 座城市拥有长期合作可用的仓储资源，管理面积共计 300 万 m^2。

在仓储管理能力上，宝供物流一直处于行业的领先水平。7×24 小时的无缝隙管理能够满足货物的安全以外，同时也能够满足客户随时的出货需求。持续投入用于改善仓库的货架、托盘、作业设备工具、信息管理软件、RFID 识别系统、分拣设施等，结合实时信息处理、柔性作业能力、动态快速反应、VMI 和中央一体化的库存管理等管理技术，让宝供物流的仓储作业效率最大化，能够快速响应客户的每一个出入库指令，满足各类客户在全国销售补货需求、生产需求等。可提供的仓储类别的增值服务有库存库龄分析、条码管理、退换货管理、更换包装服务、产品报废服务等。

（3）科捷物流于 2003 年在北京正式成立，注册资金 5 000 万元，是中国整合 IT 服务提供商——神州数码控股的全资子公司。科捷物流是一家为客户提供整体供应链解决方案和服务的第三方物流企业，年进口额超过 18 亿美元，年储运货物价值超过 160 亿元美元，员工 3 000 人。科捷物流全国拥有 149 个自有库房，其中电商仓分布在北京、上海、广州、深圳、厦门、成都、武汉、沈阳 8 地。标准的操作流程及自主研发系统，协助业务迅速复制，实现客户分仓需求。

科捷物流仓储面积超过 20 万 m^2，提供库房布局、设计与先进设备配置、订单响应和库内操作、收货预约及上架、库存管理、退货逆向物流、订单导入、日常作业报表监控、流程服务持续改进、大促保障响应机制等服务。通过科捷物流自主研发的支持多平台化操作的仓储管理系统（WMS），对仓库作业进行可视化应用和管理，极大地控制作业风险和盲点，有效解决商家容易出现的库存积压、库存不准、超卖、退货处理难问题。

3. 综合服务型物流企业

综合服务型物流企业从事多种物流服务业务，可以为客户提供运输、货运代理、仓储、配送等多种物流服务，具备一定规模。企业配置专门的机构和人员，建立完备的客户服务体系，能及时、有效地提供客户服务。

（1）中创物流股份有限公司，注册资本 26 666.67 万元人民币，资产总额 25 亿元人民币，业务主要涵盖货运代理、场站服务、船舶代理、沿海运输、项目物流、大宗商品物流等领域，服务网络遍及宁波、连云港、日照、青岛、烟台、荣成、天津、大连、香港、上海、福州、郑州等主要港口和北京、西安等内陆口岸城市，旨在建设网络覆盖中国沿海及内陆主要口岸的综合物流企业。

多年来，中创物流深耕物流领域，为广大客户提供基于国内沿海港口集装箱及干杂散货等多种货物贸易的一站式跨境综合物流服务，形成了“一体两翼”的发展态势；与此同时，公司秉持着“信息化决定物流行业未来”的理念，在业内多次开创数智化研发应用的先河，实现了一次又一次突破与进步：不仅蝉联山东省民营企业现代物流行业领军企业 10 强，在青岛市民营企业百强排名更是由 2021 年第 37 名跃升到 2022 年第 17 名。

（2）三木物流。江苏三木物流有限公司是江苏三木集团有限公司在泰兴经济开发区投资的具有独立法人资格的综合型物流企业，公司于 2003 年 8 月成立，注册资本 8 000 万元人民币，主要从事润滑油、化工产品及化工原料、建筑材料、钢材、不锈钢建材的储运及销售。三木物流总投资 3.5 亿元人民币，建设规模：2 万 t 级兼靠 5 万 t 化工泊位（年吞吐能力 138 万 t 已对外开放）、3.5 万 t 兼靠 5 万 t 通用泊位（年吞吐能力 98 万 t）及配套化学危险品罐区、大型散货堆场。

三木物流化学品罐区包括 4.1 万 m^3 球罐以及 8 万 m^3 各类不锈钢、碳钢常压罐。码头、罐区为海关监管场所，部分储罐已批准为海关保税罐，具备良好的外贸化工产品仓储硬软件条件。所有常压罐均具备保温、保冷措施，储罐、管线设计更能为市场变化提供灵活的仓储条件。

公司成立了专业的危化品运输车队，拥有完善规范的安全、环保配套设施和齐全的辅助设施，具备良好的丙烯（液化气类）、液体化学品、燃油类产品以及煤炭、矿石、大豆、木薯干等散货装卸、储存、运输、经营条件。

公司所处泰兴经济开发区位于长江岸边，两座码头所在位置深水贴岸，航道宽阔，纵深区域运输网络发达。“依托化工港储业，做强做大化工贸易，发展第三方化工物流业”是公司的发展战略，依托投资主体江苏三木集团有限公司，三木物流将立足化工原料的商务贸易，不断发展和提高，在为三木集团的化工生产提供物流保障、促进泰兴港口经济发展的同时，将一如既往坚持“以客为本，服务领先”的经营理念，为各类企业提供全方位的物流服务。

四、国内物流企业发展特点

相对于发达国家的物流产业而言，我国的物流产业尚处于起步发展阶段，主要特点是：

（1）企业物流仍然是社会物流活动的重点，专业化物流服务需求已初见端倪。

近年来随着买方市场的形成，企业对物流领域中存在的第三利润源开始有了深刻的认识，优化企业内部物流管理，降低物流成本，成为目前多数国内企业最为强烈的愿望和要求，这说明我国物流活动的发展水平还比较低，加强企业内部物流管理活动仍然是全社会物流活动的重点。

与此同时，专业化的物流服务需求已经出现，且发展势头极为迅速。其一是跨国公司在我国从事生产经营活动、销售活动、分拨活动以及采购活动过程中，对高效率专业化物流服务的巨大需求，这是带动我国物流产业发展的一个十分重要的市场基础。其二是国内优势企业对专业化物流服务的需求，物流运作模式在实践中不断创新。许多优秀企业结合实际，有的同时成了供应链方案提供商，有的向综合化或专业化方向发展，突出个性化服务，有的则将物流地产、物流市场与物流运作紧密结合。

同样，现代物流理念日益深入人心。强调以客户为中心，以信息网络做支持，实施一体化综合物流服务，最大限度地进行资源整合等现代物流理念正在日益被我国的物流企业所接受，并逐步运用到企业生产经营实践当中，大大提升了企业的服务能力和品质。物流信息化、标准化受到企业普遍重视。许多企业在信息化方面都不惜投入，不断对企业信息化设施进行改造，企业的网络系统、电子单证管理、货物跟踪以及客户查询系统的能力显著提高。

（2）专业化物流企业开始涌现多样化，物流服务有一定程度的发展。

近年来，我国经济中出现的许多物流企业主要由三部分组成；

一是国际物流企业。这些国际物流公司一方面为其原有的客户——跨国公司进入中国市场提供延伸物流服务，另一方面针对中国市场正在生成的专业化物流服务需求提供服务。

二是由传统运输、储运及批发贸易企业转变形成的物流企业。他们依托原有的物流业务基础和在客户、设施、经营网络等方面的优势，通过不断拓展和延伸物流服务，逐步向现代物流企业转化。

三是新兴的专业化物流企业，这些企业依靠先进的经营理念、多样化的服务手段、科学的管理模式，在竞争中赢得了市场地位，成为我国物流产业发展中一个不容忽视的力量。

（3）随着科技的发展，物流企业创新的脚步从未停止向前。AI、5G、智能化等技术革新也为越来越多的物流企业带来新的技术方向。

以菜鸟网络上线“智能供应链大脑”为例，菜鸟网络依托阿里的帮助，无疑走在了创新的前列。不仅率先推出物流云平台，还通过“智能供应链大脑”帮助商家打通库存，实时可视，提供精准决策参考，让商品距离消费者更近、配送更加集约，带动了物流行业整体的智能化水平。

素质园地

中国物流行业技术创新

（1）菜鸟打造的“智能供应链大脑”正式上线，雀巢将率先使用这项智能系统，届时雀巢销售的全渠道商品状况都可以实时展示，并自带智能算法分析。以后 CEO 们只需要通过一部手机，在吃早餐的间歇就可以完成供应链决策。菜鸟数据规划部负责人表示，智能供应链大脑的出现，可能会降低商品成本，最终影响消费端。

（2）京东建设 5G 智能物流示范园区——作为以物流为核心竞争力的京东来说，自然是不甘落后阿里的。2019 年 3 月，京东物流实现全国首个 5G 智能物流示范园区落地，把 5G 率先应用于物流。其自主研发的国内首套 IoT 分拣系统（见图 3-1），更是每小时完成 4 000 个集包袋的分拣任务，分拣准确率达到 99.99%.

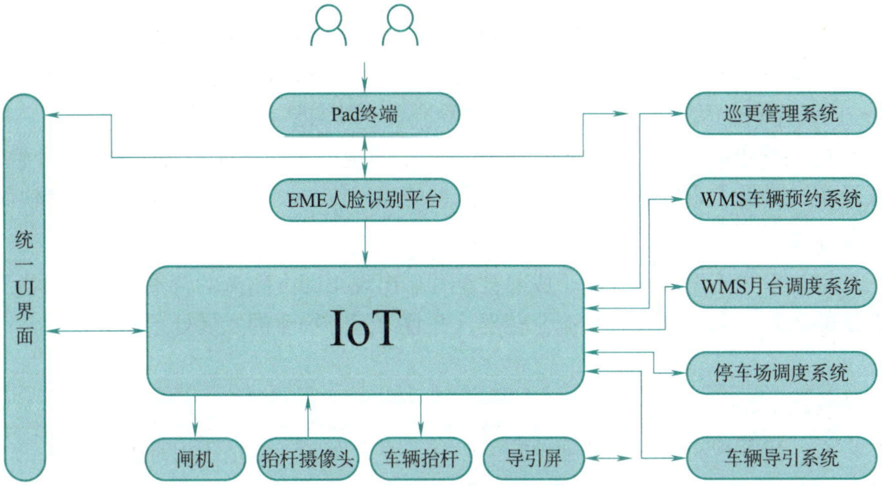

图 3-1　京东 IoT 分拣系统

（3）顺丰布局人工智能系统——作为快递业独一档存在的顺丰也奋起直追，旗下顺丰科技发布了人工智能系统“慧眼神瞳”。这标志着顺丰科技人工智能计算机视觉成果在业务场景的落地突破。简单来说，“慧眼神瞳”就是通过人工智能自动计算庞大的业务数据，把其转化为企业管理决策依据。

（4）美团推出全自动“无人微仓”（见图 3-2）——O2O 外卖平台美团也为物流行业的技术创新贡献了一份力。2019 年 6 月，美团针对商超、生鲜等零售行业提出全新的解决方案——无人微仓。无人微仓利用人工智能来快速准确地分拣系统订单，再安排运输机器人在不同货架间找到订单商品，打包好后交付给骑手，大大节省了人力。

图 3-2　无人微仓自动打包机作业

百度的自动驾驶物流闭环——2019年1月，百度利用自动驾驶车队从长沙把一个包裹运送至美国的达拉斯维加斯。全程没有任何人力参与，全靠无人货运车运送，这也是全球首个完成的自动驾驶物流闭环的公司。一旦这项技术成熟，意味着会带给全球汽车企业、供应商和出行服务商巨大的冲击，这是事关一整个行业的革新。

（来源：买购网）

五、我国物流企业存在的问题

1. 物流总费用占比

2015—2020年，中国社会物流总费用逐年增长。2020年社会物流总费用14.9万亿元，同比增长2.0%。社会物流总费用与GDP的比率为14.7%，与2019年基本持平。而发达国家都是在8%～10%左右，从这一点可看出我国的物流效率其实是有待提升的。

要降低物流费用的占比，那么必定要加大基础固定设施的投入，比如建立专业性的仓库、配备专业叉车、降低人工成本，以及建设智能型的物流传送设备、开发易用的仓储软件等。

2. 运营方式

在国外第三方物流发展模式趋于成熟甚至开始出现第四方物流的背景下，我国物流业只有部分从传统的运输企业向第三方物流业转变，并且第三方物流的发展处于初级阶段，存在着不足之处。

3. 基础设施

总体来看，我国现有的物流基础设施虽然有了很大发展，但是还相对落后。

4. 技术装备

我国物流系统一般技术水平及装备还有提升空间。在仓储设施方面，第三方物流企业要提高现代化立体自动化仓储设施比例，尤其是具有冷藏、保鲜、气调功能的仓库。在使用的搬运工具中，人工搬运车、手推叉车和普通起重设备占比较大，可视屏叉车等现代化的搬运工具却采用不多。在运输工具方面，第三方物流企业应更多采用现代化的箱式货柜和集装箱拖头及特种运输车辆。物流企业开发和使用的物流信息软件，性能水平也有待提高。

六、物流企业未来发展决策

1. 建立政策支持机制

加大政府对于物流企业的扶持力度，加大财政投入力度，以及减少税费，同时在投资审批以及口岸进出口等方面应该强化改善措施，促使物流更好地入驻以及发展重点项目，同时，可以建立分部，以促进企业自身发展。

2. 扩大规模

在全球经济以及区域经济快速发展的推动下，物流企业要想提供更好的物流服务，需要做大做强，提升自身发展规模。在发展过程中应该积极关注国家出台的最新政策，并根据自身发展需求积极采取相关措施，促进与其他企业之间重组兼并工作，以促进自身的发展，努力提升自身竞争能力以及服务能力，做好应对国外物流企业的挑战工作。

3. 走向国际

在我国经济快速发展的推动下，世界资源配置中心已经开始向我国沿海地区转移，我国已经成为重要大宗商品的贸易发生地，其中涵盖工业制成品、钢材、铁矿石、煤炭、石油以及有色金属等方面贸易。因此，我国相关物流企业需要积极参与国际市场竞争，不仅要与国内市场充分接触，还要与国际市场接轨。物流企业应该积极走出去，进一步了解国际物流行业的发展趋势以及发展优势，对其先进之处应该积极借鉴，改善自身不足，提高自身市场竞争力。

4. 信息化建设

传统贸易业务与物流服务在市场竞争方面已经越来越不具备发展优势，基于此，延伸业务链条，将客户群体以及业务转向上游企业以及制造企业成为必须。与此同时，业务开展需要信息技术支持，应借助先进技术以及现有基础，构建信息技术平台。对于一体化平台而言，可以进行资料信息库建设，将现有资金流、信息流以及物流等方面资源，在数据库中集成，及时更新，为资源时效性提供保障。同时深入了解贸易、仓储、装卸、运输以及采购等方面的需求，并构建标准化流程，在平台中借助信息技术手段，实现其功能发挥。

5. 发展保障

（1）组织保障。在物流企业未来发展建设中，在各个方面需要得到企业管理领导的重视以及支持，应该成立战略规划小组，指定专人担任组长，并且小组成员应该由部门负责人组成，同时在不同部门中设立管理专员，对领导决策达到逐级落实的目的，实现发展建设中所有环节都有负责人，并且责任明确。

（2）资金保障。企业战略实施过程中，需要先进技术、专业人才、配套设施，然而，这些发展要素需要大量的资金保障。应该与综合管理以及财务管理等部门进行积极合作，预测企业年度经营指标，在对企业发展不造成影响的情况下，加强在战略发展建设方面的资金投入。

（3）人才保障。企业要想实现发展，人才是非常关键的因素，只有在专业人才的带动下，企业才能在各方面顺利进行发展建设。因此，企业需要吸收人才，并通过合理制度实现对人才的挽留，促进企业发展。

第二节　运输型物流企业

引导案例

顺丰快运、中储智运领跑中国 30 家重点公路货运企业

近年来，重点公路货运企业加快规模化、集约化发展。2021 年，排名前 30 的重点企业中（见表 3-1），前 5 家企业主营业务收入超过 100 亿元，前 14 家企业超过 50 亿元，30 家企业进入门槛超过 4 亿元。

表 3-1　2021 年公路货运行业 30 家重点企业名单

序号	企业名称	主营业务收入（亿元）	主营业务
1	顺丰快运	302.3	零担运输、城市配送
2	中储智运	276.8	整车运输、零担运输
3	传化智联	274.2	整车运输、零担运输、公路场站（园区）
4	跨越速运	113	零担运输、城市配送

续表

序号	企业名称	主营业务收入（亿元）	主营业务
5	德邦快递	106.8	零担运输、整车运输、城市配送
6	安能物流	96.4	零担运输
7	天地汇	83	零担运输、整车运输、货运经纪、公路场站（园区）
8	建华物流	75.6	整车运输
9	中通快运	64	零担运输、整车运输、城市配送、合同物流、货运经纪、公路场站（园区）
10	三志物流	62	零担运输
11	则一供应链	53	零担运输、整车运输、城市配送、合同物流
12	赤湾物流	58.2	整车运输、合同物流、公路场站（园区）、其他网络、二手商用车交易、挂车租赁
13	百世快运	54.3	零担运输
14	德坤物流	50.9	零担运输、整车运输、城市配送、合同物流、货运经纪、公路场站（园区）
15	盛丰物流	32.2	零担运输、整车运输、城市配送、合同物流、货运经纪、公路场站（园区）
16	博华物流	28.7	整车运输
17	盛辉物流	26	零担运输、整车运输、城市配送、合同物流、公路场站（园区）
18	天地华宇	20.6	零担运输、整车运输、城市配送、合同物流
19	汤氏	20.1	整车运输、城市配送、合同物流
20	宇鑫物流	15.5	零担运输、整车运输、城市配送、合同物流
21	长通实业	13.3	零担运输
22	鞍钢汽运	13.2	整车运输
23	天津大田	11.8	合同物流、整车运输
24	上海申丝	10.5	合同物流、整车运输
25	深圳恒路	8.3	整车运输、合同物流
26	滨拓物流	7.7	零担运输、整车运输、合同物流
27	鸿泰物流	7.6	零担运输
28	国力物流	7.3	整车运输
29	山西汽运	6.6	整车运输
30	钢运物流	4.0	整车运输

公路货运是现代物流的基础环节和重要领域。目前，公路货运量占社会货运总量的四分之三，公路货运仍然是货物运输的主渠道。但是，我国公路货运市场集中度偏低，突出反映在规模化集约化市场主体不足。

（来源：根据相关网络资料整理）

思考：如何合理整合、利用公路货运系统？

视频资源

运输型物流企业

一、运输型物流企业内涵

运输型物流企业，指的是经营范围以运输业务为主的物流企业，其经营范围可以涵盖整车运输、零担运输、快递运输。通过组建自有运力（自己采购车辆运营）或者使用外采运力，来为客户提供物流运输服务的企业。

运输型物流企业在成立时应同时符合以下要求：

（1）以从事货物运输业务为主，包括货物快递服务或运输代理服务，具备一定规模。

（2）可以提供门到门运输、门到站运输、站到站运输服务和其他物流服务。

（3）企业自有一定数量的运输设备。

（4）具备网络化的信息服务功能，应用信息系统可以对运输货物进行状态查询、监控。

运输型物流企业按照经营状况、资产、设施设备、管理及服务、人员管理和信息化水平等评估指标，可分为 AAAAA 级、AAAA 级、AAA 级、AA 级和 A 级，详见表 3-2。

表 3-2　运输型物流企业评估指标

评估指标		级别				
		AAAAA 级	AAAA 级	AAA 级	AA 级	A 级
经营状况	1. 年物流营业收入	16.5 亿元以上	3 亿元以上	6 000 万元以上	1 000 万元以上	300 万元以上
	2. 营业时间	5 年以上	3 年以上		2 年以上	
资产	3. 资产总额 *	11 亿元以上	2 亿元以上	4 000 万元以上	800 万元以上	300 万元以上
	4. 资产负债率	不高于 70%				
设施设备	5. 自有货运车辆（或总载重量）	1 500 辆以上（7 500 t 以上）	400 辆以上（2 000 t 以上）	150 辆以上（750 t 以上）	80 辆以上（400 t 以上）	30 辆以上（150 t 以上）
	6. 运营网点	50 个以上	30 个以上	15 个以上	10 个以上	5 个以上
管理及服务	7. 管理制度	有健全的经营、作业、财务、统计、安全、技术等机构和相应的管理制度				
	8. 质量管理	通过国家或行业相关认证			具有规范的质量管理体系	
	9. 业务辐射面 *	跨省区以上			—	
	10. 物流服务方案与实施	提供物流系统规划、资源整合、方案设计、业务流程重组、供应链优化、物流信息化等方面服务			提供整合物流资源、方案设计等方面的咨询服务	
	11. 客户投诉率（或客户满意度）	≤ 0.05%（≥ 98%）	≤ 0.01%（≥ 95%）		≤ 0.5%（≥ 90%）	

续表

评估指标		级别				
		AAAAA 级	AAAA 级	AAA 级	AA 级	A 级
人员管理	12. 中高层管理人员	80% 以上具有大专及以上学历，或全国性行业组织物流师认证	60% 以上具有大专及以上学历，或全国性行业组织物流师认证		30% 以上具有大专及以上学历，或全国性行业组织物流师认证	
	13. 基层物流业务人员	60% 以上具有中等及以上学历或物流职业资格	50% 以上具有中等及以上学历或物流职业资格		30% 以上具有中等及以上学历或物流职业资格	
信息化水平	14. 信息系统	物流经营业务全部信息化管理			物流经营业务部分信息化管理	
	15. 电子单证管理	90% 以上	70% 以上		50% 以上	
	16. 货物物流状态跟踪	90% 以上	70% 以上		50% 以上	
	17. 客户查询	建立自动查询和人工查询系统			建立人工查询系统	

注 1：标注 * 的指标为企业达到评估等级的必备指标项目，其他为参考指标项目。

注 2：物流营业收入指企业通过物流业务活动所取得的收入总额，包括提供运输、仓储、装卸、搬运、包装、流通加工、配送、信息等基本服务及其他相关增值服务所取得的业务收入。

注 3：运营网点是指在企业市场覆盖范围内，可以承接并完成企业基本业务的分支机构和联盟伙伴。

注 4：客户投诉率是指在年度周期内客户对不满意业务的投诉总量与企业业务总量的比率。

注 5：客户满意度是指在年度周期内企业对客户满意情况的调查统计。

注 6：基层物流业务人员是指从事物流业务执行活动的企业成员。

物流运输主要采取的形式有：

1. 铁路运输

铁路运输分为车皮运输和集装箱运输。车皮运输是指租用适合物品数量和形状的车皮所进行的铁路运输方式。这种方式适合运送大宗物品，主要用来运送煤炭、水泥、石灰等无须承担高额运费的大宗物品。集装箱运输是铁路和公路联运的一种复合型直达运输，其特征是送货到门，可以由一个地点直达另一个地点，适合于化工产品、食品、农产品等多种物品的运输。

2. 水路运输

在水路运输中，海洋运输占据重要地位，有以下两种营运方式：

（1）班轮运输。班轮运输是指轮船公司将船舶按事先制定的船期表，在特定海上航线的若干个固定挂靠的港口之间，定期为非特定的众多货主提供货物运输服务，并按事先公布的费率或协议费率收取运费的一种船舶经营方式。其特点如下：一是具有“四固定”的特点，即固定航线、固定港口、固定船期和相对固定的运费率，这是班轮运输的最基本特征；二是船方管装管卸，即货物由承运人负责配载装卸，承托双方不计滞期费和速遣费；三是承运人对货物负责的时段是从货物装上船起，到货物卸下船止，即“船舷至船舷”或“钩至钩”；四是承运人和托运人双方的权利义务和责任豁免以签发的提单为依据。

（2）租船运输。租船运输又称不定期船运输，是相对于班轮运输而言的另一种远洋船舶营运方式。它是指租船人向船东租赁船舶用于货物运输的一种方式，多用于大宗货物运输，其特点如下：一是租船运输是根据租船合同组织的，租船合同条款由船东和租方双方共同商定；二是不定航线，不定船期，船东对于船舶的航线、航行时间和货载种类等按照租船人的要求来确定，提供相应的船舶，经租船人同意进行调度安排；三是运费率是根据租船市场行情决定的；四是船舶营运中有关费用的支出取决于不同的租船方式，由船东和租方负担，并在合同条款中订明。租船运输的方式主要有定程租船、定期租船、光船租船、包运租船，每一种方式都有相应的租船合同。

3. 公路运输

公路运输主要有整批货物运输、零担货物运输、特种货物运输、集装箱货物运输等。托运人一次托运的货物在 3 t（含 3 t）以上，或虽不足 3 t，但其性质、体积、形状需要一辆 3 t 及 3 t 以上汽车运输的，均为整批货物运输或称整车货物运输；托运人一次托运货物计费质量在 3 t 及 3 t 以下的，为零担货物运输；因货物的体积、质量的要求，需要大型或专用汽车运输的，为大型特型笨重物件运输；采用集装箱为容器，使用汽车运输的，为集装箱汽车运输。

4. 航空运输

航空运输是 20 世纪迅速崛起的新的运输方式，有以下四种营运方式：

（1）班机运输。班机运输是指具有固定开航时间、航线和停靠航站的飞机。班机通常为客货混合型飞机，货舱容量较小，运价较贵，但由于航期固定，有利于客户安排鲜活商品或急需商品的运送。

（2）包机运输。包机运输是指航空公司按照约定的条件和费率，将整架飞机租给一个或若干个包机人（包机人指发货人或航空货运代理公司），从一个或几个航空站装运货物至指定目的地。包机运输适合于大宗货物运输，费率低于班机，但运送时间比班机要长些。它分为整机包机和部分包机。

（3）集中托运。集中托运是指集中托运人将若干批单独发运的货物组成一整批，向航空公司办理托运，采用一份航空总运单集中发运到同一目的地，由集中托运人在目的地指定的代理收货，再根据集中托运人签发的航空分运单分拨给各实际收货人的运输方式。它也是航空货物运输中开展得最为普遍的一种运输方式，是航空货运代理的主要业务之一。

（4）航空快递。航空快递业务又称航空急件传送，是目前国际航空运输中最快捷的运输方式。它是由一个专门经营快递业务的机构与航空公司密切合作，设专人用最快的速度在货主、机场、收件人之间传送急件，特别适用于急需的药品、医疗器械、贵重物品、图纸资料、货样及单证等的传送，被称为“桌到桌运输”。

5. 管道运输

管道运输目前适合于石油及其制品、天然气煤气、水、化学品及泥浆类等流体货物的运输，无法承担多种货物运输，且铺设时需大量钢材。近年来随着固体物料液化技术的发展，管道已开始用于煤炭、矿石等固体物料的运输。

二、典型运输型物流企业简介

以典型的物流运输企业——中铁快运股份有限公司为例，介绍物流企业的服务内容。

（一）公司简介

中铁快运股份有限公司（简称中铁快运）是中国国家铁路集团有限公司直属控股企业，中国 AAAAA 级现代物流企业，中国交通运输协会快运分会、中国医药商业协会社会医药物流分会会长单位，中国铁路高铁快运、行包快运及国际快运业务的统一对外经营主体，全国铁路货运接取送达业务的主要力量。

中铁快运在全国设有 18 个区域分公司、13 个省市分公司（中心营业部）、8 个子公司，在全国设有近 2 000 个营业机构，“门到门”服务网络覆盖大部分市、县。

（二）经营特点

中铁快运的经营特点如下：

1. 综合运输

中铁快运构建起以铁路运输为主，公路、航空多种运输方式组成的综合运力资源网络。形成铁路高铁动车组快递运输网、铁路行李车行包快运网、铁路特快班列和快速班列干线运输网、公路干支线运输网和航空运输网，网络资源协同优势凸显。

2. 物流中心

在全国主要节点城市设立多个大型物流分拨中心。

3. 仓储网络

利用铁路物流中心货场、仓库、货物快运办理站等仓储资源，打造覆盖全国主要城市的仓储网络，为企业大客户提供良好的网络化仓储服务。

4. 信息技术

随着互联网、大数据、物联网技术的广泛应用，中铁快运正在向智慧物流平台升级：应用全国铁路行包管理信息系统和高铁快运信息系统，对接 12306 和 95306 铁路客货运服务网站，构建起统一的客户服务平台和互联网营销服务平台，与生产制造企业信息对接，提升信息协作能力。客户可通过电脑端或手机端接入中铁快运物流云平台，体验网上下单、在线查询、信息全程追踪及电子签单返回等多项增值服务。

5. 调度中心

中铁快运应用安全质量运营和管控系统，优化各种运输方式、各类物流运作的调度运营指挥，优化管控货物流量流向，实现货物全程追踪监控，应急处置各类突发事件。应用中铁快运安全质量系统，全面开展各类产品安全运作和质量控制，确保运营优质高效。

（三）产品服务

1. 高铁快运

高铁快运是时效快、品质优、标准高的“门到门”小件快运服务。为广大客户提供限时服务（当日达、次晨达、次日达）和标准服务（经济快递、同城快递）。

2. 普通快运

以铁路客车行李车为主要运输工具，辅以公路、航空等运输资源，向广大客户提供标准快运（三日达、四日达）和时限快运“门到门”服务。与中安保实业集团有限公司合作，开展贵重品物流服务。行李包裹业务：利用遍布全国的火车站营业部，办理铁路行李、包裹发送和到达业务。

3. 货物快运

通过开行铁路货物班列、整车和集装箱等运输方式，提供“门到门”“站到门”“门到站”“站到站”铁路物流服务，包括为电商和快递企业、生产制造企业等量身定制的铁路高等级货运班列以及零散货物快运和货运代理业务。

4. 物流总包

中铁快运与各铁路局及专业公司密切配合，全力推进铁路物流总包业务，以运输服务为基础，充分满足企业多样化需求，开展全方位合作，实现双方整体利益最大化，按照“一项目一方案”原则，为客户定制“干线运输＋仓储＋区域配送”一体化综合物流解决方案。

5. 冷链运输

利用冷藏运输技术和自主开发的冷链专用箱为客户提供在一定温度范围内（2 ℃～8 ℃），小批量、多批次、集装化的冷藏快运服务。

6. 跨境电商物流

利用中俄国际旅客列车开展北京—（蒙古）—俄罗斯之间跨境电商物流业务，适时开行客车化跨境电商班列。与俄罗斯铁路企业合作，为中俄电商企业、快递物流企业、国际货代公司以及两国消费者提供跨境电商物流服务。随着“一带一路”倡议推进，中铁快运跨境电商物流业务也将向亚洲和欧洲更多国家和地区拓展。

（四）定制化服务

1. 中铁快运携手京东物流推出“高铁京尊达”

2018 年春运期间，从上海发往北京的“复兴号”G4 高铁迎来新“客人”。一件 BOTTECA VENETA 女士手提包，从京东物流上海奢侈品仓包装好出库，乘上高铁，被放置在车厢内封闭的高铁快运专用柜中。列车到达北京南站完成交接后，包裹使用专用包装箱，由西装革履的配送小哥，驾驶新能源汽车，当天就送达用户手中。这一快速、安全、尊享的配送，正是中铁快运携手京东物流联合推出的新产品“高铁京尊达”。

“高铁京尊达”是专注于高端商品、高价值物品的寄送需求，为京东用户提供专属定制化服务，由高铁运输衔接快速同城网络的高品质快运服务产品。

中铁快运发挥多列运营时速 350 km 的“复兴号”列车及高铁站内交接、场地保障等整体优势，京东物流提供仓配两端专车专人极致配送服务，为高价值物品、节日礼品、艺术品的配送，搭建一整套系统化“产地直发”的精准、安全、高端的物流配送模式。

目前，京沪两地的用户在京东商城下单后，由“高铁京尊达”配送的商品，可享受即时出仓、高铁运输、京尊达专车专人配送的一体化服务。在异地仓库内的商品，上午 11：00 前下单，当日 22：00 前完成配送；当日 11：00 后下单，次日上午 11：00 前配送上门。在相继到来的情人节、春节、元宵节、妇女节，“高铁京尊达”的试运行，将为用户带来更美好的服务体验。

“高铁京尊达”是在中铁快运与京东物流良好合作的基础上，形成的探索个性化、定制化等物流新需求的升级产品。在京沪高铁示范线的合作模式成熟后，“高铁京尊达”产品有望复制扩展至更多区域，形成“高铁快运＋电商”特色高端配送物流网络。

随着以短链、智慧、共生为核心的新型物流时代的到来，“高铁京尊达”的推出，是高铁运力网络与京东物流成熟仓配体系的深度融合，是一次顺应行业发展和消费升级趋势的实践，未来双方将持续深化合作，协力互融，不断推出满足市场和客户需求的服务产品。

“高铁京尊达”能够有效解决用户购买高价值物品后，对时效、安全和服务的三维度痛点，全方位提升客户体验。这一产品的出现，正是双方秉承合作共赢理念，不断创新服务的实践。

随着物流业开始逐渐由速度型、规模型向质量型、效益型转变，优势互补、强强联合的共享共生理念将在整个行业内盛行。中国高铁运力在物流领域的优势和价值巨大，充分释放高铁运能，是行业共识，更是人民期盼。中铁快运与京东物流强强联手，将显著优化物流资源配置，不断释放运力能力，有效降低物流成本，提升服务体验，积极探索和推动现代物流与电商的融合发展。

2. 中铁快运与顺丰合作助农

2020 年 5 月 23 日，“春果第一枝——高铁极速达樱桃”专车首发仪式在山东烟台举行。这是中铁快运公司携手顺丰速运运用高铁快运服务，创新农产品产地直销新模式，助力高铁沿线特色农产品走向全国的重要举措。

五月下旬，山东樱桃上市高峰期到来，为保障山东樱桃从田间枝头新鲜直达全国百姓的餐桌，中铁快运公司携手顺丰速运，以中铁顺丰公司为主体，积极整合铁路和顺丰速运双方优质资源，拓展“高铁极速达”服务，特设樱桃寄递专用车厢，开行樱桃专列，实现铁路扶贫助农、高铁运力增长，以及服务品质的新提升。

为让农产品物流服务更便捷，中铁顺丰早在 2019 年就协调设置樱桃寄递专用车厢，专门指定高铁车次，并在快运专柜采用高铁集装化运输，着力构建高铁站车、乡镇快递、田间地头的三级服务网络，打通特色农产品物流服务“最后一公里”。

2020 年中铁顺丰再次启动高铁预留专用车厢的操作模式，在山东樱桃主产地选取 8 列始发车次，在二等座的高铁快运预留车厢装运樱桃，运达长沙、兰州、厦门、重庆、成都等城市，实现了樱桃专列覆盖鲁东等大部分产区，不仅将烟台等樱桃生产“大户”囊括其中，也下沉拓展到革命老区产地。

经过近三年的运营，中铁快运与顺丰速运联合打造的国内乃至国际陆运最快服务产品——“高铁极速达”得到迅猛发展，2019 年，共发送 1 308.6 万件。目前，“高铁极速达”业务范围从京沪高铁拓展至京广、沪昆、郑西、郑徐等高铁，共开发运营线路 577 条，办理城市 76 个。

未来，根据市场需求和高铁运力情况，中铁快运和顺丰速运将进一步拓展“高铁极速达”产品服务的广度和深度，以中铁顺丰为主体，进一步发挥市场化运行机制优势，充分体现铁路混改新成效，发挥高铁运输安全准时高效的特点，提升高铁沿线城市的城乡快递物流服务品质，打造更多特色农产品品牌，为提高农民收益、服务乡村振兴战略实施做出新贡献。

3. 中铁快运助力“中老”铁路经济带建设

中老铁路（China-Laos railway），即“中老国际铁路通道”，也称“中老昆万铁路”，是一条连接中国云南省昆明市与老挝万象市的电气化铁路，由中国按中国国铁 I 级标准建设，是第一个以中方为主投资建设、共同运营并与中国铁路网直接连通的跨国铁路。

随着中老铁路的通车，昆明正式成为中国连接东南亚的交通枢纽，相应地，昆明铁路局集团公司各铁路车站的接取送达业务显著增加，这对全面承接昆明局接取送达业务的中铁快运来说是一个非常好的发展契机。

2021 年以来，中铁快运昆明分公司通过实行铁路货运接取送达业务在“桃花村”站合署办公的新模式，加强与昆明铁路局集团公司的高效联接，目前已顺利实现与昆明局集团公司货运部、5 个站段、14 个区域配送中心合署办公，通过整合 102 家物流合作企业的优质资源，快速提升多式联运能力，大力拓展联运物流项目。

中铁快运也积极参与各方专题调研及相关产品的推介会，组织各方面专业人才到昆明进行实地调研，抓住机遇，拓展市场，打造新时代新快运的国际担当。利用铁路资源优势，为客户提供定制化的运输、仓储、配送、增值服务，签订物流总包合同，形成长期合作关系。运作海铁、水铁、公铁多式联运模式。聚焦港口进出口及内贸业务，为客户提供货物全程运输服务，以铁路干线运输为主导的公铁海联运赋能增效，依托“一带一路”建设和中老铁路开通运营，丰富国际联运物流产品。

中铁快运将在合适时机在境外成立营业机构，利用全国营运机构一盘棋、网络化的优势，积极组织长三角、珠三角货源出境，为国内广大客户提供沿线铁路快运服务，同时为境外客户提供国内运仓配一体化服务。

中铁快运就是我国运输型物流企业的标杆，以市场为导向、以效益为中心、以服务为根本，推动了我国物流业的高速发展。

素质园地

以党的二十大精神为指引 奋力书写广东邮政强省新篇章

广东是邮政快递业第一大省。当前，行业发展态势持续向好，处于大有可为的重要时期。抓好党的二十大精神的贯彻落实，要注重把学习成果转化为加快交通强国邮政建设的强大精神力量，准确把握行业在新时代新征程中的新使命，保持战略定力，知重负重、攻坚克难，全力以赴稳增长、促发展、惠民生、强党建，不断开创全省邮政快递业改革发展新局面，为广东在新征程上走在前列、创造新的辉煌作出新的更大贡献。

始终坚持以发展为第一要务，稳中求进推动邮政快递业高质量发展。习近平总书记在党的二十大报告中强调，高质量发展是全面建设社会主义现代化国家的首要任务。远眺前路，必须持之以恒加快行业高质量发展，把高质量发展要求体现到邮政快递业改革发展各方面工作中，不断增强发展内生动力。要进一步发挥邮政快递业服务生产、促进消费和畅通循环的重要作用，持续深入推进行业保通保畅各项工作，打通大动脉、畅通微循环，着力巩固行业企稳回升恢复发展态势，为稳住经济大盘作出行业的积极贡献。要深度融入粤港澳大湾区、深圳先行示范区和珠海横琴、深圳前海、广州南沙三个重大平台建设，强化法规政策支撑和战略规划实施，主动服务打造新发展格局战略支点，塑造高质量发展新的战略优势。要始终坚持科技是第一生产力、人才是第一资源、创新是第一动力，不断塑造行业发展新动能。要牢固树立绿水青山就是金山银山的理念，统筹抓好行业绿色治理、生态环保工作，扎实推动行业绿色转型。要大力推进快递“两进一出”工程，着力补网强链，推进构建优质高效的服务业新体系，不断夯实行业高质量发展基础。

始终坚持人民至上，忠实践行人民邮政为人民的初心使命。党的二十大报告通篇贯穿以人民为中心的发展思想，指出我们要实现好、维护好、发展好最广大人民群众根本利益，坚持尽力而为、量力而行，深入群众、深入基层，采取更多惠民生、暖民心举措，着力解决好人民群众急难愁盼问题。邮政快递业为发展所需、民生所依，远眺前路，要始终坚守人民邮政为人民的初心使命，坚持把满足人民群众美好用邮需要作为邮政管理工作的出发点和落脚点，办好“小包裹”里的“大民生”。要坚持在发展中保障和改善民生，用心用情用力解决好群众急难愁盼问题，努力让群众看到变化、得到实惠。要持续增强行业服务能力，培育壮大市场主体，加强邮政普遍服务保障，提升快递服务质效，更好满足人民群众用邮需要。要站在推进共同富裕的高度，多措并举保障快递员群体合法权益，为创造者创造、为守护者守护。要坚持问题导向，更好统筹发展和安全，推进行业安全体系和能力现代化，不断增强群众用邮安全感。

（来源：中国南方网）

第三节 仓储型物流企业

引导案例

科捷智能物流在长大物料仓储方面成绩斐然

科捷智能成立以来，一直致力于长大物料的仓储物流解决方案，积累了众多的项目案例和落地经验。本文结合长大物料仓储物流作业难点，分析了自动化、智能化物流系统规划设计要点，并通过典型案例介绍了物流系统构成、关键设备特点与主要物流作业流程。

近年来，长大物料自动化仓储物流技术发展受到关注。大件物料，由于价值相对较高，尺寸与重量较大、重人工作业模式等特点，其自动化、智能化乃至无人化的仓储物流解决方案的规划与落地实施更具难度。随着智能工厂生产运营模式的转变，如何保障各个生产环节长大材料的输送、搬运、堆码垛等作业效率，提高整体效益，是迫在眉睫的问题。

一、长大物料仓储物流作业痛点

目前国内对仓库内长大物料的分类和定义尚未有相关行业标准规范。科捷智能认为，长大物料是符合下列条件之一的货物：

①货物外形尺寸：第一长边和第二长边之和大于 3.0 m。

②重量在 3 t 以上的单体货物或不可解体的成组（捆）货物。

常见的满足以上条件的长大物料，例如家居行业的板材、沙发、床垫、木门等，家电行业的冰箱、大屏电视等，汽车行业的车身、玻璃、保险杠等、轮胎行业的轮胎模具、工程胎，制造行业的型钢、钢板、棒材、型材等。这类物料的特点是，大部分的几何形态为板状物料（指面积与厚度之比值很大的物料），或者管柱状物料（指长度与直径之比值很大的物料），或者外形不规则的单件成品。长大物料仓储物流作业的难点主要有 5 个方面：①劳动强度大；②安全隐患大；③搬运过程中物料损耗较大；④工序复杂，搬运次数多；⑤货物规格差异大，标准化程度低。

二、仓储物流自动化升级需求上升

近年来，随着中国制造业加快转型升级，传统工厂正在向智能工厂生产运营模式转变，同时伴随着人力成本上升与企业招工越来越难，长大物料物流作业场景的自动化需求越来越多。

1. 需求特点

以家居行业为例，定制家具、板材、软体家具、木门等细分行业对仓储物流系统的需求呈现出以下特点：

（1）由初步自动化阶段升级为智能化阶段，从“生产、运输、存储等部分环节相对独立地实现自动化”，转变为“生产与库存连通，打破信息孤岛，实现全流程管控”。

（2）由产业链中游的定制家具细分行业示范带动其他中游行业的长大物料场景的自动化升级。

（3）由产业链中游企业示范带动上下游企业的长大物料场景的自动化升级。

2. 主要影响因素

国内长大物料物流场景自动化市场需求日益增多，主要影响因素有以下几点：

（1）长大物料自动化仓储物流技术的发展。相关的非标化设备随之日益稳定成熟、成本优化，具有相当的性价比，吸引众多企业投入资源进行自动化升级。

（2）日益严峻的“招工难”现象。近年来，中国劳动力市场普遍出现了“招工难”的现象，其背后的原因诸多，例如制造企业的工资水平没有明显提升，工厂的劳动强度大，工作枯燥乏味没有归属感，工作缺乏提升空间等。对于长大物料的作业场景，其劳动强度大且安全隐患大，相比于其他成件物料（指成件的中小型物料，具有一定的数量规模，通常外形比较规则）的作业场景，招工难度更大。

（3）家具行业的行业集中度日益提高：我国家具行业相对分散，近年来行业正在不断洗牌整合，规模以上企业呈快速发展态势。为了增强竞争优势，头部企业纷纷进行整厂物流系统的智能化升级优化，一方面从生产延伸到仓储、运输等环节；另一方面从小件、中件物料延伸到大件物料。

三、解决方案规划设计要求

科捷智能作为一家自有核心技术与产品的智能物流和智能制造解决方案提供商，业务范围涵盖企业数字化咨询、项目方案规划、系统集成、设备研发制造、软件研发实施、现场安装调试及持续售后服务。

科捷智能在总部青岛设有创新型数字化智能制造研发基地，在上海、苏州、广州、深圳、成都等区域搭建了覆盖全国、辐射全球的销售与服务体系。公司提供自有核心技术的分拣、输送、仓储、软件类系列化产品，并依托自主研发的智能制造平台（MES+SCADA）及智能物流平台（WMS+WCS），定制化提供智能物流领域的智能输送和智能分拣系统、智能制造领域的智能仓储和智能工厂系统，以及配套数字化软件系统，现已在快递物流、电商新零售、家电、家居、医药大健康、冷链、汽配、轮胎、新能源、新材料、化工、通信电子、设备制造、国防军工等行业交付超过500个大型集成类项目。

科捷智能认为，和中小件物流系统相比，长大物料物流系统在规划设计中需要注意以下要点：

第一，长大物料物流系统的货物尺寸较大，重量较大，在输送搬运过程中的惯性大，需要特别注意货物垛型的稳定性，比如在堆垛机搬运等过程中增加辅助机构用于固定货物，设置变频控制和缓起缓停，在必要的位置设计整形机构进行整形等。

第二，长大物料物流系统的货物尺寸较长，有很多场景是棒料、板状物料的存储需求，可以适当考虑悬臂式货架。如果采用常规的横梁式货架，横梁的长度较长，挠度较差，且横梁的高度会占用货架系统高度方向的空间。相比于横梁式货架，悬臂式货架可以有效地节省空间。

第三，长大物料物流系统的自动化设备通常为定制化设备，往往是为绝大部分物料设计，不建议为了小部分超大、超重货物去拉高设备的参数，一方面会浪费场地空间，另一方面是效益低。在规划设计方案时，应考虑自动化设备无法处理的超大、超重货物的地堆区域、叉车路径、行吊作业等。

第四，长大物料物流系统的货物拣选搬运应尽可能考虑自动化方案，以降低作业人员的劳动强度。在无法采用全自动方案时，建议考虑通过助力臂、升降台等方式实现半自动化，可以有效地提高作业人员的效率，且具有较高性价比。

（来源：根据相关网络资料整理）

思考：以科捷智能为例的物流公司，在仓储长大物料过程中，应注意的安全问题有哪些？

一、仓储型物流企业内涵

视频资源

仓储型物流企业

仓储型物流企业指从事区域性仓储服务为主，包含其他物流服务活动的企业。与传统仓储企业不同的是，其不但可以为客户提供储存、保管等仓储服务，还可以提供配送、送货上门以及其他相应的信息服务，各项功能同样有所侧重又必须同时具备。仓储型物流企业还可以有条件地开展经销、加工等增值服务，这一条不是这类型物流企业的必要条件。

仓储型物流企业应同时符合以下要求：

（1）以从事仓储业务为主，为客户提供货物储存、保管、中转等仓储服务，具备一定规模。

（2）企业能为客户提供配送服务，以及商品经销、流通加工等其他服务。

（3）企业拥有一定规模的仓储设施、设备，自有或租用必要的货运车辆。

（4）具备网络化信息服务功能，应用信息系统可对货物状态进行查询、监控。

仓储型物流企业按照经营状况、资产、设施设备、管理及服务、人员管理和信息化水平等评估指标，可分为 AAAAA 级、AAAA 级、AAA 级、AA 级和 A 级，详见表 3-3。

表 3-3　仓储型物流企业评估指标

评估指标		级别				
		AAAAA 级	AAAA 级	AAA 级	AA 级	A 级
经营状况	1. 年物流营业收入	7.2 亿元以上	1.2 亿元以上	2 500 万元以上	500 万元以上	200 万元以上
	2. 营业时间	5 年以上	3 年以上		2 年以上	
资产	3. 资产总额 *	11 亿元以上	2 亿元以上	4 000 万元以上	800 万元以上	200 万元以上
	4. 资产负债率	不高于 70%				
设施设备	5. 自有仓储面积 *	20 万 m^2 以上	8 万 m^2 以上	3 万 m^2 以上	1 万 m^2 以上	4 000 m^2 以上
	6. 自有 / 租用货运车辆（或总载重量）	500 辆以上（2 500 t 以上）	200 辆以上（1 000 t 以上）	100 辆以上（500 t 以上）	50 辆以上（250 t 以上）	30 辆以上（150 t 以上）
	7. 配送客户点	200 个以上	150 个以上	100 个以上	50 个以上	30 个以上
管理及服务	8. 管理制度	有健全的经营、作业、财务、统计、安全、技术等机构和相应的管理制度				
	9. 质量管理	通过国家或行业相关认证			具有规范的质量管理体系	
	10. 物流服务方案与实施	提供物流系统规划、资源整合、方案设计、业务流程重组、供应链优化、物流信息化等方面服务			提供整合物流资源、方案设计等方面的咨询服务	
	11. 客户投诉率（或客户满意度）	≤ 0.05%（≥ 98%）	≤ 0.1%（≥ 95%）		≤ 0.5%（≥ 90%）	
人员管理	12. 中高层管理人员 *	80% 以上具有大专及以上学历或全国性行业组织物流师认证	60% 以上具有大专及以上学历或全国性行业组织物流师认证		30% 以上具有大专及以上学历或全国性行业组织物流师认证	
	13. 基层物流业务人员	60% 以上具有中等及以上学历或物流职业资格	50% 以上具有中等及以上学历或物流职业资格		30% 以上具有中等及以上学历或物流职业资格	

续表

评估指标		级别				
		AAAAA 级	AAAA 级	AAA 级	AA 级	A 级
信息化水平	14. 信息系统	物流经营业务全部信息化管理			物流经营业务部分信息化管理	
	15. 电子单证管理	100%	70% 以上		50% 以上	
	16. 货物物流状态跟踪	90% 以上	70% 以上		50% 以上	
	17. 客户查询	建立自动查询和人工查询系统			建立人工查询系统	

注 1：标注 * 的指标为企业达到评估等级的必备指标项目，其他为参考指标项目。

注 2：物流营业收入指企业通过物流业务活动所取得的收入总额，包括提供运输、仓储、装卸、搬运、包装、流通加工、配送、信息等基本服务及其他相关增值服务所取得的业务收入。

注 3：客户投诉率是指在年度周期内客户对不满意业务的投诉总量与企业业务总量的比率。

注 4：客户满意度是指在年度周期内企业对客户满意情况的调查统计。

注 5：配送客户点是指企业当前的、提供一定时期内配送服务的、具有一定业务规模的、客户所属的固定网点。

注 6：租用货运车辆是指企业通过合同等方式可进行调配、利用的货运车辆。

注 7：基层物流业务人员是指从事物流业务执行活动的企业成员。

二、仓储型物流企业发展优势及现有优点

1. 仓储业在我国国民经济中的地位日渐提高

仓储业创造的社会价值年均增长速度高于同期内 10% 的国民经济年均增长率，说明仓储业社会化程度和专业化水平正在加速提升，仓储业在我国国民经济中的地位和作用日渐提高。

2. 仓储业务量增大，业务收入增长速度较快

随着物流的迅速发展和社会需求的变化，我国仓储业务量不断增大，货物吞吐量、平均库存量、货物周转次数等指标都有明显的提高。储运业务收入的增长速度很快，仓储保管收入、运输配送收入、流通加工收入等的年增幅基本都达到了 10% 以上。

3. 我国对仓储业的固定资产投资额持续增长

仓储业呈现了良好的发展势头，我国也加大了对仓储业固定资产的投资力度。

4. 仓储技术获得较快发展

自动化技术和信息技术的应用已经成为仓储技术的重要支柱，自动货架、自动识别和自动分拣等系统，以及条码技术、RFID 等技术已经被越来越多的企业所关注和应用。供应商管理库存、零库存等技术也开始在一些企业中使用。

三、仓储物流企业发展方向

1. 注重仓库的信息化和标准化建设

随着电子商务、连锁经营业态的发展，现代物流必将有着更大的作为，特别是现代物流中信息流贯穿于始终。如何衔接好厂家与商家、商家与使用者上下游之间的连接，提供仓库更深层次的服务？应搭建好仓储这个信息平台，实现仓库信息化功能。现代物流的发展，对仓储标准化提出了许多新的要求，比如，商品的码放、托盘的使用、仓库的恒温性，乃至仓储技术术语的应用以及管理等。近两三年 ISO 9000 认证在物流仓储业的广泛展开就是仓储业实施标准

化的一个体现。因此，传统仓储业要向现代物流转换，应及早地将标准化纳入到企业战略中来。先进的仓储设施，直接影响到货物查验的速度和成本，影响仓库的储存、加工、配送效率和服务质量。先进的网络化技术和仓储管理技术的应用，将会节约更多的时间、资源，减少流通损耗，降低库存压力。要加大力度建立仓储信息系统，及时掌握仓储市场信息，提高仓储的利用率和企业的经济效益，营造出一个良好的信息环境。

2. 注重仓库自动化、智能化建设

当前，部分仓库依旧沿袭着人工装卸或半人工装卸，也依旧沿袭着人工验收、人工保管、人工发料、人工盘点等人力操作，这无可避免地会出现人为事故，不仅影响商品的验收、发货的准确率，也会严重影响企业的诚信度。因此，传统仓储业向现代物流转换，应考虑如何提升仓库装卸及收、发、管的自动化和智能化，并把这两项提升作为基础工作来抓。

3. 注重加工、配送业务的拓展

现代物流不仅要求仓库有储存、保管功能，还要求有分拣、配货、包装、加工、配送功能。传统仓储企业可以充分利用自身的优势，为商家在入库保管过程中实现分拣、包装、加工、配送的功能，不仅帮助商家降低流通成本，也能提高仓储企业的创收能力，并完善其服务功能，以实现向现代物流的转换，真正实现商品的场所价值、时间价值。

4. 积极主动建立网络

传统仓储企业要实现现代物流，应积极主动参与到社会经济的大流通中去，与那些先进的物流企业、先进的生产企业、先进的营销企业主动结盟，不仅为他们提供自己的服务，同时从他们当中吸收、引进先进的管理理念，而且有条件地建立自己的网点、配送体系等，形成一个跨地区、跨地域的物流网络。在仓储融资服务过程中，通过客户资信调查、客户资料收集、客户档案管理、客户信用等级分类及信用额度稽核等措施，仓储企业对客户进行全方位的信用管理。仓储企业与银行建立长期合作关系，可以更好地取得金融机构的信用，有效地提高仓储融资服务的效率。

5. 制定人才战略，加快人才培养

要实现传统仓储业向现代物流转换，离不开有知识、懂管理、有操作能力的物流人才。因此，仓储企业必须制定出自己的人才战略，尽快引进、培养企业所需人才。

6. 依靠政府、协会的作用实现转型

物流市场的发展和规范，一靠政府，二靠中介组织。特别是传统仓储业要向现代物流转换，离不开行协会的指导，需要行业协会帮助沟通企业与政府的联系。因此，政府、行业协会是促进传统储运业转向现代物流的必要条件。采购与生产之间，生产与销售之间，批发与零售之间，不同运输方式转换之间的衔接都要通过仓储来实现。仓储在物流管理中占有重要地位，是供应链管理的关键环节，也是物流企业竞争激烈的重要领域之一。如何提高仓储企业的核心竞争力、提升顾客的满意度、为客户创造更多价值是仓储企业未来发展的重点。

四、仓储物流企业安全管理

随着市场经济的不断发展，传统的仓储物流企业正在向现代仓储物流企业转型升级，经营方式和管理模式都发生了根本性的变化，在这一转化过程中，安全管理出现了许多新情况、新问题，企业为了追求最大经济效益，往往忽视了安全生产的重要性，安全隐患随处可见，安全事故时有发生，为企业的安全管理带来了一定的困难。那么，强化现代仓储物流企业的安全管理的具体措施有如下几点：

1. 提高企业的安全意识，健全并完善相关的规章制度

要想从根本上建立健全仓储物流企业的安全管理，就要从根源抓起，提高企业的安全意识。可以建立相应的责任制度，每一个领导人负责一个环节的管理，各自承担安全第一负责人的角色。同时，领导负责人要下基层，对于仓储物流过程中可能存在的安全问题制定相应的预防措施和补救机制。

2. 加强安全管理监督力度

现场安全管理是物流企业安全管理工作的重中之重，只有脚踏实地进行安全检查监督，通过检查、整改、再检查、再整改活动的循环，才能及时处理不安全的因素，达到提前预防、及时清理的目的。同时在安全管理检查监督过程中，要充分考虑企业经营内外部环境的最新变化以及安全管理中出现的一些新问题，这就要求安全管理人员在检查监督过程中不能浮于表面，要充分发挥主观能动性，去研究、探索并解决生产作业过程中可能存在的深层次风险，不断提升安全管理水平。

3. 提高安全管理人员素质

保卫部门专业人员少，对一些事物反应能力不强，要加强对他们的基本素质的培养，强化保安队伍建设，梳理保安人员形象。保安人员要全部实行军事化管理，严肃警风警纪，实行军事化培训。实行库区内外安全巡逻，发现问题及时进行处理。每周进行一次安全知识教育培训，让每一位警员都要知法懂法用法，提高他们的安全保卫意识。同时陆续更换一批有文化、有素质的年轻安全保卫专职干部，为保卫队注入新生力量。

4. 加强对出租场所自管库管理

当前物流企业对出租自管库的管理是安全工作的重点，一是租前把关，严格审核客户的资质，在签订经营合同的同时签订安全协议，明确双方安全责任和义务，起到约束和规范作用；二是同步检查，严格管理，对检查发现的在禁烟区内抽烟、明火作业、乱搭乱拉电线、使用大功率电器、堵塞消防通道等现象，随时督促整改；三是改进工作方法，提高服务水平。面对经常遇到的自管库对安全检查不配合、隐患整改落实难，甚至出现租赁双方关系紧张的现象，要调整好自身心态，通过说服教育取得租赁方的理解支持与配合，工作方法切忌简单、生硬，同时提供更好的优质服务，解决其经营、生活困难，以取得工作上的相互支持。

5. 加大消防设施的投入力度，普及消防知识

火灾爆炸是仓储物流过程中最容易出现的安全事故之一。一定要保证仓库周围或者运输过程配有足够的消防设施，同时操作人员具备充足的消防知识，能够熟练运用消防栓等物品。另外，也可以定期进行消防演练，增强企业人员的消防意识和消防的实践能力，并且确保各种消防设备可以正常使用，消防通道内不堆放任何物品，消防设施配置合理。

素质园地

京东物流助力欧洲物流企业仓储智能化升级：运营效率提升 250%

京东 618 首次公布了全球织网计划成果，除了相继在美国、德国、荷兰、法国、英国、越南、阿联酋、澳大利亚、马来西亚等地落地自营海外仓外，京东物流三位一体的供应链技术解决方案也在通过生态合作、技术输出赋能给海外的物流服务商。据悉，京东物流为欧洲综合物流服务商 MW Logistics 所改造的自动化仓库，通过引入 AGV（自动搬运车）、直线交叉带分拣

机、无人叉车、包装机和输送机，为其提升运营效率 250%，降低人力成本 60%。

“电商市场在过去几年里发展迅速，为满足更多客户的期望，我们决定扩大仓库规模，推动仓储的自动化、智能化升级。”作为欧洲经验丰富的综合物流服务商，MW Logistics 携手京东物流，对其仓储、整体布局、自动化管理、系统架构以及物流运营等方面进行全方位的优化改造，推动其从物流服务商向国际创新型公司跨越式发展，并在短时间内在欧洲和亚洲市场建立起良好的服务口碑。

MW Logistics 负责人介绍，通过京东物流对其仓库的自动化、智能化改造，仓储存放、入库分流、出库打包、贴标以及分拣等诸多环节将大幅提升自动化程度，不仅能优化电商库内布局，提升存储能力，也能大幅增进人员作业效率，减少相关成本达 40%。目前 MW Logistics 的仓储运营区域达到了两万六千平方米，并且实现三大功能分区。

此外，京东物流还帮助 MW Logistics 提升物流运营效率与管理能力；通过梳理多种 3PL 场景，设计入库预约模块，为 MW Logistics 强化运营资源的调度能力，并能兼顾多种入库方式、VAS 流向管理等复杂运营场景。而京东物流智能视觉设备的加入，也将让仓库在高度自动化之余，实现全线体全流程物件、包裹的追踪，让每个环节均可追溯。值得一提的是，京东物流通过对系统架构的改造，也将帮助 MW Logistics 接轨 GS1 国际物流标准，实现全流程、全链条的信息化管理。

与 MW Logistics 合作的智能仓储项目，只是京东物流在海外落地众多的物流科技项目之一。目前，京东物流还为韩国最大的食品公司进行了数条冷藏 / 冷冻生产线食盒上架、存储及补货等自动化升级。通过引入自动化设备，实现库内物资自动搬运，大大提升产品下线入库效率；同时，通过京东物流 WCS 算法加持，还能实现多设备统一调控，帮助其实现货物灵活存取和多任务并发，相较传统人工作业模式，其作业效率提升了 50%，整体储能提升 40%，且保证了正确率，减少停工、返工。

目前，京东物流三位一体的供应链技术解决方案已经在海外多个国家落地应用，凭借数智化、高效、敏捷的一体化供应链物流服务体系，具备提供咨询规划、实施交付到售后保障、灵活交易等服务能力。同时，京东物流也在携手国际及本地合作伙伴共建，以数智化能力推动效率提升，向海外客户提供全方位的覆盖各业务领域的物流科技解决方案。

（来源：北青网）

第四节　综合型物流企业

引导案例

暹粒机场“钢结构”如约而至，抒写“一带一路”新篇章

云南中畅物流有限公司成立于 2005 年，现有资产过亿元，是云南省集工程物资运输、大件运输、多式联运及仓储运行管理为主营业务的国家 AAAA 级综合服务型现代物流企业，公司已取得中国道路运管部门颁发的四类大型物件运输、电力行业颁发的电力大件运输总承包甲级、货运代理以及货物道路运输等资质。

公司拥有完善的服务网络，具备辐射云南大部分地区乃至西藏的物流服务网络，逐步构建

以澜沧江流域为母体，拓展雅鲁藏布江、伊洛瓦底江的三分格局，着力发展着多流域大件运营、跨出国界拓展业务的一体两翼战略。

2021 年元月，海外业务板块从柬埔寨项目一线传来佳讯。

2021 年 1 月 20 日，柬埔寨暹粒吴哥国际机场物资运输项目第一批次钢结构，历时 29 天，安全运抵项目现场，为暹粒机场施工建设进度提供有力的物流服务保障。

本批次用于建设暹粒机场航站楼的一百多件钢柱，自 2020 年 12 月 23 日从上海港启运。时值冬季，中畅物流人发挥丰富的综合物流经验优势，从上海港集港开始，中国段报关—装船—海运—柬埔寨西哈努克港卸船—柬埔寨段理货、清关—柬埔寨境内公路运输—暹粒机场项目现场交货，暹粒吴哥国际机场物资国际多式联运项目全流程有条不紊、安全顺利完成。

此次任务的圆满完成，也标志着公司开拓柬埔寨市场的征途中，在桑河二级水电站设备运输项目、马德望海螺水泥运输项目成功运营的基础上，实现了从水电设备，到能源，再到重点民生工程的持续发力和接续前进。

柬埔寨暹粒吴哥国际机场是柬埔寨重点打造的国际性枢纽机场，是中柬两国政府积极对接“一带一路”倡议和柬埔寨政府提出的“四角”战略的具体体现。

新国际机场项目以 BOT 方式投资，为期 55 年，包括建设 700 公顷机场基础设施，以及占地面积 1 000 公顷的“机场城市”经济特区。项目已于 2023 年 3 月完工，10 月全面开航投运。该项目建设对保护吴哥窟历史文化遗迹、完善当地机场设施建设、促进旅游业发展具有重要意义。

（来源：根据相关网络资料整理）

思考：以云南中畅物流为代表的综合型物流企业，是否需要评估标准？

一、综合型物流企业概述

视频资源

综合服务型物流企业

综合型物流企业，指的是经营范围涵盖供应链上至少 2 种以上类型的物流业务，综合型物流企业，大概率都会提供仓储服务和运输服务，有的还会提供二次包装、保税、货代等。

综合型的物流企业，其主营业务中既有仓储服务，又有运输服务，还有园区服务。综合型物流企业的互联网化，不是仓储型、运输型、园区型这三种类型物流企业互联网化的简单叠加。综合型物流企业互联网化的重点，应该在物流网络优化及供应链协同的层面上。其互联网化也需要通过透明连接来实现，并且覆盖的要素范围更广，透明连接的程度更深。

综合服务型物流企业应同时符合以下要求：

（1）从事多种物流服务业务，可以为客户提供运输、货运代理、仓储、配送等多种物流服务，具备一定规模。

（2）根据客户的需求，为客户制定整合物流资源的运作方案，为客户提供契约性的综合物流服务。

（3）按照业务要求，企业自有或租用必要的运输设备、仓储设施及设备。

（4）企业配置专门的机构和人员，建立完备的客户服务体系，能及时、有效地提供客户服务。

（5）具备网络化信息服务功能，应用信息系统可对物流服务全过程进行状态查询和监控。

综合型物流企业按照经营状况、资产、设施设备、管理及服务、人员要求和信息化水平等评估指标，可分为 AAAAA 级、AAAA 级、AAA 级、AA 级和 A 级，详见表 3-4。

表 3-4　综合型物流企业评估标准

<table>
<tr><th colspan="2" rowspan="2">评估指标</th><th colspan="5">级　别</th></tr>
<tr><th>AAAAA 级</th><th>AAAA 级</th><th>AAA 级</th><th>AA 级</th><th>A 级</th></tr>
<tr><td rowspan="2">经营状况</td><td>1. 年物流营业收入</td><td>16.5 亿元以上</td><td>2 亿元以上</td><td>4 000 万元以上</td><td>800 万元以上</td><td>300 万元以上</td></tr>
<tr><td>2. 营业时间 *</td><td>5 年以上</td><td colspan="2">3 年以上</td><td colspan="2">2 年以上</td></tr>
<tr><td rowspan="2">资产</td><td>3. 资产总额 *</td><td>5.5 亿元以上</td><td>1 亿元以上</td><td>2 000 万元以上</td><td>600 万元以上</td><td>200 万元以上</td></tr>
<tr><td>4. 资产负债率</td><td colspan="5">不高于 75%</td></tr>
<tr><td rowspan="3">设施设备</td><td>5. 自有 / 租用仓储面积</td><td>10 万 m^2 以上</td><td>3 万 m^2 以上</td><td>1 万 m^2 以上</td><td>3 000 m^2 以上</td><td>1 000 m^2 以上</td></tr>
<tr><td>6. 自有 / 租用货运车辆（或总载重量）</td><td>1 500 辆以上（7 500 t 以上）</td><td>500 辆以上（2 500 t 以上）</td><td>300 辆以上（1 500 t 以上）</td><td>200 辆以上（1 000 t 以上）</td><td>100 辆以上（500 t 以上）</td></tr>
<tr><td>7. 运营网点</td><td>50 个以上</td><td>30 个以上</td><td>20 个以上</td><td>10 个以上</td><td>5 个以上</td></tr>
<tr><td rowspan="5">管理及服务</td><td>8. 管理制度</td><td colspan="5">有健全的经营、作业、财务、统计、安全、技术等机构和相应的管理制度</td></tr>
<tr><td>9. 质量管理</td><td colspan="3">通过国家或行业相关认证</td><td colspan="2">具有规范的质量管理体系</td></tr>
<tr><td>10. 业务辐射面 *</td><td colspan="3">跨省区以上</td><td colspan="2">—</td></tr>
<tr><td>11. 物流服务方案与实施</td><td colspan="3">提供物流系统规划、资源整合、方案设计、业务流程重组、供应链优化、物流信息化等方面服务</td><td colspan="2">提供整合物流资源、方案设计等方面的咨询服务</td></tr>
<tr><td>12. 客户投诉率（或客户满意度）</td><td>≤ 0.05%（≥ 99%）</td><td colspan="2">≤ 0.1%（≥ 95%）</td><td colspan="2">≤ 0.5%（≥ 90%）</td></tr>
<tr><td rowspan="6">人员要求信息化水平</td><td>13. 中高层管理人员</td><td>80% 以上具有大专及以上学历或全国性行业组织物流师认证</td><td colspan="2">70% 以上具有大专及以上学历或全国性行业组织物流师认证</td><td colspan="2">50% 以上具有大专及以上学历或全国性行业组织物流师认证</td></tr>
<tr><td>14. 基层物流业务人员</td><td>60% 以上具有中等及以上学历或物流职业资格</td><td colspan="2">50% 以上具有中等及以上学历或物流职业资格</td><td colspan="2">40% 以上具有中等及以上学历或物流职业资格</td></tr>
<tr><td>15. 信息系统</td><td colspan="3">物流经营业务全部信息化管理</td><td colspan="2">物流经营业务部分信息化管理</td></tr>
<tr><td>16. 电子单证管理</td><td>100%</td><td colspan="2">80% 以上</td><td colspan="2">60% 以上</td></tr>
<tr><td>17. 货物物流状态跟踪</td><td>100%</td><td colspan="2">80% 以上</td><td colspan="2">60% 以上</td></tr>
<tr><td>18. 客户查询</td><td colspan="3">建立自动查询和人工查询系统</td><td colspan="2">建立人工查询系统</td></tr>
</table>

注 1：标注 * 的指标为企业达到评估等级的必备指标项目，其他为参考指标项目。

注 2：物流营业收入指企业通过物流业务活动所取得的收入总额，包括提供运输、仓储、装卸、搬运、包装、流通加工、配送、信息等基本服务及其他相关增值服务所取得的业务收入。

注 3：运营网点是指在企业市场覆盖范围内，可以承接并完成企业基本业务的分支机构和联盟伙伴。

注 4：客户投诉率是指在年度周期内客户对不满意业务的投诉总量与企业业务总量的比率。

注 5：客户满意度是指在年度周期内企业对客户满意情况的调查统计。

注 6：租用货运车辆是指企业通过合同等方式可进行调配、利用的货运车辆。

注 7：租用仓储面积是指企业通过合同等方式可进行调配、利用的仓储总面积。

注 8：基层物流业务人员是指从事物流业务执行活动的企业成员。

二、综合型物流企业优化

综合物流企业的核心竞争优势一般体现在业务网络、服务质量、运营效率这三个方面。因而企业需要采取相应的转型策略是：优化自身的业务网络；协同货主的供应链；打造一体化的业务运营平台。

1. 优化物流业务网络

几乎所有物流经营管理者都明白物流业务网络的重要性，因为业务网络覆盖的范围越广，意味着企业可以关联的货主客户及货源越多，代表企业的服务能力越强。在以往的经营竞争中，业务网络扩张成为物流企业与同行竞争的焦点。所以对于业务网络扩张，是直营的好还是加盟的好，一直是业内的热点话题。不管是直营还是加盟，仅是业务网络扩张还不算，还需要对业务网络进行优化。业务网络优化，至少包括网络宏观布局的优化、终端网点服务半径的优化、资源分布的优化三个方面。

关于网络宏观布局，有的是全球布局，有的是全国布局，有的是区域性布局。宏观布局的地域范围是由企业的业务特性、资源情况、客户分布等情况决定。首先要考虑业务性质，例如，快递业务、零担业务、冷链业务、集装箱业务、专线整车业务等的业务网络布局的侧重点各有不同；其次是考虑资源情况，企业的资源可能集中在华东、华南、长三角、珠三角等不同区域，业务网络布局优先考虑资源相对丰富的区域；最后是考虑客户的分布，包括已有客户和潜在客户。已有客户是企业业务网络运转的现实基础，而潜在客户是企业业务网络持续发展的基础。

终端网点的服务半径同样与业务特性、资源情况和客户分布有关系。项目物流的终端网点服务半径，可能一个办事处就覆盖一个城市；而快递物流的终端服务半径，可能一个站点就服务一栋写字楼。此外，也同样需要考虑企业自身的资源以及客户和市场的情况。

而企业资源的分布则需要根据企业的客户分布和业务量的分布相匹配。企业应该什么地方设置分拨中心，应该设置多少条专线，每条专线应该安排多少个班次，以及每个地区应该安排多少个业务员，等等，这些情况，都与企业的客户及业务量的分布情况密切相关。

优化业务网络需要综合考虑区域布局、终端服务半径及网络的资源配置等情况，同时需要结合企业现有网络的情况和企业的发展目标来确定。而对于现有业务网络情况的把握，需要通过数据来判断，特别是业务网络运行的大数据。那么企业怎么才能够掌握业务网络运行的大数据呢？答案是，通过企业的互联网化转型，通过透明连接来夯实业务网络运行的数据化基础。

2. 协同货主的供应链

货主客户的经营活动从原材料供应到生产制造到成品分销再到售后服务，贯穿整个商品经济的供应链。而第三方物流服务需要能够支撑货主客户的供应链运转。什么样的物流服务才是好的物流服务，这取决于货主的供应链运转的需要。所以综合物流企业的服务升级方向，就是打造能够协同货主供应链运转的物流服务。

打造与货主供应链协同的物流，至少需要具备三方面的能力：服务方案能力、系统对接能力、资源统筹能力。

服务方案能力是综合物流企业协同货主企业供应链的重要基础。每一个货主客户企业经营的业务不同，供应链的结构不同，需要与之配套的物流服务也就不同。在具体物流项目中，有的是面向制造的物流，有的是面向成品分销的物流，有的是面向工程项目的物流，有的是面向大型展会（活动）的物流，等等，具体项目不同，服务的对象不同，其所需的物流服务也就不同。怎样才能满足货主客户的要求，怎么才能协同货主供应链的运转需要，这就需要根据具体情况制订合适的“物流服务方案”。所以服务方案能力是综合物流企业协同货主供应链的重要基础，只有服务方案做得好，输出的物流服务质量才会好。

物流服务要协同货主的供应链，还需要具备系统对接的能力。货主企业一般会有主营业务的管理系统，其所需的物流服务是从系统中产生的，并且需要把服务需求传递给第三方物流企业。第三方物流企业的物流服务输出过程也有相应的管理系统，这个系统可以采集物流服务过程的数据，并且要能够将数据反馈给货主客户的主营业务管理系统。这就需要双方的系统能够对接，才能够实现物流服务与货主供应链的运转相协同。在双方信息管理系统没有对接的情况下，项目对接的方式通常是安排项目专员进行对接，其对接的效率和准确程度会因人而异。在“互联网＋物流”的趋势下，与货主客户的主营业务系统对接是必然的趋势，也是综合物流企业必须要具备的能力。

此外，资源统筹能力对物流企业而言非常重要。协同一个货主客户的供应链运转很简单，只要配给充足的资源，就可以实现协同。但是资源往往是稀缺的，更何况物流企业需要协同所有货主客户的供应链运转。所以需要对资源进行统筹，让资源在不同项目之间或者在不同的货主客户之间进行流动，才能发挥资源的最大利用率。

3. 打造一体化的业务运营平台

为了更好地优化物流业务网络，协同所有货主客户的供应链运转，综合物流企业需要打造一体化的业务运营平台。一体化的业务运营平台的主要作用有两个方面：一是采集业务网络运行的动态数据；二是统筹货主的服务需求和企业自身的资源。

对管理者而言，综合物流企业的业务网络无从优化，因为业务网络被分割成不同的模块，各个模块由不同的子公司进行独立运作，整体上缺乏互通和资源共享，同时也缺乏数据化的基础。打造一体化的运营平台，就是要打造整个业务网络的数据化基础，打通各个业务模块的信息孤岛，便于从全局上把握业务网络的运行动态，从而为业务网络优化提供可靠的大数据基础。

一体化业务平台的另一个重要作用就是进行全局性的业务统筹，一方面是对货主客户的服务需求进行统筹，另一方面是对企业的资源进行统筹。例如，企业有城际之间的短途运输业务（200 km），又有市内配送业务，那么就可将这两项业务统筹起来，白天进行城际运输，晚上进行城市配送，从而使企业的车辆白天晚上都有活干，这就是业务统筹。白天执行任务的司机到晚上需要休息，所以需要安排夜班司机执行夜间的配送业务，这叫作资源统筹。

业务统筹和资源统筹是物流企业日常经营管理中经常做的事情，但单纯用人工进行统筹和基于一体化平台的数据进行统筹的差别是很大的。人工统筹会因人而异，因为个人掌握的信息具有局限性，人工不能处理庞大且复杂的业务信息。但一体化平台能够掌握全局的信息，能够自动处理复杂的业务信息，因而能够更好地在全局上统筹客户的服务需求和企业的资源。

三、综合型物流企业优势

综合型物流企业，在经营过程中，尤其是服务同一个客户时，通常既有仓储又有运输。综合型物流企业相比较专业型物流企业，通常给出的报价更有竞争力。为什么会出现这种情况呢？

因为专业型物流企业，通常都是从自身利益出发的，大部分时候不会太关注其服务之外的成本如何。举例，仓储型物流企业，在给客户提供方案和报价时，通常会把仓库的租赁成本放在第一位；而运输型物流企业，在给客户提供方案和报价时，通常会把影响运输成本的距离因素放在第一位。

表面上看，这都没有问题，都足够专业，但是，假如客户的需求是仓储加上配送，那么，我们会发现，两个专业型物流企业提供的报价合并起来以后，并没有太多的优势。把仓库设在远离市中心的地方，仓储成本是降下来了，但运输成本增长了，而仓库设定在靠近外环的地方，运输成本下降了，但是仓储成本上升了。

而综合型物流企业，就可以很好地处理这个问题，而且，很多时候，仓储跟运输业务两个团队因为隶属于同一个综合型物流企业，也好沟通一些。

下面以综合型物流企业——传化物流为代表，了解其服务特点。

传化物流是服务产业端的智能物流平台，核心是打造传化货运网，以线上数字货运网和线下遍布全国的公路港城市服务中心网络，形成线上线下协同、端到端供应链物流服务的平台能力。连接 400 万运力资源，服务数十万家物流企业和上百万制造与商贸企业的供应链，帮助制造企业提升物流和供应链效率。

传化物流的服务特点有：

（一）公路港城市服务中心全国布局，形成全方位地面物流服务网

传化有遍布全国的智能公路港，作为城市的物流中心，补足城市物流基础设施短板，为制造企业、商贸企业、物流企业、卡车司机等提供一站式综合性的智能物流园区服务，形成全国化的地面物流服务网。

服务中心的面积达 1 118 万 m^2，年车流量超过 4 125 万车次，年平台营业额更是达到 631 亿元人民币。

（二）网络货运平台形成立体式的线上物流服务网

通过智能网络承（货）运，形成立体式的线上物流服务网，提供运力派单、可视化运输管理、支付结算等全链路物流服务，链接供应链业务、车后增值、金融保险等产品，服务于货主企业，实现企业物流业务在线化、数字化、标准化、智能化。

平台运营商户有 4 000 多家，累计运单超过 170 万单。实现一单多付、电子合同、审核自动化等功能优化，应用智能算法、区块链等人工智能技术，打破行业信息孤岛，提升系统安全和供应链各环节整体协作效率。

（三）智慧物流供应链端到端的供应链物流解决方案

构建起全国化的“仓储网络、运输和配送网络”及“干线 + 配送”运输能力，提供“端到端”的物流服务。

（四）供应链科技金融，构筑产业端信用体系

将消费端互联网支付手段应用到物流场景，以物流为抓手连接上下游商贸制造业，实现了物流行业从发货到收货的全程支付在线化。同时，基于客户需求，逐步衍生出系列供应链金融服务。传化支付系统解决了运费和结算的问题，将线下交易流程线上化，做到了在线下单、线上支付、运单管理等功能，解决了信息的互通互联，实现了高效便捷，大大降低了物流企业的时间成本和获客成本。

素质园地

高考志愿：物流行业报考热门专业及前景

国家邮政局监测数据显示，截至 2023 年 6 月 24 日，我国快递业务量已达 600 亿件，比

2019年达到600亿件提前了172天，比2022年提前了34天。6月1日至6月18日电商大促期间，快递日均业务量突破4亿件，市场规模进一步扩增。

快递企业抓住发展机遇，大力提升数字化运营水平，优化中转和派送流程，加快运用全自动分拣、无人仓、无人车、无人机等设备和技术，物流行业持续完善境外枢纽、地面网络、海外仓布局，建设新型外贸物流网络体系，积极服务跨境消费市场。

中国已经成为全球快递市场发展的新引擎。新零售、即时配，自动驾驶，物联网……正在引导着物流迈向新的领域。

从物流行业的产业链结构来看，物流业产业链的核心部分是由自有企业、物流企业和公共物流服务平台构成的物流承运/仓储等环节，主要包括运输配送、仓储、综合服务、供应链管理以及现代化技术研究和应用等；此外，智慧物流和硬件供应是现代物流行业运作的重要支撑体系，也是未来物流行业升级发展的重中之重。

物流业吸纳就业能力不断增强，从业人员快速增长，物流专业人才已被列为我国12类紧缺人才之一，人才缺口为60余万人（2019年数据）。《物流业人才需求调研报告》（2022）显示，从就业结构特点来看，一是物流专业人才保持较快增长，物流人员专业化程度提升；二是运输物流仍是吸纳就业的主体；三是电商快递、多式联运等新型行业成为新增就业的主要动力；四是物流人才地域分布不均衡，多集中在北上广深等一、二线城市以及沿海部分城市。

从物流业岗位人才需求量来看，第一位是操作类岗位，如配送员、收货员、理货员等；第二位是专业类岗位，如产品运营、用户运营、业务运营、质量监控、营销推广等；第三位是技术类岗位，随着国家推动物流企业拥抱智能科技，并加快推进融合5G、人工智能、工业互联网、物联网技术的新型基础设施建设等政策激励，软件开发工程师、硬件设计开发工程师、测试开发工程师、数据发掘工程师等技术类岗位需求量逐年递增；第四位是服务类岗位，如电话顾问、外呼顾问、在线顾问、AI训练师等；第五位是管理类岗位，如总监、总经理等管理类岗位。

（来源：中国交通运输协会城市物流分会）

课后练习

一、单选题

1. A级物流企业有运输型、仓储型、综合服务型三种类型，划分为A、AA、AAA、AAAA、AAAAA五个等级。其中（　　）级是最高级别。

A. A　　B. AA　　C. AAA　　D. AAAAA

2. 以从事货物运输业务为主，包括货物快递服务或运输代理服务，具备一定规模，可以提供门到门运输、门到站运输、站到门运输、站到站运输服务和其他物流服务，具备网络化信息服务功能，应用信息系统可对运输货场进行状态查询、监控。这种物流企业叫作（　　）。

A. 仓储型物流企业

B. 运输型物流企业

C. 综合型物流企业

D. 装卸型物流企业

3. 近年来，我国经济中出现的许多物流企业主要由三部分组成，其中不包括（　　）。

A. 国际物流企业

B. 由传统运输、储运及批发贸易企业转变形成的物流企业

C. 老旧物流企业合并组成新物流企业

D. 新兴的专业化物流企业

4. 运输型物流企业评估指标中，AAAAA 级企业需要具有（　　）年以上营业时间。

A. 3　　B. 4　　C. 5　　D. 6

5. 利用冷藏运输技术和自主开发的冷链专用箱为客户提供在一定温度范围内(2 ℃~8 ℃)，小批量、多批次、集装化的冷藏快运服务，这种运输叫作（　　）。

A. 高铁快运　　B. 冷链运输　　C. 跨境电商　　D. 货物快运

6. 仓储型物流企业评估指标中，AAAAA 级物流企业需要自有仓储面积达到（　　）m^2 以上。

A. 20 万　　B. 8 万　　C. 3 万　　D. 1 万

7. 随着市场经济的不断发展，传统的仓储物流企业正在向现代仓储物流企业转型升级，经营方式和管理模式都发生了根本性的变化，在这一转化过程中，（　　）出现了许多新情况、新问题，企业为了追求最大经济效益，往往忽视了（　　）的重要性，（　　）随处可见，（　　）时有发生。

A. 安全管理、安全生产、安全隐患、安全事故

B. 安全管理、安全事故、安全隐患、安全生产

C 安全隐患、安全生产、安全管理、安全事故

D. 安全事故、安全生产、安全隐患、安全管理

8.（　　）物流企业，指的是经营范围涵盖供应链上至少 2 种以上类型的物流业务。

A. 仓储型　　B. 运输型　　C. 综合型　　D. 货代型

9. 综合型物流企业评估标准要求所有企业资产负债率不高于（　　）。

A. 60%　　B. 70%　　C. 75%　　D. 80%

10. 为了更好地优化物流业务网络，协同所有货主客户的供应链运转，综合物流企业需要打造（　　）。

A. 多元化的业务运营平台

B. 复杂性的业务运营平台

C. 深层次的业务运营平台

D. 一体化的业务运营平台

二、问答题

1. 物流企业是如何界定为综合型、仓储型和运输型物流企业的？

2. 如何优化仓储型物流企业？

3. 仓储型物流企业的安全管理措施有哪些？

4. 运输型物流企业的产品服务有哪些？

5. 简述综合型物流企业应符合的要求。

实训项目

一、任务背景

21 世纪企业的竞争逐渐转向物流服务的竞争，物流也从不被人重视的角落提升到关乎企业生存发展的重大战略决策高度上来。我国现阶段的物流究竟发展到何种水平是各个企业非常重视的问题，据有关研究表明：一方面宏观状况社会物流总值大幅增长，但相对于发达国家的物流产业而言，中国的物流产业尚处于起步发展阶段，主要特点是：

（1）企业物流仍然是全社会物流活动的重点，专业化物流服务需求已初见端倪。近年来，随着买方市场的形成，企业对物流领域中存在的“第三利润源”开始有了深刻的认识。

（2）专业化物流企业开始涌现，多样化物流服务有一定程度的发展。近年来，我国经济中出现的许多物流企业，主要由三部分组成：一是国际物流企业，二是由传统运输、储运及批发贸易企业转变形成的物流企业，三是新兴的专业化物流企业。另一方面，我国第三方物流市场潜力大、发展迅速，处于发展初期，而且呈地域性集中分布。我国第三方物流供应商功能单一，增值服务薄弱，整个第三方物流市场还相当分散，第三方物流企业规模小，没有一家物流服务供应商拥有超过 2% 的市场份额，物流服务商认为阻碍其发展的一个最大障碍是很难找到合格的物流管理人员来推动业务的发展。在这样大的物流环境下，作为 ×× 地区的代表城市 ×× 的情况又是何种态势呢？未来的发展趋势又如何呢？我们希望通过这次调查能对此有所了解。

二、实训内容

通过走访调研、填写调研问卷的方式，完成此次实训内容。

1. 调查目的

通过走访询问与观察，了解 ×× 城市物流市场的现状：从事传统物流还是现代物流；物流业的发展整体水平。

2. 调查对象

你所在城市的物流企业。

3. 调查项目

物流企业的所有制形式、经营的业务范围、经营的对象、主要从事业务的具体内容（如运输的工具、距离、价格等）、与客户的关系等。

4. 调查方法

由于我们要了解 ×× 城市物流企业的现状所需信息具有时效性，应采取获得一手资料的调查方法；由于调查之中有必须由物流企业内部人员配合完成的内容，以及需调查员自己观察完成的内容，所以我们选择询问调查与观察相结合的方法。

对于要选取的物流企业，我们根据管理人员的介绍将物流企业划分为大型、中型、小型企业三种，然后利用认知企业的时间，各选取三家。

5. 调查问卷

<table>
<tr><th colspan="2">调研问卷</th></tr>
<tr><td colspan="2">您好：我是 ×× 学校现代物流管理专业的学生，此次调查是为了了解目前 ×× 城市物流市场的整体发展水平，希望您能配合我们回答以下问题，使我们能顺利完成此次调查</td></tr>
<tr><td>公司名称：</td><td>调查时间：　年　月　日</td></tr>
<tr><td colspan="2">在您觉得正确的选项字母后打“√”</td></tr>
<tr><td>1. 贵企业的所有制形式：________。
A. 国有企业
B. 中外合资
C. 合作企业
D. 独资企业
E. 合伙企业
F. 有限责任公司
G. 有限股份公司
H. 个人企业</td><td>2. 贵企业的经营形式是：________。
A. 综合型物流企业
B. 仓储型物流企业
C. 运输型物流企业</td></tr>
<tr><td>3. 贵企业涉足物流行业的时间：________。
A. 少于 2 年
B. 3～5 年
C. 6～10 年
D. 11～15 年
E. 15 年以上</td><td>4. 贵企业与客户关系：________。（可多选）
A. 长期合作
B. 短期合作
C. 一次性合作</td></tr>
<tr><td>5. 贵企业的设施设备的所有情况：________。
A. 企业拥有所有权
B. 租赁
C. 两者兼有</td><td>6. 贵企业是否运用先进信息设备：________。
A. 是　请列举________________________
B. 否</td></tr>
<tr><td colspan="2">我们的调研到此结束，感谢您的配合</td></tr>
</table>

第四章
物流职业认知

知识目标

- 了解职业道德、服务意识的基本要求与规范。
- 了解各种物流岗位的岗位职责。

能力目标

- 能够遵守相应岗位职责。
- 能够遵守职业道德与规范。

素质目标

- 树立良好的服务意识。
- 具备良好的职业道德。

第一节　物流岗位认知

引导案例

小谭的难题

市民小谭是湖城一家汽配有限公司的老员工，从事仓库管理员工作，月工资为 2 100 元。上个月，公司仓库盘点，发现少了价值约 1 万元的汽车配件，由于仓库监控摄像头无法正常工作，未能查证具体偷窃人员。

公司认为，这是小谭工作失职，根据员工手册上关于“凡因工作失职造成公司财产损失的，扣发当月工资并赔偿损失”的规定，公司将扣除小谭每个月的工资，直到扣满 1 万元为止。小谭认为不合理，和公司协商不成，只好向当地街道总工会寻求帮助。

思考：假如你是小谭，你会怎么样避免这类事情的发生呢？

一、采购岗位认知

视频资源

采购岗位认知

（一）采购概述

1. 采购定义

采购（purchasing），是指企业在一定的条件下从供应市场获取产品或服务作为企业资源，保证企业生产及经营活动正常开展的一项企业经营活动。

采购的过程，就是将资源从资源市场的供应者手中转移到用户手中的过程，在这个过程中，要实现将资源的物质实体从供应商手中转移到用户手中。这是一个商流过程，主要通过商品交易、等价交换来实现商品所有权的转移。这也是一个物流过程，主要通过运输、储存、包装、装卸、流通加工等手段来实现商品空间位置和时间位置的完整结合，缺一不可。只有这两个方面都完全实现了，采购过程才算完成。因此，采购过程实际上是商流过程与物流过程的统一。

在整个采购活动过程中，一方面，企业通过采购获取了资源，保证了企业正常生产的顺利进行，这是采购的效益；另一方面，在采购过程中，也会发生各种费用，这就是采购成本。我们要追求采购经济效益的最大化，就是要不断降低采购成本，以最低的成本去获取最大的效益。而要做到这一点，关键的关键，就是要努力追求科学采购。科学采购是实现企业经济利益最大化的基本利润源泉。

采购作业是依业务订单适时、适品、适量地采购，并跟踪采购进度，确保订购物料按时、按量、保质送达企业仓库，协调销售、生产的有效进行。

采购作业流程就是采购部门职责或任务的运营指南，是采购管理中最重要的部分之一，是采购活动具体执行的标准。采购作业流程通常是指有制造需求的厂家选择和购买生产所需的各种原材料、零部件等物料的全过程。

2. 常见的采购方式

一般来说，采购可分为招标采购、询价现购、比价采购、议价采购、订价收购以及公开市场采购。

（1）招标采购是指将物料采购的所有条件（诸如物料名称、规格、数量、交货日期、付款条件、罚则、投标押金、投标厂商资格、开标日期）详细列明，登报公告。投标厂商依照公告的所有条件，在规定的时间内交纳投标押金，参加投标。招标采购的开标按规定必须至少有三家厂商从事报价投标才能开标。原则上报价最低的厂商得标。

（2）询价现购是指采购人员选取信用可靠的厂商，将采购条件讲明，并询问价格或寄送询价单并促请对方报价，比较后则现价采购。

（3）比价采购是指采购人员请数家厂商提供价格后，从中加以比价，然定确定厂商进行采购。

（4）议价采购是指采购人员与厂商双方经讨价还价而议定价格后进行的采购。

（5）订价收购是指购买的物料数量巨大，实非一两家厂商所能全部提供，如铁路的枕木，或当市面上该项物料匮乏时，则可制订价格以现款收购。

（6）公开市场采购是指采购人员在公开交易或拍卖场所随时机动式的采购，因此大宗需要物料时，价格变动频繁。

（二）采购作业流程

采购作业流程会因采购的来源、方式以及对象等的不同而在作业细节上有所差异，但基本流程都大同小异。以下是采购的基本作业步骤：

（1）确认需求。在采购之前应先确定购买哪些物料、买多少、何时买、由谁决定等。

（2）需求说明。确认需求之后，对需求的细节，如品质、包装、售后服务、运输及检验方式等，均加以明确说明，以便使来源选择及价格谈判等作业能顺利进行。

（3）选择可能的供应来源。根据需求说明在原有供应商中选择信誉良好的厂商，通知其报价，或以登报公告等方式公开征求。在选择供应商时，企业应考虑的主要因素有以下几个：

①价格。物美价廉的商品是每个企业都想获得的。相对于其他因素，虽然价格并不是最重要的，但比较各个供应商提供的价格连同各种折扣是选择供应商不可或缺的一个重要指标。

②质量。商品质量也是选择供应商的一个十分重要的影响因素。商品质量的选择应根据企业的实际情况而定，并不是质量最好的就是最适合的，应力求用最低的价格买到最适合本企业质量要求的产品。

③服务。服务也是选择供应商的一个很重要的影响因素。如在采购某些项目时，更换次品、指导设备使用、修理设备等，类似这样的服务可能会在选择过程中起到关键作用。

④位置。供应商所处的位置对送货时间、运输成本、紧急订货与加急服务的回应时间都有影响。在当地购买有助于发展地区经济，易于形成社会信誉以及良好的售后服务。

⑤供应商库存政策。如果供应商的库存政策要求自己随时持有备件库存，那么拥有安全库存将有助于供应商应对设备突发故障等问题。

⑥柔性。对那些愿意且能够回应需求改变、接受设计改变等要求的供应商应予以重点考虑。

（4）适宜的价格。确定可能的供应商后进行价格谈判。

（5）订单安排。价格谈妥后，应办理订货签约手续。订单和合约均属于具有法律效力的书面文件，对买卖双方的要求、权利及义务必须予以说明。

（6）订单追踪与稽核。签约订货后，为了促使销售厂商如期、保质保量交货，应依据合约规定，督促销售厂商按规定交货，并予以严格验收入库。

（7）核对发票。销售厂商交货验收合格后，随即开具发票。要求付清货款时，应先由采购部门核对发票内容是否正确，之后，由财务部门办理付款。

（8）验收不符与退货处理。凡销售厂商所交货品与合约规定不符而验收不合格者，应依据合约规定退货，并立即办理重购，予以结案。

（9）结案。合格付款或验收不合格退货，均须办理结案手续，清查各项书面资料有无缺失、绩效好坏等，并上报高级管理层或权责部门核阅批示。

（10）归档。凡经结案批示后的采购文件，均应列入档案予以保管，以备参阅或发生问题时查考。档案应符合一定保管期限的规定。

（三）采购员岗位职责

在采购活动中，采购员的岗位职责包括：

（1）认真执行总公司采购管理规定和实施细则，严格按照采购计划采购，做到及时、适用，合理降低物资积压和采购成本。对购进物品做到票证齐全、票物相符、报账及时。

（2）熟悉和掌握市场行情，按“质优、价廉”的原则货比三家，择优采购。注重收集市场信息，及时向部门领导反馈市场价格和有关信息。合理安排采购顺序，对紧缺物资和需要长途采购的原料应提前安排采购计划，及时购进。

（3）严把采购质量关。物资选择样品供使用部门审核定样，购进大宗物资均须附有质保书和售后服务合同；积极协助有关部门妥善解决使用过程中出现的问题。

（4）加强与验收、保管人员的协作，有责任提供有效的物品保管方法，防止因物品保管不妥而受损失。

（5）完成领导交办的其他各项工作。

（四）采购谈判

采购谈判是指企业作为买方，为采购商品，与卖方厂商对购销业务有关事项，如商品的品种、规格、技术标准、质量保证、订购数量、包装要求、售后服务、价格、交货日期与地点、运输方式、付款条件等进行反复磋商，谋求达成协议，建立双方都满意的购销关系。

1. 采购谈判的内容

（1）货物的数量条件。

（2）货物的质量条件。

（3）货物的价格条件。

（4）货物的交货条件。

（5）货款的支付条件。

（6）检验、索赔、不可抗力和仲裁条件。

2. 采购谈判在采购活动中的作用

（1）可以争取降低采购成本。

（2）可以争取保证产品质量。

（3）可以争取采购物资及时送货。

（4）可以争取获得比较优惠的服务项目。

（5）可以争取降低采购风险。

（6）可以妥善处理纠纷，维护双方的利益及正常关系，为以后的继续合作创造条件。

二、仓储岗位认知

（一）验收员岗位认知

视频资源

仓储岗位认知

1. 验收员岗位概述

（1）验收员岗位定义：验收员是仓储部门负责检验物流中心到货的质量与数量的作业人员。

（2）验收员工作地点：月台、物流中心等用来装卸货品的地方。

2. 验收员岗位职责

（1）指挥送货车辆停靠月台。

（2）核对供应商送货单与公司内预收货单。

（3）指导或参与搬卸，将货品堆叠在托盘上。

（4）对商品进行验收。

（5）打印“入库验收单”并交由供应商签字。

（6）签收供应商“送货单”。

（7）单据交接（法律上完成了货品所有权的转移，划清了责任）。

（8）签发相关单证，让送货方离开公司。

（9）验收完毕后，将商品放于“收货暂存区”，等待保管员接管。

（10）执行工作区域内的“5S”管理。

3. 验收员作业流程（见表 4-1）

表 4-1 验收员作业流程

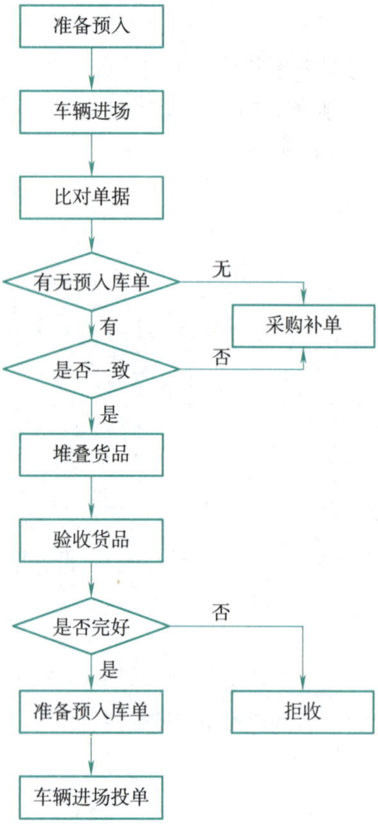

流程图	工作步骤	工作说明
（见上图）	准备预入库单	验收员请信息员打印当天将要进货的预入库单
	车辆进场投单	验收员指挥车辆进场，停靠在月台指定位置，司机将随车送货单交给验收人员
	比对单据	比对随车送货单和预入库单上货品品名、规格和数量是否一致
	堆叠货品	指导将货品卸下并交叉堆叠到托盘上，同种货品堆放在同一托盘上
	验收货品	验收员按托盘逐一清点货品数量、规格，检查货品质量（包装、条码等），并将托盘上的货品数量标注在托盘上
	签单确认	验收无误后，验收员在送货单上签字确认
	数据录入	验收员用 RF 将验收好的货品信息录入 WMS 系统
	确认入库	数据录入完毕后入库单确认前，验收员请信息员打印入库单，核对一遍实物，无误后签名确认，信息员收到验收员签字的入库单后进行入库确认

4. 验收作业中应注意的问题

（1）验收商品时必须有供应方代表在场。

（2）检验货品外包装时，若发现外包装有变形、破损、受潮等现象时，要对问题货品拍照，并做详细记录，以便于对责任的认定。

（3）对于货物的质量，应按合同约定的时间进行检验，或者按照仓库的习惯在入库后的 3 天内进行检验，国外到货 10 天内完成验收。

（4）抽样检验货品时，若发现某一类型的货品存在质量问题，应该对该类型的所有货品进行检验，对外包装不完好的货品也要全部进行检验。

5. 验收员岗位技能要求

从事验收员岗位需要具备的技能要求：

（1）熟练使用办公软件（如 Word、Excel 等）。

（2）熟悉企业收货流程。

（3）熟练掌握托盘堆码技术。

（4）熟悉日常验收货品的性能、特点。

（5）会使用仓库设备，如叉车、液压托盘、磅秤等。

（6）能使用 RF 终端收货，并能排除简单的操作故障。

（二）保管员岗位认知

1. 保管员岗位概述

保管员是物流中心仓库内负责货物保管及存货管理的人员，对储位准确率和库存准确率负有重大的责任，其主要工作有入库、整仓、补货、储位管理、盘点等。保管员的岗位职责包括以下内容：

（1）货品入库上架。

①使用设备将托盘从收货暂存区放到对应的储位上。

②将储位信息录入 WMS（仓库管理系统）。

（2）整仓与补货。

①按照整仓标准对货品进行整仓。

②对拣货区货品进行补货。

（3）仓库管理。

①负责查找储位和库存异常的原因并处理。

②负责仓库内部相关信息的统计。

（4）盘点。

①日常盘点，包括动态盘点和抽盘。

②定期盘点。

（5）执行 5S 及设备维护，保管员负责执行管辖区内的 5S 工作以及相关设备的维护工作。

（6）返品移库交接，负责签收退货库移交过来的止常品。

2. 保管员的工作内容

1）入库上架

入库上架流程见表 4-2。

表 4-2　入库上架流程

流程图	工作步骤	工作说明
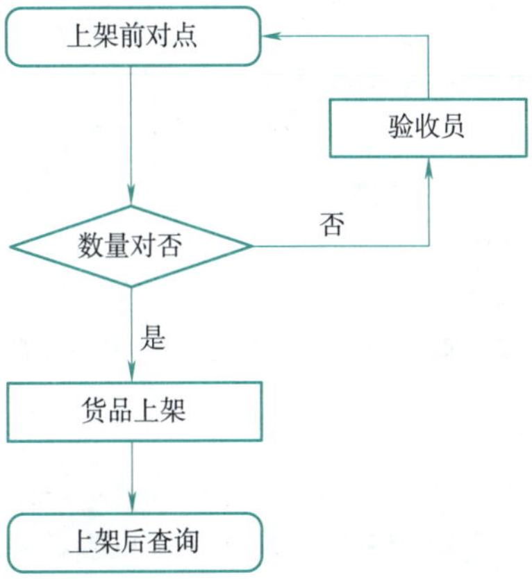	储位录入	
	货品上架	1. 上架请选择 WMS 派发的储位或自行选择储位 2. 若目的储位未净空，须及时查找原因并更正
	上架后查询	

2）整仓

整仓流程见表 4-3。

表 4-3　整仓流程

流程图	工作步骤	工作说明
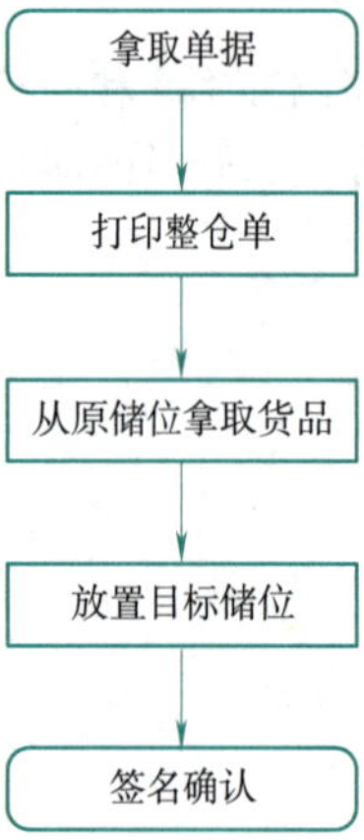	确定需要调整的储位	（1）从 WMS 系统中找出有相同规格、型号、批次的商品 （2）人工巡查仓库发现需要调整的储位，并打印整仓单
	货品整仓	（1）不同储位的货品规格、型号、批次号、生产日期等完全一致的才能拼在一起 （2）从取货储位移取相应数量的货品放到目的储位 （3）完成整仓后在单证上签名并交至信息处

3）盘点

为避免账、物不符的情况出现，需要对货品进行不定期的检查，从中发现问题并调整，最终获得真实正确的库存信息。一般大型物流中心的库存准确率约为 99.99%，一般物流公司的库存准确率约为 99.9%。

盘点流程见表 4-4。

表 4-4　盘点流程

流程图	工作步骤	工作说明
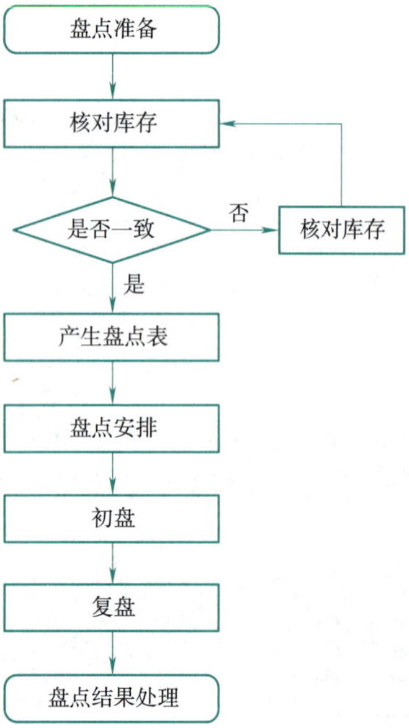	盘点准备	盘点前应确认 WMS 系统内所有的单据都已经确认，所有的暂挂库存都已经处理
	产生盘点表	信息人员在 WMS 系统中按层产生盘点表，以利于盘点，并记录该次盘点的单号
	盘点安排	组长安排盘点人员及盘点区域
	初盘	盘点人员两人一组进行盘点，一个清点货品数量，另一个操作 RF
	复盘	初盘完毕，报告组长，组长交换盘点表进行复盘；复盘完毕，在盘点表上签名确认
	盘点结果处理	复盘完毕，组长收集所有的盘点表，无误后交给信息人员；信息人员根据盘点结果在 WMS 中修改实盘数量

4）补货作业

补货作业是指为保证拣货位货品数量充足或为方便拣货员拣取货品而从储货位将货品拆零拿到拣货位的行为。补货作业一般分为以下三种：

（1）批次补货。

（2）定时补货。

（3）随机补货。

补货作业的流程见表 4-5。

表 4-5　补货作业的流程

流程图	工作步骤	工作说明
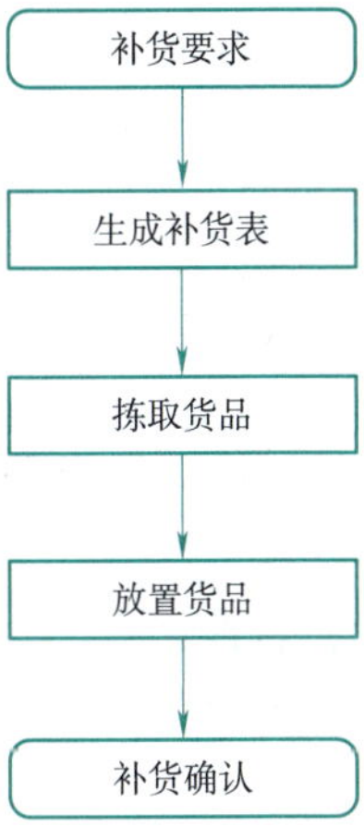	补货要求	（1）作业人员向信息人员提出补货要求 （2）信息人员定时查看 WMS 系统中拣货位的储量，一旦发现少于预设值就打印补货单
	生成补货表	（1）信息人员在 WMS 中生成补货表并打印 （2）信息人员发放补货表给作业人员
	补货	（1）一组作业人员根据补货表信息将高层储位货品取下，并在货品外箱上注明补货储位；如果取不到补货表上注明的数量，则按实际取到的数量来修改补货表上的取货数量 （2）一组作业人员将货品拆箱，并依据外箱上的储位标注将零散货品放到对应储位上 （3）补货完成后，作业人员在补货表相应位置签名确认，并将补货表送给相应的信息人员
	补货确认	（1）信息人员根据补货表上的实际修改数量来修改 WMS 系统里的应补货记录，修改完毕，单击“确认”按钮 （2）对于补货表上没有目的储位的记录，作业人员已经用 RF 处理，信息人员不需要再对其进行修改

素质园地

补货注意事项

• 到高层取货时一定要系好安全带。

• 取下货品时应轻拿轻放，不能直接扔在地上。

• 补货上架时要保证一种货品对应一个拣货位。

• 补货时要根据货品的批次将旧批次的货品放于货架前端，新批次的货品放于后面，以方便先进先出。

• 拆后的包装箱不得随意丢弃，应折叠整齐后统一摆放。补货结束后要打扫所管辖区域内的卫生，保证作业区域干净整洁。

• 如果在补货的过程中发现问题，应及时向组长汇报，组长负责登记并交由信息员处理。

5）保管员应具备的专业技能

（1）办公软件和 WMS 系统的使用。

（2）熟悉所管辖区的储位状况。

（3）了解日常各类货品的性能、特点。

（4）能熟练使用各种仓储设备（如铲车、堆高车、液压车等）。

（5）能使用 RF 进行整仓和盘点作业，并能排除简单的操作故障。

（三）拣货员岗位认知

1. 拣货员岗位概述和岗位职责

拣货员是物流中心仓库内负责拣取货品的人员，其主要工作是按照拣货指示正确地拣取货品，并将其搬运到复核区，其工作地点为仓库内部。拣货工作是整个仓储作业中最耗劳力的，人数一般占整个物流中心总人数的 40%～60%。

拣货员的岗位职责如下：

（1）按照拣货指示正确地拣取货品，并将其搬运到复核区交给复核员点货。

（2）负责填写本区域商品的缺货单，统计缺货率（对保管员的工作进行考核）。

（3）执行工作区域内的“5S”管理。

2. 拣货作业的方式

（1）人工拣货。采用人工拣货的，每个拣货员每 8 小时可以拣取 250～400 箱货品。人工拣货的前期投入很少，每天拣货量小于 5 000 箱时适用，中小型物流公司一般会选择这种拣货方式。人工拣货的劳动强度大，分拣效率低下，出错率在 3% 左右。

（2）机械辅助拣货。在机械辅助拣货方式下，出现了简单的电子以及相关辅助设备，如电子标签拣货、滚轴输送机等。机械辅助拣货方式前期投入一般，人工劳动强度和成本降低，分拣效率提高。机械辅助拣货方式目前为大多数专业物流中心所使用，适合每天拣取 5 000～20 000 箱货物的物流企业采用。

（3）自动化拣货。自动化拣货由计算机发出指令，相关机械自动拣取货品，人工投入很少。自动化拣货在设备方面的投入很大，拣货效率大大提高，目前国内采用这种拣货方式的物流企业不多。

3. 物流中心的拣货方法

（1）摘取式拣货。摘取式拣货是指以每张订单为单位，作业人员巡回于仓库内，将订单上的商品逐一拣取集中，是较传统的拣货策略。拣货流程见表 4-6。

表 4-6　摘取式拣货流程

流程图	工作步骤	工作说明
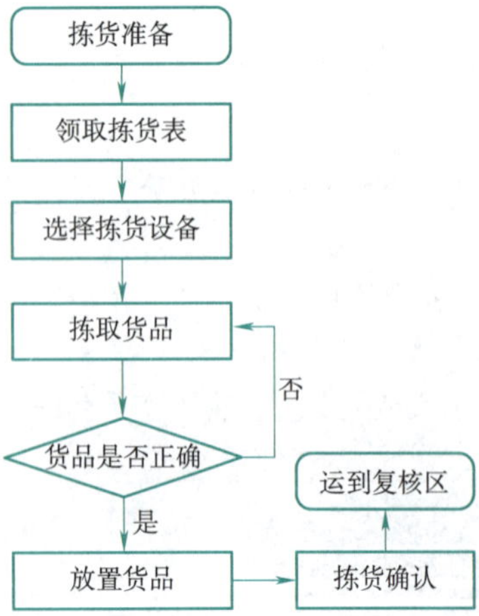	拣货准备	（1）信息专员生成拣货表并打印 （2）组长从信息员处领取拣货表并签名确认 （3）组长分配工作，将拣货表分发给拣货人员 （4）拣货人员到工具区选择拣货工具
	拣取货品	（1）拣货人员根据拣货表信息找到储位 （2）拿取货品，确认拿取的货品是拣货表上显示要拣的货品 （3）确认无误后，在拣货表数字上打钩 （4）当储位上货品数量不足时，则在拣货表对应的数量右侧标明实际拣取数量 （5）将拣出的货品放置在托盘上或物流箱里面

摘取式拣货需要注意以下几点：

①一个物流箱内必须是同一个客户的东西，严禁混淆。

②每个物流箱外只能有一个标签，标签所反映的应该是客户编号或订单编号，以便复核员复核。

③放置货品时应遵守下重上轻原则，避免商品被压坏。

摘取式拣货适合多客户、少量多样的订货，它的优点是：

①作业方法简单，一个人就能完成。

②前置时间短，拿到单证即可开始。

③作业人员责任明确，容易公平分工。

摘取式拣货的缺点如下：

①商品品类多时，拣货行走路径加长，拣取效率低。

②拣货区域大时，搬运困难。

（2）播种式拣货。播种式拣货是指由 WMS 系统将多张订单集合成一批，依商品类别将数量汇总后再进行拣取，然后按客户再做分货处理。播种式拣货的流程见表 4-7。

表 4-7　播种式拣货的流程

流程图	工作步骤	工作说明
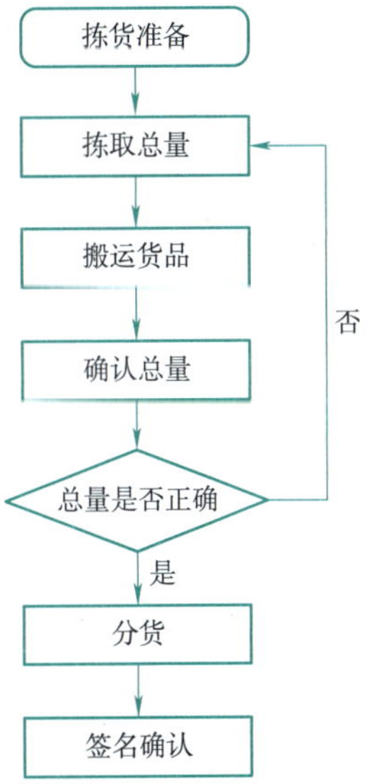	拣货准备	从组长或信息员处领取拣货单
	拣取总量	（1）拣货人员根据拣货表信息找到储位 （2）拿取货品，确认拿取的货品是拣货表上显示要拣的货品 （3）确认无误后，在拣货表上标记确认 （4）当储位上货品数量不足时，报告组长，由组长找保管员或信息员核对信息 （5）将拣出的货品靠边放置在托盘或其他搬运设备上
	搬运货品	搬运人员将货品搬运到分货区（播种区）
	分货	（1）唱单人员首先确认货品总量是否正确，若正确，则进行分货，若不正确，请重新去拣取总量 （2）分货时，唱单人员报出各门店要货数量，分货人员将货品逐一分配到对应门店托盘 （3）若因实物库存不足导致无法分配，请通知组长，由组长决定如何分配
	签名确认	（1）当一张拣货表拣货完成后，拣货员在其右下角签名 （2）拣货完毕，所有表单上交给组长或信息员

播种式拣货一般需要两人或更多人员来完成，即一个唱单人员或多个分单人员。播种式拣货由于一次拣取同一种商品的数量很大，所以一般直接到保管区拣取货品，如还有零散的，则到拆零区补充。

播种式拣货适合订单数量庞大、少样多量的订货。其优点是：

①缩短拣取时行走的距离，增加拣货效率。

②分货作业使拣货正确率提高。

播种式拣货的缺点是：

①分货增加了作业环节，需要另备额外的分货作业空间。

②多环节、多作业人员参与致使责任不明确。

（3）复合拣货法。复合拣货法是摘取拣货法和播种拣货法的混合运用。由 WMS 系统将客户订单进行分割，某些商品用摘取式，其余则用播种式，最后所有被拣选出的商品分别放在复核区。复合式拣货法能够大大提高拣货效率。

4. 拣货员需要掌握的技术

（1）了解商品的包装率，熟悉商品的摆放位置。

（2）会使用液压托盘车、笼车、物流箱等作业工具。

（3）使用电子标签拣货时，要求掌握相关设备的操作，如熟悉电子标签各按钮的作等。

三、配送岗位认知

（一）调度员岗位认知

1. 调度员概述

视频资源

配送岗位认知

调度员是物流中心储运部门作业人员，主要负责合理安排配送线路和配送车辆，以达到运力最优化。

调度员的岗位职责如下：

（1）优化配送线路，保证配送任务在按期完成的前提下实现最小的运力投入。

（2）合理安排配送车辆，保证配送工作的有序进行。

（3）及时了解配送任务的执行情况。

2. 配送线路的规划

（1）配送线路规划有以下目标：

①以路程最短为目标。

②以准确性最高为目标。

③以成本最低为目标。

④以效益最高为目标。

⑤以劳动消耗最低为目标。

（2）配送车辆调度有以下特点：

①计划性：划分配送区域。

②机动性：相邻区域微调。

③预防性：要留有备用车辆。

④权威性：车辆调度工作要高度集中统一。

（3）车辆调度遵循以下原则：

①宁打乱少数计划，不打乱多数计划。

②宁打乱局部计划，不打乱整体计划。

③宁打乱次要环节，不打乱主要环节。

④宁打乱短时计划，不打乱长时计划。

⑤宁打乱可缓配计划，不打乱急配计划。

⑥宁打乱整批配送计划，不打乱配装计划。

⑦宁使内部工作受影响，不使客户受影响。

（4）车辆调度一般采用“电脑辅助调度十人工微调”的方式。

①自营连锁企业物流：门店固定→固定线路→按线路排车→线路微调。

②第三方物流：客户不固定→根据历史数据划分区域→按区域排车→区域微调。

（5）调度员在安排线路时一般要考虑以下因素：

①收货方要求（时间、空间等）。

②路线允许通行的时间限制。

③运输工具载重的限制。

④配送中心的能力（运输和服务等）。

⑤自然因素的限制。

⑥其他不可抗力因素的限制。

（二）储运员

储运员是物流中心储运部门作业人员，主要负责将库内发出的货品准确安全地送达客户，并负责相关单据的交接。另外，还负责接收客户的返品，并将返品及相关单据正确地交回物流中心。

1. 储运员的岗位职责

（1）领取送货单据（送货单、送货验收差异单、退货单）。

（2）与复核员交接出库货品。

（3）指导搬运工按顺序装卸货品。

（4）与门店交接货品及单据。

（5）接收门店返品。

（6）回库交接返品。

（7）回单交接。

（8）热情解答门店的提问。

（9）协调解决其他配送过程中的突发问题（送错货品、客户拒收等）。

2. 储运员的工作流程

（1）点货上车。点货上车的工作流程见表 4-8。

表 4-8　点货上车的工作流程

流程图	工作步骤	工作说明
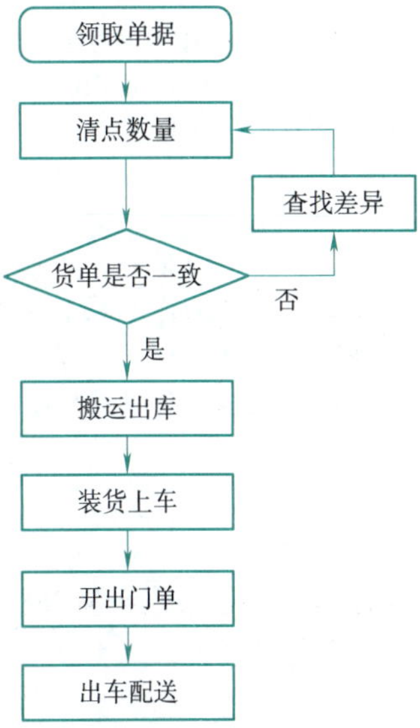	领取单据	储运员到储运主管处领取出库单据
	清点数量	储运员和复核员根据出库单据清点货品数量
	签名确认	数量无误后储运员和复核员都在出库单上签名
	搬运出库	搬运工将货品搬运到对应车辆的月台
	装货上车	储运人员指导搬运工逆序装货上车，先送的后装
	开出门单	储运主管开具出车单
	出车配送	领到出车单后出车配送

（2）出车。出车配送的工作流程见表 4-9。

表 4-9 出车配送的工作流程

流程图	工作步骤	工作说明
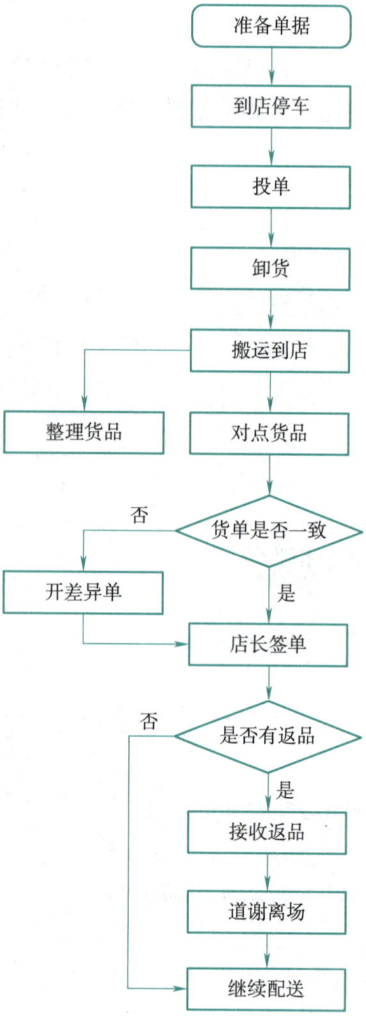	准备单据	车辆到门店前，储运人员准备好该门店的送货单据
	到店停车	（1）储运员协助车辆安全倒车，避免人员靠近 （2）车辆应停在方便卸货的适当位置
	投单	储运员将单据交给门店店长，准备卸货
	卸货	储运员及搬运工负责将商品从车上卸货，整件、散件分开堆放
	整理货品	储运员交接货品时，搬运工留守车内，保证货品安全，同时整理好下一家门店的货品
	对点货品	（1）储运员先与门店确认整箱数是否正确 （2）储运员与门店细点商品明细 （3）储运员负责报货品品项、数量，门店收货员负责单据数量确认（打“√”确认）
	差异处理	（1）发现无法解决的异常，司机当场电话报告主管 （2）开列收货验收差异单
	店长签单	清点无误后店长在出库单（三联）上签字确认，并留下其中一联，在出车单上签字和到店及离店时间
	接收返品	（1）如有返品，储运员须先确认是否符合公司回收规定（有退货计划），再与门店人员对点无误后签字 （2）储运员将返品及物流工具收回
	道谢离场	（1）储运员完成全部交货手续后，须向门店道谢致敬：“谢谢你们的协助” （2）开车离场前再次确认单据是否签收并带全

（3）返品收退原则。返品收退遵循以下原则：

①遵照供应商退仓要求（如要求退货商品包装完好，要求保质期 60% 以上，要求整件退等）。

②保质期：按退货单注明标准执行，没有标准则按照包装上的日期来算。

③包装破损不可退。包装破损是指包装开裂、破损或破碎。

（三）收退员岗位认知

1. 收退员的定义

收退员是物流中心储运部门作业人员，主要负责回单交接、系统录入、返品的收退、分类和整理。收退员的岗位职责如下：

（1）与储运员交接返品。

（2）整理回单。

（3）返品分类处理。

（4）良品交保管员入库。

（5）不良品处理。

（6）与供应商和门店联系。

2. 收退员的工作内容

（1）返品回库。收退员的工作流程见表 4-10。

（2）返品分类整理。收退员收到返品后，要区分退货的良品与不良品。

（3）良品入库。返品处理人员将良品整理好，准备入正常品库。具体的工作流程见表 4-11。

（4）不良品处理。不良品入返品库储位，并按照供应商分类整理好等待退货。具体的工作流程见表 4-12。

表 4-10　收退员工作流程

工作流程	工作步骤	工作说明
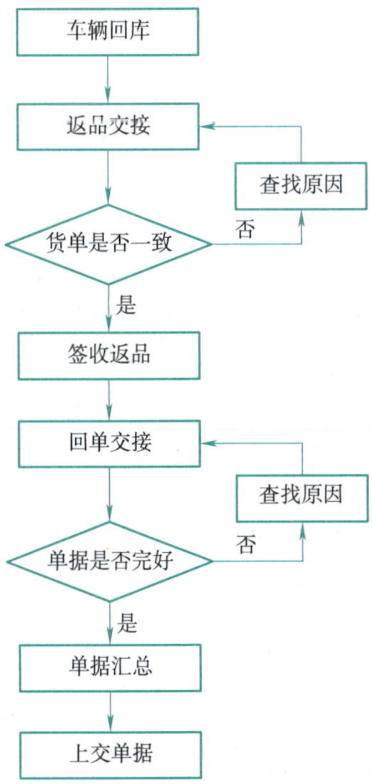	车辆回库	（1）送货完毕，车辆回到物流中心，储运员随车返回，并带回到货回执等相关表单 （2）司机将车停靠在指定月台，当日清理检验，填写行车记录表
	返品交接	（1）储运员根据退货单（或送货单）将返品交接给收退员 （2）收退员验收无误后在退货单上签字确认，如果货单不一致，则由收退员负责查找原因，如果是储运员的过失，则由储运员赔偿差异部分
	回单交接	（1）储运员将单据当面交给收退员 （2）收退员检查单据签名是否完整、回单张数是否准确 （3）如果单据张数和签收都完整，则可在回单登记表上登记确认，如有差异，则由收退员负责查找原因，酌情处理
	系统录入	收退员整理单据，并在当日将单据信息录入信息系统
	上交单据	收退员次日早晨将所有单据交给信息部留存

表 4-11　返品处理人员工作流程

流程图	工作步骤	工作说明
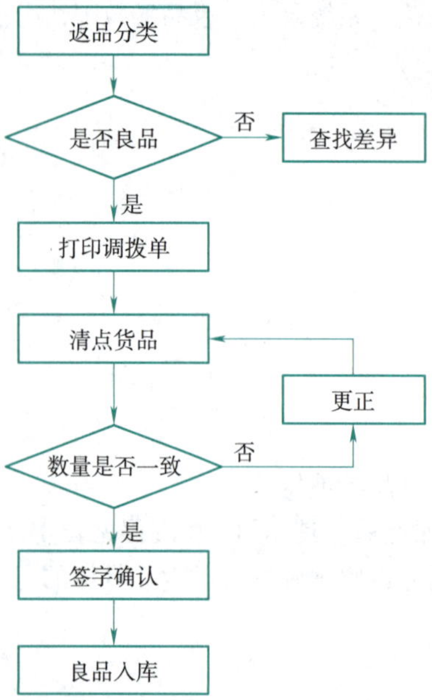	返品分类	收退员对返品进行分类，如是良品，则可进行良品入库准备
	打印调拨单	收退员请信息员打印良品调拨单
	清点货品	收退员和保管员对点调拨良品，如果发现不一致或不可退商品，则在调拨单对应商品后注明调回，双方签字确认，一联交给保管员，一联交由信息员做系统确认及单据存档
	签名确认	双方在调拨单上签名确认
	良品入库	保管员将良品入正常仓相应储位

表 4-12　不良品处理工作流程

流程图	工作步骤	工作说明
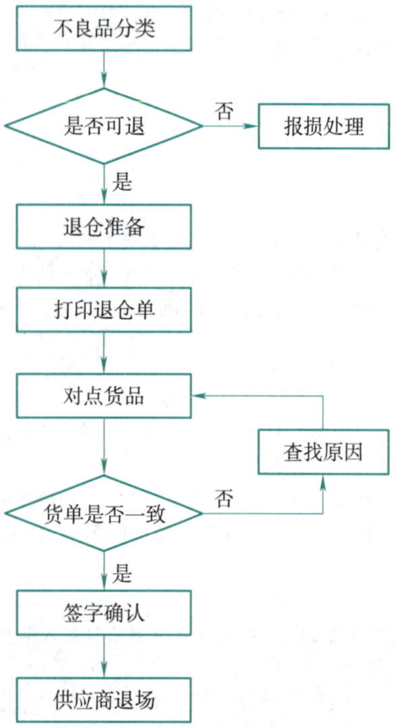	不良品分类	收退员对不良品进行分类，如可退仓，则进行退仓准备；如不可退仓，则填写损耗单，进行报损处理
	退仓准备	收退员告知供应商退仓需求，并在退仓日期前将应退返品整理完毕
	打印退仓单	收退员请信息员打印退仓单
	对点货品	收退员与供应商根据退仓单对点货品，如货单一致，则签字确认；如不一致，则在单据上做相应确认并查找原因，另行处理

第二节 物流职业道德

引导案例

第八届全国道德模范陈陆：忠诚奉献、勇当先锋

2020年7月22日，安徽省合肥市庐江县遭受暴雨侵袭，村民被洪水围困，情况十分危急。庐江县消防救援大队政治教导员陈陆，不顾个人安危，投入救灾一线，在营救受灾群众的过程中不幸落水，英勇牺牲，年仅36岁。

2021年11月，陈陆当选第八届全国道德模范，被应急管理部追授为“全国应急管理系统一级英雄模范”称号。

2020年7月18日至21日，合肥市庐江县普降暴雨，多条河流水位告急，不少村庄被淹。陈陆所在的庐江县消防救援大队闻讯而动，立刻投入到抗洪抢险之中。

7月22日8时30分许，庐江县石大圩漫堤决口，顷刻间，4个行政村、5.8 km^2面积被淹，6 500余人被洪水围困。得知情况的陈陆心头一紧。

大队长方锐劝他休息一下，陈陆没有丝毫犹豫，“这里情况我比较熟，让我去，我打头！”

正当救援人员在连河村搜救群众时，意外发生了。远处堤坝传来巨响，用来封堵决口的挖掘机突然被洪水冲走，堤坝两侧水位落差瞬时增大，形成了3 m高的“滚水坝”。“调头，快调头！”陈陆声嘶力竭，提醒后面的救援人员赶紧撤离，话音刚落，他的橡皮艇便被卷入洪水之中。经过40多个小时的搜救，陈陆的遗体在落水点下游2.3 km处被找到。

陈陆生命的最后几天里，辗转5个乡镇，奋战96 h，行程600余km，成功转移和救出被困群众2 665人。

事后，记者在合肥市消防救援大队提供的一张照片中看到，牺牲前，因为长时间在水中救援，陈陆的双膝已经极度肿胀，很难想象，是怎样的意志力，支撑着陈陆完成一趟又一趟的营救任务。

“他总是这样，不顾自身危险，冲锋在前。”陈陆的队友回忆，2008年汶川地震，陈陆连续10天在灾区一线参与救援；前几年一次抗洪救灾中，由于长时间奋战，陈陆突发急性心肌炎，被紧急送往医院救治后，才挽回生命。

在消防救援系统工作多年，陈陆先后在8个基层单位任职。2007年4月，陈陆到瑶海中队担任中队长，在他的带领下，不到两年，原本训练成绩全市倒数第三的瑶海中队，一举拿下了全市比武竞赛团体第一。

2015年，陈陆到庐江县消防大队任政治教导员，这一干就是5年。庐江县地处偏远，农业人口多，火灾易发。以前全县只有1个消防站，出警最远需要一个多小时的车程。到庐江县消防大队任职后，陈陆用两个月的时间跑遍全县18个乡镇，行程超过3 000 km，提出“新建+改建+合办”的队站建设思路，新建一个特勤站，改建两个小型站，合办5个派出所消防执勤点，极大地缓解了“远水解不了近渴”的消防困境。

近年来，庐江县民宿、度假旅游等服务业蓬勃发展，对消防行政许可的业务需求与日俱增。为进一步提升服务水平，陈陆推动实行“随时办、随地办、网上办、上门办、邮寄办”的“五办”便民机制，赢得社会各界认可。

（来源于：中国文明网）

思考：案例中全国道德模范陈陆的事迹给我们带来了深刻的启示，作为物流企业的员工，应该具备那些职业道德？

一、职业道德

（一）道德的含义

道德是一种由人们在实际生活中根据人们的需求而逐步形成的一种具有普遍约束力的行为规范，它具有良好的群众基础，往往流传较为广泛，形成共识。良好的职业道德是每一个员工都必须具备的基本品质，是企业对员工最基本的规范和要求。马克思主义认为，道德是一种社会意识形态，它是人们共同生活及其行为的准则和规范。不同的时代有不同的道德观念，没有任何一种道德是永恒不变的。

道德力量是国家发展、社会和谐、人民幸福的重要因素。公民道德重在养成，社会风尚重在培育。大力加强公民道德建设，培育文明风尚，广泛开展群众性精神文明创建活动，吸引广大群众广泛参与、自觉实践，必定能够使全体公民的道德素质提升到一个新的水平，逐步形成与社会主义市场经济体系相适应的社会主义价值观和道德体系，使古老的中华民族以新的道德风貌屹立在世界东方，为中国特色社会主义伟大事业增添新的光彩。

（二）职业道德

职业道德是指人们在职业生活中应遵循的基本道德，即一般社会道德在职业生活中的具体体现。职业道德是职业品德、职业纪律、专业胜任能力及职业责任等的总称，是人们在从事职业活动的过程中形成的一种内在的、非强制性的约束机制。职业道德是社会道德在职业活动中的具体化，是从业人员在职业活动中的行为标准和要求，而且是本行业对社会所承担的道德责任和义务。

（三）职业道德的作用

职业道德是社会道德体系的重要组成部分，它一方面具有社会道德的一般作用，另一方面又具有自身的特殊作用，具体表现：

1. 调节职业交往中从业人员内部以及从业人员与服务对象间的关系

职业道德的基本职能是调节职能。它一方面可以调节从业人员内部的关系，即运用职业道德规范约束职业内部人员的行为，促进职业内部人员的团结与合作，如职业道德规范要求各行各业的从业人员，都要团结、互助、爱岗、敬业、齐心协力地为发展本行业、本职业服务。另一方面，职业道德又可以调节从业人员和服务对象之间的关系，如职业道德规定了制造产品的工人要怎样对用户负责、营销人员怎样对顾客负责等。

2. 有助于维护和提高本行业的信誉

一个行业、一个企业的信誉，也就是它们的形象和信用，是指企业及其产品与服务在社会公众中的信任程度，提高企业的信誉主要靠产品的质量和服务质量，而从业人员职业道德水平高是产品质量和服务质量的有效保证。若从业人员职业道德水平不高，很难生产出优质的产品和提供优质的服务

3. 促进本行业的发展

行业、企业的发展有赖于高的社会效益和经济效益，而高的社会效益和经济效益源于高的员工素质。员工素质主要包含知识、能力、责任心三个方面，其中责任心是最重要的。而职业道德水平高的从业人员有责任心是必要的，因此，职业道德能促进本行业的发展。

4. 有助于提高全社会的道德水平

职业道德是整个社会道德的主要内容。职业道德一方面涉及每个从业者如何对待职业，如何对待工作，同时也是一个从业人员的生活态度、价值观念的表现；是一个人的道德意识、道德行为发展的成熟阶段，具有较强的稳定性和连续性。另一方面，职业道德也是一个职业集体，甚至一个行业全体人员的行为表现，如果每个行业、每个职业集体都具备优良的道德，对整个社会道德水平的提高肯定会发挥重要作用。

（四）职业道德的特点

视频资源

职业道德的特点

职业道德从属于社会的一般道德原则，但其作为道德生活的一个特殊领域，又有着自己的特点，包括职业性、实践性、规范性、继承性。

1. 职业性

职业道德的内容与职业实践活动紧密相连，鲜明地表达职业义务、职业责任及职业行为准则，反映特定职业活动对从业人员行为的道德要求。职业道德通常规范从业人员的职业行为，在特定的职业范围内发挥作用。

2. 实践性

职业行为过程就是职业实践过程，只有在实践的过程中，才能体现出职业道德的水平。职业道德的作用是调整职业关系，对从业人员职业活动的具体行为进行规范，解决现实生活中的具体道德冲突。

3. 规范性

规范性是指根据职业活动的具体要求，对人们在职业活动中的行为用条例、章程、守则、制度、公约等形式做出规定。

4. 继承性

在不同的社会经济发展阶段，同一种职业会因服务对象、服务手段、职业利益、职业责任和义务相对稳定，其职业行为道德要求的核心内容将被继承和发扬，从而形成被不同社会发展阶段普遍认同的职业道德规范。

二、职业道德基本规范

视频资源

职业道德基本规范

职业道德是各行业的劳动者在职业活动中必须共同遵守的基本行为准则，是判断人们职业行为优劣的具体标准，也是个人道德在职业生活中的反映。职业道德有五项基本规范，具体规定了各行各业都应共同遵守的职业道德。职业道德基本规范包括：爱岗敬业，忠诚守信，恪尽职守、公平正义以及团结协作。

（一）爱岗敬业

爱岗敬业是爱岗与敬业的总称。爱岗和敬业，互为前提，相互支持，相辅相成。“爱岗”是“敬业”的基石，“敬业”是“爱岗”的升华。每一份职业，每一个工作岗位，都是一个人赖以生存和发展的基础保障。同时，一个工作岗位的存在，往往也是人类社会存在和发展的需要。爱岗敬业是社会主义职业道德最基本的要求，是社会职业道德的基础和核心。爱岗敬业指的是忠于职守的职业精神，这是职业道德的基础。

爱岗就是热爱自己的工作岗位，热爱本职工作，敬业就是要用一种恭敬严肃的态度对待自己的工作。敬业的基本要求包括：一是要乐业，热爱工作，乐于奉献；二是要勤业，认真负责，刻苦勤奋；三是要精业，业务纯熟，精益求精。

爱岗敬业是一种传统美德，爱岗敬业体现着一种责任、一种追求，目的就是引导大家正确对待自己的职业，把爱岗敬业作为自己的人生追求，享受工作给自己带来的快乐和充实感，这样我们会更加珍惜自己的工作，抱着感恩、努力的态度，把工作做得尽善尽美，最终赢得大家的尊重和认可。

素质园地

快递小哥当选二十大代表，平凡岗位上成就不凡人生

二十大代表、快递小哥宋学文提到，做好每一件事，过好每一天，普通人也能在平凡的岗位上实现自己的人生价值，创造属于自己的辉煌。

“三百六十行，行行出状元”，求职者在就业时应树立正确择业观。2022 年我国有大学毕业生 1 076 万，同比增加 167 万。面对大基数的劳动力数量，根据春节后校招趋势报告显示，2022 年毕业生的简历增长了 223%，而职位量同比增幅却只有 21.2%，去向落实率只有 23.6%。在这个教育普及的时代，大学毕业生一部分人走向考研的赛道，力图铺好未来就业的道路，然而仍然还有大量等待上岗的毕业生，他们该何去何从？

“我堂堂一个大学毕业生，怎么可能去做那种工作？那这四年我岂不是白读了？”“好不容易考上的大学，读出来就应该穿着得体的西服坐在办公室，去端盘子送快递多丢面子……”有这样想法的毕业生不在少数，但事实却是 100 ∶ 1 的岗位竞争率与投出的几十份简历石沉大海。

而回看快递小哥宋学文，大专毕业后的他当过工人，干过个体，也做过物业主管，最终在平平无奇的快递小哥岗位上找到了正确的人生方向，实现了自己的人生价值。因此也不难看出，在择业阶段，比起他人眼中高大上的办公室职业，求职者更应该树立正确择业观，结合自身条件与现实情况，找到自己的最优解，而不是被所谓的“标准答案”所捆绑，执着于无意义的纠结挣扎。

努力才有收获，付出才有回报，工作中应做好每件小事。在宋学文成为快递员的十几年中，他始终坚持为客户服务，使命必达，无论刮风、下雨，他从不缺席，坚持送到、送完最后一个件，从业过程中配送的 30 万件包裹零差评。“30 万”的数字背后，是他数十年如一日的坚持，坚持做好工作中的每一件小事，坚持在平凡的岗位中找到属于自己的闪光点，坚持在生活中多学习多思考。也正是这些平平无奇的坚持，使他一点一滴的付出最终收获了让他自豪的回报。

伟大出自平凡，平凡造就伟大，做好的每一件事终将汇聚。从业十二年，宋学文从一个普通的快递员小哥，通过兢兢业业的认真工作，变成全国劳动模范，变成全国优秀共产党员，变成 2022 年北京冬残奥会火炬手，变成党的二十大代表。一步一个脚印，最终站在党和全国人民的面前，骄傲地说出“我是宋学文”。伟大从平凡而来，从平凡的快递小哥到骄傲的党代表，时代成就着不同寻常的人生，而这些人生也没有辜负时代，他真正做到了在平凡的岗位上实现人生价值。

（来源：根据相关网络资料整理）

（二）忠诚信守

忠诚信守是指真实诚信，实事求是，忠实于事物的本来面目，不歪曲、篡改事实，信守承诺，履行自己应承担的义务。在工作中，忠诚表现在维护企业利益，维护企业荣誉，保守企业秘密。

（三）恪尽职守

恪尽职守，即严守自己的职业或岗位，谨慎认真地做好本职工作。责任就是分内应做的

事，以及没有做好分内应做的事而应当承担的过失。

（四）公平正义

公平正义是人类文明的重要标志，是衡量一个国家或社会文明发展的标准。社会和谐、人际和睦，无疑以公平正义为重要条件。而公平正义的创造和维持离不开公共权威，离不开公共行政。如果以政府为核心的公共组织及其公共行政不能倡导公平正义、不能奉行公平正义、不能主持公平正义，国家和社会就不会有公平正义。公平是指按照一定的社会标准、正当的秩序合理地待人处事。公平包含公民参与经济、政治和社会其他生活的机会公平、过程公平和结果分配公平。公平的具体要求是坚持原则，不偏不倚，不计得失，无私无畏，追求真理，明辨是非。正义是具有公正性、合理性的观点、行为、活动、思想和制度等，彰显符合事实、规律、道理或某种公认标准的行为。正义包括社会正义、政治正义和法律正义等。公平正义是每一个现代社会孜孜以求的理想和目标，因此，许多国家都在尽可能加大公共服务和社会保障力度的同时，高度重视机会和过程的公平。构筑一个公平正义的社会，需要全社会进行长期努力，要提高全体公民的文化、道德、法制等方面的素质，使人们有渴求公平正义的意识、参与公平正义的能力和依法追求公平正义的行为。

（五）团结协作

团结协作是职业道德的基本规范之一。团结协作的要点是：人们在日常生活、学习和工作中，要互相支持、互相配合，顾全大局，明确工作任务和共同目标，在工作中尊重他人，虚心诚恳，积极主动协同他人搞好各项事务等。一个优秀的集体，它要具备如下几个优点：成绩优秀、心理健康、勤学文明、活泼向上、团结友善。其中最重要的，就是要团结。

三、物流行业职业道德标准

以上五项职业道德的基本规范，与物流行业的特点相结合，形成了具体的物流行业职业道德的标准，即：忠诚，敬业，责任，公正，合作。

（1）忠诚：真心诚意、尽心尽力，忠诚并不是从一而终，而是一种职业责任感，忠诚也不只是对某个公司或者某个人的忠诚，更是对职业的忠诚，主要表现在：维护企业的利益，维护企业的荣誉，保守企业的秘密。

（2）敬业：要乐业、要勤业、要精业。

（3）责任：分内应做的事，以及没有做好分内应做的事而应当承担的过失。

（4）公正：公平正义，没有偏私。具体要求包括坚持原则、不偏不倚、不计得失、无私无畏、追求真理、明辨是非。

（5）合作：团队协作，指人与人之间的关系中，为了实现共同的利益和目标，互相帮助，互相支持，彼此合作，共同发展的行为。

素质园地

中国女篮充盈的不止是现在，还有未来

2022年9月24日，中国女篮没能跨过强大的美国女篮，但没有人会选择责怪，这支中国女篮已经创造了新的历史，闯入女篮世界杯决赛的战绩已足够让球迷骄傲、国人自豪。

决赛结束哨音吹响后，中国女篮的姑娘们神色黯然，她们低垂着眼看着在球场中激情庆祝的美国人，心中多少有些不甘。虽说中国女篮已提前达成了冲击奖牌的目标，但真正到了决赛

场上，又有谁不渴望那最高荣誉呢？

赛场边，中国女篮主教练、59岁的郑薇指导和她的弟子们一一击掌致意，不知她的思绪有没有飞回28年前，想起她在决赛赛场上的飒爽英姿。

28年前的澳大利亚女篮世锦赛，郑薇身披12号球衣，和中国女篮走到了世界决赛的舞台；28年后，同样在澳大利亚，郑薇带着中国女篮的年轻一代，再次回到了这片属于她们的战场。虽然，两支中国女篮都没能赢下决赛，但当我们多年之后回忆起她们当初的故事时，我们都会称呼她们为“黄金一代”。

有趣的是，中国女篮两次闯进决赛，都是在半决赛淘汰了东道主澳大利亚。28年前的半决赛，郑海霞狂砍36分14篮板，帮助中国女篮一分险胜；28年后的半决赛，王思雨冷静的罚球让中国女篮两分涉险过关。和28年前的那支球队相比，如今的中国女篮没有郑海霞这样的世界级球星，但这支团结、勇敢、绝不认输的球队，被郑薇指导紧紧捏合在了一起，最终达到了前辈们的高度，写下了属于她们的历史。

如今中国女篮姑娘们要做的，就是向追求卓越的自己喝彩。面对这支“强到几乎无懈可击”的美国女篮，中国女篮没能创造奇迹。但这又有什么关系呢？

7年前，中国女篮在亚锦赛决赛中35分不敌日本队；6年前，中国女篮在里约奥运会小组赛出局，第10名的成绩是征战奥运的最差记录；5年前，中国女篮在亚洲杯半决赛中末节大比分领先的情况下被日本队逆转；一年前，中国女篮又在亚洲杯决赛输给了老对手日本女篮……是的，这些挫折并没有使中国女篮一蹶不振，这些失利并不妨碍中国女篮在28年后再次回到世界女篮的最高舞台。

更何况，如今这支中国女篮还有时间开创属于她们的时代。参加本届比赛的中国女篮队员平均年龄还不到26岁，李梦、杨力维、王思雨27岁，黄思静26岁、李月汝、韩旭23岁……她们都处于自己职业生涯的黄金年龄，中国女篮在本届比赛的出色表现并不只会是昙花一现。

更为重要的是，中国女篮用自己的出色表现将女篮的关注度提升到了一个新的层面。在悉尼，现场华人山呼海啸般的助威声把奥林匹克超级圆顶体育场几乎变成了中国队的主场；在北京、上海、广州，在中国大地的每一个角落，又有多少中国女孩视这支中国女篮为榜样，希望像她们一样为国争光？榜样的力量将会助力希望的种子成长，中国女篮充盈的不止是现在，更有未来。

感谢中国女篮，让球迷体会到了身为强队球迷的幸福；感谢这些无畏的姑娘们，让我们球迷看到我们的国家队可以在大赛上硬撼任何一支世界豪强。在追求卓越的道路上，中国女篮的将士们已然超越了自己，她们值得所有的赞誉。中国女篮是世界亚军，我们等你们凯旋。

（来源：羊城晚报）

第三节　物流职业礼仪

引导案例

小王面试

一次某公司招聘文秘人员，由于待遇优厚，应聘者很多。应届毕业生小王前往面试，他的背景材料齐全，十分符合要求。在校期间，成绩优异，文笔优秀，曾发表过多篇文章；英语表达流利，书法也堪称佳作。面试时，招聘官拿着他的材料等他进来。小王穿着T恤、牛仔裤，染着一头黄发，拖拉着脚步，径直走到座位上，不请自坐，随后翘起了二郎腿，笑眯眯地等着招聘官问话。招聘官看此情形，直接对小王说："王先生，请回去等通知吧。"他喜形于色道："好！"飞跑出门。

思考：小王能等到录用通知吗？为什么？假如你是小王，你打算如何准备此次面试？

一、礼仪

礼仪是"礼"和"仪"两个词组合起来的合成词，是在社会生活中约定俗成的，符合礼的要求，维护礼的精神，指导、协调人际关系的行为方式和活动形式的总和。礼仪的表现形式有礼节、礼貌、仪表、仪式、器物、服饰、标志、象征等。对一个人来说，礼仪是一个人的思想道德水平、文化修养、交际能力的外在表现，对一个社会来说，礼仪是一个国家社会文明程度、道德风尚和生活习惯的反映。重视、开展礼仪教育已成为道德实践的一个重要内容。

二、仪表

仪表是指人的容貌，是一个人精神面貌的外观体现。一个人的卫生习惯、服饰与形成和保持端庄、大方的仪表有着密切的关系。

物流作为服务行业，其从业人员在工作场合一般以工装示人。

工装设计的原则首先是有明确的针对性：针对不同行业，同一行业不同企业，同一企业不同岗位，同一岗位不同身份、性别等。针对性的设计不同点归纳为：什么人穿、穿用时间、穿用地点、为何穿、穿什么。

工装的审美性由服装的精神性这一共性决定。工作服因方便工作而制作。在审美性上的制作工艺尤为重要。

根据物流行业的特点，工装着装应遵循以下几点要求：

（1）按照公司规定，工作场合必须着工装。

（2）保持良好的个人卫生。

（3）工装口袋不放置过多私人物品。

（4）按规定扣好纽扣，拉好拉链，一般情况不得卷起衣袖和裤脚。

（5）着工装时要保持良好的精神风貌。

三、仪容

仪容，通常是指人的外观、外貌。其中的重点，则是指人的容貌。在人际交往中，每个人的仪容都会引起交往对象的特别关注，并将影响到对方对自己的整体评价。在个人的仪表问题之中，仪容是重点之中的重点。

仪容美的基本要素是貌美、发美、肌肤美，主要要求整洁干净。美好的仪容一定能让人感觉到其五官构成和谐；发质发型使其容光焕发，肌肤健美使其充满生命的活力，给人以健康自然、鲜明和谐、富有个性的印象。但每个人的仪容是天生的，长相如何不是最重要的。从心理学上讲，每一个人都应该接纳自己，接纳别人。

物流行业从业人员仪容管理的目的，是呈现一种"专业"状态，这种状态是中性的，无关美丑，无关性别，无关职级高低。具体要求如下：

整体：整齐清洁，自然，大方得体，精神奕奕，充满活力。

头发：头发整齐、清洁，不可染色，不得披头散发。女士长发应盘起或束起，男士不留怪异发型。

面貌：精神饱满，表情自然，不带个人情绪，女士不化浓妆，不用有浓烈气味的化妆品，不可用颜色夸张的口红、眼影、唇线。

手：不留长指甲，指甲长度以不超过手指头为标准，不涂鲜艳色彩指甲油。经常保持清洁，除手表外，不允许佩戴任何手饰。

衣服：合身、烫平、清洁、无油污，员工牌配戴于左胸，长衣袖、裤管不能卷起，夏装衬衣下摆须扎进裙内，佩戴项链，饰物不得露出制服外。

鞋：任何时候不光脚，不穿拖鞋，保持清洁，无破损，女士不穿过高高跟鞋。

身体：保持身体无异味，口腔清洁无异味。不得使用浓烈香味的香水。

四、物流行业行为规范

（一）基本姿势规范

视频资源

物流职业礼仪规范

1. 标准站姿

从正面观看，全身笔直，精神饱满，两眼正视，两肩平齐，两臂自然下垂，两脚跟并拢，两脚尖张开 60°，身体重心落于两腿正中；从侧面看，两眼平视，下颌微收，挺胸收腹，腰背挺直，整个身体庄重挺拔。男士双手贴裤缝，放于身体两侧；女士双手交叠于腹部，左手下右手上；男士双脚呈小八字；女士双脚呈小丁字。

2. 标准走姿

目视前方，确认行进方向；肩部放松，身体各部分动作协调；步幅适中，直线行进；双臂自然摆动，脚尖向前；身体重心平稳，略微前倾；引导时位于对方左前侧。

不雅的走姿如下：

（1）方向不定，忽左忽右。

（2）体位失当，摇头、晃肩、扭臀。

（3）扭来扭去的“外八字”步和“内八字”步。

（4）左顾右盼，重心后坐或前移。

（5）与多人走路时，或勾肩搭背，或奔跑蹦跳，或大声喊叫等。

（6）双手反背于背后。

（7）双手插入裤袋。

不受欢迎的走姿如下：

（1）横冲直撞、步伐过快过重。

（2）姿态消极，不抬脚蹭着地走，耷拉眼皮或低着头走。

（3）不守秩序，悍然抢行或阻挡道路。

（4）手插在口袋、双臂相抱、倒背双手等。

3. 标准手势

手势表现的含义非常丰富，表达的感情也非常微妙复杂。如招手致意、挥手告别、拍手称赞、拱手致谢、举手赞同、摆手拒绝；手抚是爱、手指是怒、手搂是亲、手捧是敬、手遮是羞，等等。手势的含义，或是发出信息，或是表达感情。能够恰当地运用手势表情达意，会为交际形象增辉。

标准手势有三种。

第一，指示手势，在指示方向时，标准手势需要做到：上身略微前倾15°，面带微笑，伸出右手，手掌向上，五指并拢，手肘部弯曲90°～120°，配合恰当的语言提示。

第二，递送手势，在递送包括名片在内的物品时，标准手势需要做到：起立递送，眼神交流面带微笑，双手递送，物品正面朝向对方，反面朝向自己，如递送物品有危险一面，则危险面朝自己。

第三，握手手势，双方各自伸出右手，彼此间保持一米左右的距离，手掌略向前下方伸直，右手四指并拢，拇指向上，掌心向左，手的高度大致与腰部平齐，手握住对方时，应面带微笑地注视对方，彼此应寒暄几句。工作中与人握手时，标准手势需要做到伸出右手掌心对掌心，虎口对虎口，握满手掌，用上一点力量，表达真诚与自信，摘掉帽子、墨镜、手套。不要三心二意，双眼要注视对方，避免手掌潮湿，避免两手包住对方右手，避免过于用力，握手时不要拍对方的臂膀。特别需要注意的是，男女士之间在社交场合中，男士只碰触女士指尖的握手方式，不适合用于工作场合。工作中，男女士之间握手仍然遵循如上原则。

4. 标准坐姿

（1）入座时，要轻而稳，走到座位前，转身，轻稳地坐下。女子入座时，如果是裙装，应用手将裙摆稍拢一下。

（2）面带笑容，双目平视，嘴唇微闭，微收下颌。

（3）双肩平正放松，两臂自然弯曲放在膝上，也可放在椅子或沙发扶手上。

（4）立腰、挺胸、上体自然挺直。

（5）双膝自然并拢，双腿正放或侧放。

（6）至少坐满椅子的2/3，脊背轻靠椅背。

（7）起立时，右脚向后收半步而后起立。

（8）谈话时，可以侧坐，此时上体与腿同时转向一侧。

（9）男士坐姿：双腿并拢，上身挺直坐正，两脚略向前伸，两手分别放在双膝上。

（10）女士坐姿：坐正，上身挺直，两腿并拢，两脚同时向左或向右放，两手叠放，置于左腿或右腿上。

（二）基本表情规范

1. 眼神

物流行业从业人员在与客户交流时眼神只能锁定在一定范围内，而不能随意上下打量对方全身。目光允许的范围在对方肩部以上，以头顶和两个肩膀为三个顶点，形成的三角区域俗称“大三角区域”，眼神与对方交互的可持续时间为3～5 s，一直盯着对方和不进行任何眼神交流都是不恰当的行为。眼神是有力量的，在服务的过程中，要善用眼神，也要用对方向。正视的眼神是庄重的；微笑正视传递友善、自信的信号；仰视代表在思考；俯视代表羞涩不自信；而斜视对方是不友好的，工作中尽量不要出现。

2. 微笑

微笑的状态能够传递正能量，帮助保持良好的外在形象，提高客户的满意度。但微笑不只是一个动作，而是一个状态，需要做到“三个结合”：结合眼睛的状态，你在微笑的时候，你的眼睛也要“微笑”，否则，给人的感觉是“皮笑肉不笑”；结合表达的状态，使用恰当的表达方式和语言，不能光笑不说；结合肢体的状态，如使用正确的手势，尊重对方的私人空间等。

微笑的状态下，提供专业亲切、真诚热情的服务，才是物流人服务的真谛。

五、客户服务礼仪

（一）上门服务礼仪

视频资源

客户服务礼仪

在物流行业中，尤其是物流的最后一公里，经常需要提供上门服务，它节省了客户的时间，提高了客户的物流效率，是一种新型的服务方式。

在服务中，需要遵守如下礼仪规范：

第一，按时到达。按时到达可以让他人对你有好感。而且按时到达是人与人交流最基本的规则之一，是对别人的尊重，也是对自己的一种尊重。

第二，上门时，着装要整洁规范，精神饱满。

第三，到达客户所在地，立于门侧，门铃响后静候：没有门铃时，敲门用中指，敲击 3 到 5 声后静候，敲门时不能拍打，不能用脚踢门，不能频繁敲门。

第四，按响门铃后报出公司名称和事由，声音要响亮，吐字要清晰。

第五，不经客户的邀请，不得随意进入客户家中。

第六，处理业务时，要专业、快速、高效，节省客户时间。

最后，业务处理结束后，确认无误，与客户道别，方可离开。

素质园地

菜鸟力推送货上门

送货上门，已经不再是京东和顺丰的专属服务了。

在 2022 菜鸟开放周上，菜鸟 CEO 表示，今年菜鸟将重点做好五件事，其中排在首位的就是送货上门。他承诺，接下来无论是自营的菜鸟直送，还是加盟式的菜鸟驿站，都会继续加大送货上门的力度。

菜鸟 CEO 的话并非空口无凭，而是早已投入了行动。近期有不少消费者都注意到，在淘宝下单的付款界面，多了一个“送货上门”的选项，并且不需要任何额外费用。

不得不说，推出实质性的送货上门，是菜鸟为提升服务迈出的关键一步。而在此之前，菜鸟也在送货上门方面做了诸多尝试，只是效果不佳，没有引起消费者的重视。2020 年，菜鸟搭建自营配送体系“菜鸟直送”，第一次有了自己的送货上门服务。不过当时菜鸟直送仅服务于天猫超市，属于类似外卖的同城零售配送，还没有广泛参与淘系零售的配送中去。 2021 年 4 月 14 日，菜鸟微信公众号发文《定了！》配文为“菜鸟驿站的淘宝天猫包裹北上杭可实现免费送货上门”，开始了真正意义上的送货上门。

然而，当消费者真正使用这项服务时，却发现与自己想象中的送货上门服务大不相同。原来，当时的送货上门并非由平台统一发起，而是由基层的各个菜鸟驿站各自负责的。消费者需要先在 App 上预约，住址附近的菜鸟驿站有闲置运力时才能有人送货上门。

简单来说，这种预约式的送货上门能不能成得靠运气，不是选了就能送的。这也是为什么即使普及了 200 多座城市，依然没引起消费者的反响。

于是，现在菜鸟在前两种方案的基础上，推出了更实在的“下单时可选送货上门”。据菜鸟介绍，这一新上门服务是由淘宝天猫、菜鸟一起出钱补贴。目前可选择送货上门的城市仅限于西安、杭州和嘉兴。

虽然只是试点运作，但至少体现出了菜鸟重视用户体验的态度。

（来源：根据相关网络资料整理）

（二）电话服务礼仪

在接听电话前要准备好记录工具，如果没有准备好记录工具，那么当对方需要留言时，就不得不要求对方稍等一下，这是很不礼貌的。

接听电话时要用问候语，要用“您好”不用“喂”。接下来报出企业名称、姓名、职务，比如：“我是 ×× 公司 ×× 部门的 ××，很高兴为您服务！”然后询问对方信息，如“请问您是哪位？”“有什么可以帮您？”

在接电话的过程中，详细记录通话内容，并注意调整语速和语气。认真仔细听完客户所讲内容后，再复述通话内容，向客户确认：“您说的就是这个事情，对吗？”整理记录后，向客户提出拟办意见，比如“我会在两个工作日内以邮件形式回复给您。”最后挂断电话时，要感谢客户的来电，并且由客户先挂电话。

电话服务中，应确保声音清楚，语速适中，线路通畅。在电话服务的过程中，具备良好的电话礼仪、解决问题的能力，以及良好的沟通能力，才能够为客户提供满意优质的服务。

（三）投诉接待步骤

物流行业经常会遇到客户投诉，接待投诉的一般会是特定的部门。如果投诉得到很好的接待和解决，客户对于企业的满意度会大幅上升，忠诚度也会更高，对企业的发展和行业的进步也有毋庸置疑的促进作用；反之，一旦投诉接待出现问题，一个不满意的客户背后有 100 位同样不满意的客户，这给企业带来的损失是不可估量的。

首先在接待投诉时，先要应对的是客户的情绪，然后才是解决方案，所以一定要有耐心，站在对方立场上思考，不要一味强调客观事实和公司制度。其次，要妥善接待投诉，记住“五个多一点”：耐心多一点，态度好一点，动作快一点，补偿多一点，层次高一点。具体可以遵循如下步骤：

（1）倾听，让客户发泄。不先了解客户的感觉就试图解决问题是难以奏效的，只有在客户发泄完后，他们才会听到你要说的话。

（2）充分道歉。让客户知道你已经了解了他的问题。

（3）收集信息。通过提问的方式，收集足够的信息，以便帮助客户解决问题。

（4）给出解决方法。在明确了客户的问题之后，下一步就是要解决问题，需要拿出一个双方均可接受的解决问题的方案，比如说“补偿性关照”。

（5）如果仍不满意，寻求他人协助。如果客户的要求超出你的权限范围，尽快移交有权限处理的部门和个人。

（6）跟踪服务。通过电话、电子邮件或信函，向客户了解解决方案是否有用、是否还有其他问题，如果你与客户联系后发现其对解决方案不满意，则要继续寻求一个更可行的解决方案。

客户服务工作是企业面向社会的窗口，每位从业人员的礼仪表现、个人形象都代表着企业在社会中的形象。从业人员要不断提高客户服务意识，提升客户服务礼仪，增强企业的竞争力。

素质园地

报价快递受损理赔难，服务亟待进一步规范

物流飞速发展，快递服务同质化程度越来越高的时代，好的物流快递服务备受消费者看

重。尤其是在寄送重要物品时，消费者往往已经有意识地去选择口碑较好的物流快递企业，并且主动为包裹进行保价。但实践中，同一快递企业的包裹却不因为保价或者非保价而在运输和派送过程中区别对待。在消费者看来，多花钱去保价的包裹应当获得更大的保障，原来只是个“美丽的误会”。当包裹出现丢失、损毁、调包、破损、漏件（少件）等问题时，快递企业理赔的关键点往往只落在认定包裹问题的责任归属上。由于在维权实践中，消费者往往无法对包裹出现问题的原因进行举证，因而陷入无法举证的不利局面。

消费者陈女士委托其弟弟在英国购买了一个LV皮包（价值约人民币1万元），随后其弟弟将皮包带回国，并通过快递寄送给广州的陈女士。由于皮包价值贵重，陈女士的弟弟亲自前往快递收件点交寄，并购买价值1万元的保价服务（保价费用50元）。包裹寄到广州后，快递员致电通知陈女士到大厦前台签收，恰逢陈女士正在接听一个重要电话，便让快递员稍等一下，同时告知这个包裹十分重要，必须亲自签收。几分钟后，陈女士前往大厦前台却发现快递员已经离开，包裹放在了前台。无奈，陈女士将包裹拿到办公室并立刻打开查验，竟发现里面的LV皮包的金属拉链受损，连接处撕裂，疑似被人强行拉扯所致。此时，距离快递员离开仅约15分钟，陈女士立刻致电快递企业客服反映情况，对方承诺4个小时内给予回复。过去24小时后，在陈女士焦急地催促下，快递企业的理赔专员给她答复了赔偿7 500元的方案。陈女士认为，其包裹是享受保价服务的，快递企业应当按照保价条款赔偿保价价值，于是陈女士进一步升级投诉。经过一个多月的周旋，快递企业将赔偿提高至8 500元。陈女士权衡后接受，当天就提供了支付宝账号、身份证号等资料给快递企业。谁料等待了十多天仍不见快递企业理赔，于是向消费者委员会求助。

本案中，由于陈女士的包裹没有当面签收，而且无法举证包裹物品的受损是由快递企业造成的，快递企业拒绝承担责任，这一度使得调解工作无法推进。为进一步了解包裹运输和派送的情况，以及详细调查保价快递业务的运作，消费者委员会约谈了多家快递企业，发现如下两个方面的问题：

（1）目前，尽管每一家快递企业的保价条款都有差别，但大体的理赔规则都是一致的。保价包裹物品价值、保价费用、赔偿规则等关键条款，都是由企业以格式条款的方式预先制定好，并以服务协议的方式“要求”寄件人确认同意才能进行投寄。消费者在交寄时只能默许签字，没有协商的话语权。事后要求理赔时，能不能赔、如何赔、赔多少都是快递企业说了算，消费者往往因没有当面验货签收、无法举证交寄物品的价值或者是不清楚保价条款等原因陷于被动。

（2）快递企业无法对包裹交寄到送达的全过程进行监控。实际上，包裹收寄后，快递企业是通过监控包裹到达中转点的情况来认定包裹状态是否正常。中转点之间的运输过程，以及派送点将包裹分派给快递员后，包裹的情况均不在监控范围内。由此可见，只要包裹的外包装没有明显异常，中转点之间均默认包裹正常。而对于快递员职业操守的监督，除了靠快递企业的“罚款”规则，就只有靠快递员的“自觉”了。

消费者委员会深入调查发现，陈女士的弟弟在交寄此包裹时，有监控录像证明包裹物品完好。且陈女士可以提供包裹物品的购物原始单据证明该LV皮包的价值。虽难以证明包裹物品的受损是由快递企业造成的，但快递企业无法否认，快递员没有让陈女士当面验收快递这一行为本身已属违规。因此，快递企业应当对此承担部分责任。针对保价快递受损理赔难的问题，消费者委员会呼吁：

针对消费者对快件丢失、损毁、调包、破损、漏件（少件）难于举证的问题，建议引入举证责任倒置原则，由快递企业对相关快件签收前状态是否完好进行举证，加重快递企业相关法律责任，倒逼快递企业提升对快件的妥善运输和保管义务的重视。当发生包裹物品损坏或丢失情况时，由于快递企业和消费者之间对物品价值和赔偿规则的相互不认可，极容易引发消费争议。《快递暂行条例》已有规定，“国家鼓励保险公司开发快件损失赔偿责任险种，鼓励经营快递业务的企业投保”，但该条例自2018年实施以来，未见有快递企业通过引入保险公司的方式来开展保价快递业务、降低引发相关消费争议的风险。建议相关职能部门进一步引导企业尽快引入第三方的保价业务，明确引入第三方（保险公司）的必要性，不断优化此项业务的健康发展。

（来源：中国质量新闻网）

第四节 物流服务意识

引导案例

顺丰积极完善服务死角，以优质投诉顺丰服务赢得用户信赖

得益于电子商务的快速发展和深度普及，快递行业在过去十年迎来了迅猛增长。当前，我国快递行业整体发展水平走在世界前列。不过由于快递行业本身的特点，再加上我国目前每年超过800亿以上的快递包裹数量，一些服务问题大量存在。常见的诸如物品的遗失和损坏、快件的延误以及工作人员服务态度不好和服务不到位等情况，都会给用户带来不良的服务体验，从而引起用户投诉。顺丰作为国内快递行业服务标杆，一直以来非常重视用户投诉问题，通过优质服务来确保用户在投诉顺丰过程中可以享受到良好体验，受到广大用户的认可和信赖。

一直以来，顺丰通过各种手段努力降低快递事故出现的概率以及绝对数量，同时不断提升工作人员的服务意识和工作能力。这些努力让顺丰的服务品质进一步提升，成为大多数消费者享受高品质快递服务的理想选择。尽管如此，顺丰依然会因为一些问题而面临用户的投诉。对于这些投诉，顺丰采用积极态度去看待，将其视为提升企业整体服务水平和行业竞争力的重要动力。正是在这种理念之下，建立起了非常完善和贴心的投诉顺丰服务。

顺丰优质的投诉服务，首先就是建立在畅通的投诉平台上。作为国内第一家建立专业人工客服的民营快递企业，顺丰目前在95338全国免费咨询热线、微信公众号以及官方网站上都设置了人工客服服务。这一服务的推出和不断完善，让用户在包括顺丰投诉在内的各种服务方面都能够得到贴心帮助。

用户如果需要投诉顺丰，只需要在这几个平台上联系人工客服，反映具体问题，就能够尽快获得受理。客服人员在接到用户投诉之后，会将投诉问题做好详细记录，然后转交给顺丰的投诉处理部门。工作人员会第一时间进行处理，如果有必要，在处理过程中还会和用户进行沟通，以便尽可能让用户获得满意的处理结果。

通过顺畅的沟通机制，尽可能让用户满意的投诉结果，顺丰打造了非常完善的投诉顺丰服务体系，进一步完善和提升了顺丰整体服务品质，进一步强化了企业的优质品牌形象。

（来源：根据相关网络资料整理）

思考：应如何提高服务意识？

一、自我认知与管理

一个人要认识自己，就要不断地认识自我，检点自我，进而管理好自己。

视频资源

自我认知与管理

（一）自我认知

自我认知指的是对自己的洞察和理解，包括自我观察和自我评价。自我观察是指对自己的感知、思维和意向等方面的觉察；自我评价是指对自己的想法、期望、行为及人格特征的判断与评估，这是自我调节的重要条件。

自我认知也叫自我意识，是个体对自己存在的觉察，包括对自己的行为和心理状态的认知。

1. 自我认知的重要性

自我认知的心理认知是一种比较高级的认知能力。对于一些人，也许终身也不具备这种自我的认知。而对于有些人，则能够超越这种心理认知。心理认知一般来说是一个无限的过程，因为心理活动本身是无限的，它会跟着个人经历和记忆以及思想和想象力不断地发展。因此，凡是出现和前一阶段或者时期不同的心理活动后，个体对自我的心理将会有一个总结和重新的调整。

我们每个人都有巨大的潜能，每个人都有自己独特的个性和长处。如果一个人不能正确的认识自我，看不到自我的优点，觉得处处不如别人，就会产生自卑感，丧失信心，做事畏缩不前；相反，如果一个人过高地估计自己，也会骄傲自大、盲目乐观，导致工作的失误。因此，恰当地认知自己能够克服这些不切实际的想法，还能够全面地认识自己，在生活中寻找到适合自己的位置。

2. 实现自我认知的步骤

（1）自我了解：通过自己的身体、能力、优缺点等方面来认识自己的生理情况、心理情况以及社会情况。

（2）他人评价：只从一个角度看一件事物是不够全面的，要吸收、听取他人对自己的评价，从多个角度分析自己是一个什么样的人。

（3）社会反馈：虽然他人评价与自我了解已经能够产生一个立体客观的自我认知，但是这个客观会伴随着个体的主观情绪在其中，所以是有一定的缺陷性。可以选择一个社会阶段与自己相当的人群对自己进行对比。

（4）反省总结：反思自己是认识自己的最后一步。可以通过以上三个方面认识自己，但对人格等方面还需要自己做一个总结，当我们已经对自己有了全面的认识，最后只需要做出总结，一个栩栩如生的自我就呈现出来了。

3. MBTI 职业性格测试

MBTI（Myers-Briggs type indicator，迈尔斯 - 布里格斯类型指标）职业性格测试是目前国际较为流行的职业人格评估工具，作为一种对个性的判断和分析，从纷繁复杂的个性特征中，归纳提炼出 4 个关键要素：动力、信息收集、决策方式、生活方式，进行分析判断，从而把不同个性的人区别开。

MBTI 人格共有四个维度，每个维度有两个方向，共计八个方面。

分别是外向（E）和内向（I），感觉（S）和直觉（N），思考（T）和情感（F），判断（J）和知觉（P）。将 MBTI 各种性格类型的主要特征分为以下两种类型：

（1）内倾型（见表 4-13）。

表 4-13 内倾型内容

类 型	内 容
ISTJ	安静、严肃，通过全面性和可靠性获得成功。实际，有责任感。决定有逻辑性，并一步步地朝着目标前进，不易分心。喜欢将工作、家庭和生活都安排得井井有条。重视传统和忠诚
ISFJ	安静、友好、有责任感和良知。坚定地致力于完成他们的义务。全面、勤勉、精确，忠诚、体贴，留心和记得他们重视的人的小细节，关心他人的感受。努力把工作和家庭环境营造得有序而温馨
INFJ	寻求思想、关系、物质等之间的意义和联系。希望了解什么能够激励人，对人有很强的洞察力。有责任心，坚持自己的价值观。对于怎样更好地服务大众有清晰的远景。在目标的实现过程中有计划而且果断坚定
INTJ	在实现自己的想法和达成自己的目标时有创新的想法和非凡的动力。能很快洞察到外界事物间的规律并形成长期的远景计划。一旦决定做一件事就会开始规划并直到完成为止。多疑、独立，对于自己和他人能力和表现的要求都非常高
ISTP	灵活、忍耐力强，是个安静的观察者，一旦有问题发生，就会马上行动，找到实用的解决方法。分析事物运作的原理，能从大量的信息中很快找到关键的症结所在。对于原因和结果感兴趣，用逻辑的方式处理问题，重视效率
ISFP	安静、友好、敏感、和善，享受当前，喜欢有自己的空间，喜欢能按照自己的时间表工作。对于自己的价值观和自己觉得重要的人非常忠诚，有责任心。不喜欢争论和冲突。不会将自己的观念和价值观强加到别人身上
INFP	理想主义，对于自己的价值观和自己觉得重要的人非常忠诚。希望外部的生活和自己内心的价值观是统一的。好奇心重，很快能看到事情的可能性，能成为实现想法的催化剂。寻求理解别人和帮助他们实现潜能。适应力强，灵活，善于接受，除非是有悖于自己的价值观的
INTP	对于自己感兴趣的任何事物都寻求找到合理的解释。喜欢理论性的和抽象的事物，热衷于思考而非社交活动。安静、内向、灵活、适应力强。对于自己感兴趣的领域有超凡的集中精力深度解决问题的能力。多疑，有时会有点挑剔，喜欢分析

（2）外倾型（见表 4-14）。

表 4-14 外倾型内容

类 型	内 容
ESTP	灵活、忍耐力强，实际，注重结果。觉得理论和抽象的解释非常无趣。喜欢积极地采取行动解决问题。注重当前，自然不做作，享受和他人在一起的时刻。喜欢物质享受和时尚。学习新事物最有效的方式是通过亲身感受和练习
ESFP	外向、友好、接受力强。热爱生活和物质上的享受。喜欢和别人一起将事情做成功。在工作中讲究常识和实用性，并使工作显得有趣。灵活、自然不做作，对于新的任何事物都能很快地适应。学习新事物最有效的方式是和他人一起尝试
ENFP	热情洋溢、富有想象力。认为人生有很多的可能性。能很快地将事情和信息联系起来，然后很自信地根据自己的判断解决问题。总是需要得到别人的认可，也总是准备着给与他人赏识和帮助。灵活、自然不做作，有很强的即兴发挥的能力，言语流畅
ENTP	反应快、睿智，有激励别人的能力，警觉性强、直言不讳。在解决新的、具有挑战性的问题时机智而有策略。善于找出理论上的可能性，然后再用战略的眼光分析。善于理解别人。不喜欢例行公事，很少会用相同的方法做相同的事情，倾向于一个接一个的发展新的爱好

续表

类　型	内　容
ESTJ	实际、现实主义。果断，一旦下决心就会马上行动。善于将项目和人组织起来将事情完成，并尽可能用最有效率的方法得到结果。注重日常的细节。有一套非常清晰的逻辑标准，有系统性地遵循，并希望他人也同样遵循。在实施计划时强而有力
ESFJ	热心肠、有责任心、合作。希望周边的环境温馨而和谐，并为此果断地执行。喜欢和他人一起精确并及时地完成任务。事无巨细都会保持忠诚。能体察到他人在日常生活中的所需并竭尽全力帮助。希望自己和自己的所为能受到他人的认可和赏识
ENFJ	热情、为他人着想、易感应、有责任心。非常注重他人的感情、需求和动机。善于发现他人的潜能，并希望能帮助他们实现。能成为个人或群体成长和进步的催化剂。忠诚，对于赞扬和批评都会积极地回应。友善、好社交。在团体中能很好地帮助他人，并有鼓舞他人的领导能力
ENTJ	坦诚、果断，有天生的领导能力。能很快看到公司 / 组织程序和政策中的不合理性和低效能性，发展并实施有效和全面的系统来解决问题。善于做长期的计划和目标的设定。通常见多识广，博览群书，喜欢拓广自己的知识面并将此分享给他人。在陈述自己的想法时非常强而有力

4. 霍兰德职业兴趣测试

霍兰德职业兴趣测试是由美国职业指导专家霍兰德根据他本人大量的职业咨询经验及其职业类型理论编制的测试工具。霍兰德认为，个人职业兴趣特性与职业之间应有一种内在的对应关系。根据兴趣的不同，人格可分为社会型、企业型、常规型、实际型、调研型和艺术型六个维度，每个人的性格都是这六个维度的不同程度的组合。

（1）社会型（S）：喜欢与人交往，不断结交新的朋友，善言谈，愿意教导别人。关心社会问题、渴望发挥自己的社会作用。寻求广泛的人际关系，比较看重社会义务和社会道德。

（2）企业型（E）：追求权力、权威和物质财富，具有领导才能。喜欢竞争，敢冒风险，有野心、抱负。为人务实，习惯以利益得失、权力、地位、金钱等来衡量做事的价值，做事有较强的目的性。

（3）常规型（C）：尊重权威和规章制度，喜欢按计划办事，细心、有条理，习惯接受他人的指挥和领导，自己不谋求领导职务。喜欢关注实际和细节情况，通常较为谨慎和保守，缺乏创造性，不喜欢冒险和竞争，富有自我牺牲精神。

（4）实际型（R）：愿意使用工具从事操作性工作，动手能力强，做事手脚灵活，动作协调。偏好于具体任务，不善言辞，做事保守，较为谦虚。缺乏社交能力，通常喜欢独立做事。

（5）调研型（I）：思想家而非实干家，抽象思维能力强，求知欲强，肯动脑，善思考，不愿动手。喜欢独立的和富有创造性的工作。知识渊博，有学识才能，不善于领导他人。考虑问题理性，做事喜欢精确，喜欢逻辑分析和推理，不断探讨未知的领域。

（6）艺术型（A）：有创造力，乐于创造新颖、与众不同的成果，渴望表现自己的个性，实现自身的价值。做事理想化，追求完美，不重实际。具有一定的艺术才能和个性。善于表达、怀旧、心态较为复杂。

（二）自我管理

自我管理可以视为与自我的关系管理，就是指个体对自己本身，对自己的目标、思想、心理和行为等表现进行的管理，自己把自己组织起来，自己管理自己，自己约束自己，自己激励自己，自己管理自己的事务，最终实现自我奋斗目标的一个过程。自我管理又称为自我控制。是指利用个人内在力量改变行为的策略，普遍运用在减少不良行为与增加好的行为的出现上。

自我管理注重的是一个人的自我教导及约束的力量，亦即行为的制约是透过内控的力量（就是自己），而非传统的外控力量（比如说老师、家长）。现代管理学之父，彼得·德鲁克曾说过，在知识经济中，成功属于那些善于自我管理的人。

素质园地

管理学之父彼得·德鲁克：如何进行自我管理

彼得·德鲁克，管理学科开创者，被尊为“大师中的大师”“现代管理学之父”，他的思想传播、影响了130多个国家；他称自己是“社会生态学家”，他对社会学和经济学的影响深远，他的著作架起了从工业时代到知识时代的桥梁。

知识工作者必须成为自己的CEO，要干出好成绩，不仅仅是需要清楚自己的优缺点，也要知道怎么学习新知识，如何与别人相处，以及自己的价值观和擅长点。

我们很少会像父辈一样20多岁开始工作，用一门手艺在一家公司待到终老。这就意味着我们必须投资自己的未来，以确保下半生能持续的获得良好的收益。

下面几个问题可以问问自己的真实答案是什么。

问题1：我的长处是什么？

一个人要有所作为，需要发挥自己的长处。知识工作者必须去知道自己擅长的地方。

发现长处的方法是回馈分析法（feedback analysis）：

✧ 做出重要决定的时候，记录下来自己对结果的预期。

✧ 一年左右拿出来结果和自己的预期比较。

找到符合自己预期的事情后，可以采取如下行动：

✧ 专注长处，把自己放在发挥长处的地方。

✧ 加强长处，不断投入。

✧ 发现任何由于恃才傲物造成的偏见和无知，并加以克服。

✧ 纠正不良习惯，避免影响工作成效和表现的事情。

把预期和实际结果做比较，发现自己不能做什么。这其中第三、四条值得仔细思考，因为即使找到了自己的长处并不断投入，但是由于自傲和不良习惯，终究会停在某处。

问题2：我的工作方式是怎样的？

对知识工作者来说，我如何工作比我的长处更加重要。因为这是知识工作者的生产工具，如果一直用不习惯的方式，最终会导致效率低下，无法发挥出来自己的优势。

吸收：读者（阅读信息）vs 听者（听取信息）—— 信息的吸收方式。

学习：写作 vs 讲话 —— 信息的处理。

合作：单干 vs 协作 —— 团队的配合。

成果：决策 vs 顾问 —— 能否承担压力，对可预测性的追求。

不要试图改变自我，但可以改变工作方式，避免从事自己干不好的工作。也不需要总是听信别人的建议。

问题3：我的价值观是什么？

对道德的“镜子测试”：我每天在镜子里想要看到一个什么样的人？个人习惯和长处很少冲突，但是价值观和长处倒是会经常冲突。

为了在组织中取得成效，个人价值观必须与组织相容。所以许多时候感到痛苦，并不是自己能力不行，而是价值观产生了冲突。但作为非组织的缔造者，大概率只有你迁就环境，少数非创始人（且拥有足够高的权限），才有能力改变整个组织的文化。

价值观是并且应该是最终的试金石。

问题 4：我属于何处？

通过回答上述三个问题（擅长、工作方式、价值观），然后能决定自己去往何处，或者决定自己不属于何处。

知道答案，就能更坦然地接受机会、邀请、任务，或者拒绝。知道自己属于何处，就能使一个普通人变成出类拔萃的人。

因为会在自己的能力圈内不断的精深，又不会因为欲望去做一些超过自己能力范围的事情，口碑也能不断地积累。当你发现你和当前所在的环境有剧烈的冲突时，别害怕之前投入的沉没成本，就像一笔不正确的投资，立即停下才是最好的止损之道。

问题 5：我该做出什么贡献？

多数人不需要回答这个问题，因为他的贡献都是由别人告知的，比如所有工作都是上级安排，或者听命于家庭的建议。另一种是完全不听任何人的建议自行其是。这两种极端观点都是不可取的。

思考贡献的时候，需要思考三个不同因素：

✧ 当前形势的要求是什么？

✧ 鉴于我的长处、工作方式及价值观，我怎样才能对需要完成的任务做出最大贡献？

✧ 必须取得什么结果才能产生重要影响？

一项计划超过 18 个月，就很难做到明确具体。所以可以进一步将问题细化为：我在哪些方面能在今后一年半取得效果？如何取得这样的效果？有几个前提条件：

✧ 结果应该是有一定挑战性的。

✧ 结果应该是富有意义的，能够产生一定影响。

✧ 结果明显可见，还能衡量。

一旦确定了目标，接下来就非常明确：做什么、何处着手、如何开始、目标是什么、多长时间完成。

自我管理能力是一个高效能人士必备的基本能力，作为当代大学生，我们应该不断提升自我管理的能力，掌握自我管理的方法，不断完善自己，在成功的道路上不断前行。

（来源：根据相关网络资料整理）

二、时间管理

（一）时间管理的含义

视频资源

时间管理

时间管理是指通过事先规划和运用一定的技巧、方法与工具实现对时间的灵活以及有效运用，从而实现个人或组织的既定目标的过程。

时间管理的研究已有相当历史，时间管理理论可分为四代。

（1）第一代的理论着重利用便条与备忘录，在忙碌中调配时间与精力。

（2）第二代强调行事历与日程表，反映出时间管理已注意到规划未来的重要。

（3）第三代是正流行、讲求优先顺序的观念。也就是依据轻重缓急设定短、中、长期目标，再逐日制订实现目标的计划，将有限的时间、精力加以分配，争取最高的效率。这种做法有它可取的地方。但也有人发现，过分强调效率，把时间崩得死死的，反而会产生反效果，使人失去增进感情、满足个人需要以及享受意外之喜的机会。于是许多人放弃这种过于死板拘束的时间管理法，回到前两代的做法，以维护生活的品质。

（4）第四代的理论出现。与以往截然不同之处在于，它根本否定“时间管理”这个名词，主张关键不在于时间管理，而在于个人管理。与其着重于时间与事务的安排，不如把重心放在维持产出与产能的平衡上。

进行时间管理，应该涉及人的八大领域，而不仅是某一两个领域。这八个领域是：健康自我管理技能、工作自我管理技能、心智自我管理技能、人际关系自我管理技能、理财自我管理技能、家庭自我管理技能、心灵思考自我管理技能、休闲自我管理技能。时间管理无效的原因主要有无目标计划、做事拖延、环境干扰、揽事太多、压力太大和疲劳过度等。

素质园地

做好时间管理，提升工作效率

小李下午在公司做运输月度总结 PPT 的时候，领导通知说：“大伙儿开会研究一下运输费用的问题。”小李看一下 PPT，觉得可以开过会再继续做，就先去开会了。可是等开完会之后，再度打开 PPT，就一直在回忆：PPT 刚才做到哪里了？

刚想到一半，这个时候领导打电话交代小李工作，说：“小李，给我准备几份公司的运输费用报表的复印件。”小李赶紧就跑去复印机那里给领导复印运输费用报表的资料。

忙乎一下午，一直到下班的时候，运输月度总结的 PPT 还没有做完。小李只好等下班之后加班继续做 PPT。

通过此案例可见，时间管理对于工作效率的提升起着重要的作用。

（二）时间管理的方法

高效时间管理的方法有四个：确立目标、制定计划；六点优先工作制；二八定律；消除压力。

1. 确立目标，制定计划

目标是对活动预期结果的主观设想，是在头脑中形成的一种主观意识形态，也是活动的预期目的，为活动指明方向。具有维系组织各个方面关系、构成系统组织方向核心的作用。

99% 管理活动的失败都与事先没有制定目标、计划，或目标计划错误有关。正确的目标必须符合实际，并经深思熟虑，正确目标必须明确而具体。目标还可以分为近期、中期以及远期目标。

2. 六点优先工作制

该方法是效率大师艾维利在向美国一家钢铁公司提供咨询时提出的，它使这家公司用了 5 年的时间，从濒临破产一跃成为当时全美最大的私营钢铁企业，艾维利因此获得了 2.5 万美元咨询费，故管理界将该方法喻为“价值 2.5 万美元的时间管理方法”。

这一方法要求把每天所要做的事情按重要性排序，分别从“1”到“6”标出 6 件最重要的事情。每天一开始，先全力以赴做好标号为“1”的事情，直到它被完成或被完全准备好，然后再全力以赴地做标号为“2”的事，依此类推。

艾维利认为，一般情况下，如果一个人每天都能全力以赴地完成 6 件最重要的大事，那么他一定是一位高效率人士。

3. 二八定律

二八定律，是 20 世纪初意大利统计学家、经济学家维尔弗雷多·帕累托提出的，他指出：在任何特定群体中，重要的因子通常只占少数，而不重要的因子则占多数，因此只要能控制具有重要性的少数因子即能控制全局。这个原理经过多年的演化，已变成当今管理学界所熟知的二八法则，即 80% 的公司利润来自 20% 的重要客户，其余 20% 的利润则来自 80% 的普通客户。

二八定律不仅在经济学、管理学领域应用广泛，它对我们的自身发展也有重要的现实意义：学会避免将时间和精力花费在琐事上，要学会抓主要矛盾。

一个人的时间和精力都是非常有限的，要想真正"做好每一件事情"几乎是不可能的，要学会合理地分配时间和精力。要想面面俱到还不如重点突破。把 80% 的资源花在能出关键效益的 20% 的方面，这 20% 的方面又能带动其余 80% 的发展。

4. 消除压力

我们对压力这一概念并不陌生。它们看不见摸不着，却又让人真切地感觉到它无处不在。如果压力过大或者持续时间过长，就会引发一系列的问题。那么，如何消除压力呢？这里介绍连续分段时间管理法，又称莫法特休息法，简单地说就是先区别各种工作时间的性质，纳入"连续－分段－连续－分段"的组合公式进行处理。如此便能充分利用间隔或空档的时段，创造出更多可供利用的时间。莫法特休息法可以达到很好地调节压力的作用。比如，我们平时可以把紧张的研究、学习与体育锻炼交互进行。当我们集中精力研究问题感到疲劳时，可以放下手头的工作，到户外散散步，打打太极拳，或到公园慢跑半小时。经常进行这些户外有氧运动，不仅可以增强我们的体质，而且对提高工作效率也大有好处。

莫法特休息法的重要意义：经常使工作充满新鲜感。每隔一段时间，我们应该改变一下工作环境和工作方式，让不同的新鲜信息刺激大脑，使大脑的兴奋中心不停地转移，从而避免某一区域长时间兴奋而过于疲劳，导致大脑认识问题、分析和处理问题迟钝。

三、沟通技巧

（一）沟通的含义

视频资源

沟通技巧

沟通是人们分享信息、思想和情感的过程。沟通不仅包含口头语言和书面语言，也包含形体语言、个人的习气和方式、物质环境等赋予信息含义的任何方式。

可以从三个方面理解沟通：

（1）沟通是双方的行为，必须有信息的发送者和接收者。其中，双方既可以是个人，也可以是群体或组织。

（2）沟通是一个传递和理解的过程。如果信息没有被传递到对方，则意味着沟通没有发生。而信息在被传递之后还应该被理解。一般来说，信息经过传递之后，接收者感知到的信息与发送者发出的信息完全一致时，才是一个有效的沟通过程。

（3）沟通要有信息内容，并且这种信息内容不像有形物品一样由发送者直接传递给接收者。在沟通过程中，信息的传递是通过一些符号来实现的，例如，语言、身体动作和表情等，这些符号经过传递，往往都附加了发送者和接收者一定的态度、思想和情感。

（二）沟通的作用

沟通不仅与人们的日常生活密切相关，也体现在不同的管理职能方面，如计划的制订与安排、部门之间的协调、人与人之间的交往，以及领导者与下属的联络、控制中的纠偏矫正工作、企业间的交流等。沟通是领导者的重要工作之一。随着管理层次的递增，管理者用于沟通上的时间也就随之增加。研究表明，一个基层管理人员工作时间的 20%～50% 用于沟通；而中、高层管理人员工作时间的 66%～87% 用于进行不同形式的沟通。

沟通主要有以下作用：

（1）沟通是实现组织目标的重要手段。对信息的收集、处理、传递和使用是科学决策的前提，有效的沟通会使管理决策更加合理有效。没有沟通，群体的活动就无法进行，管理者通过与下属沟通、下达指令、相互交流、统一思想，使员工了解和明确自己的工作任务，将抽象的组织目标转化为组织中每个成员的具体行动，以保证目标的实现。

（2）沟通是组织中各个部门、各成员之间密切配合与协调的重要途径。由于现代组织是建立在职能分工基础上的，不易配合与协调。通过有效的沟通，可以加强组织内各部门间的相互了解与协作配合，保证整个组织体系的统一指挥、统一行动，实现高效率的管理。

（3）沟通是领导者激励下属的有效途径。沟通不仅能增进员工彼此间的了解，促进彼此之间的合作，改善人与人之间的关系，也是最大限度地调动员工积极性的一种方式。管理者与员工的定期沟通会提高员工的满意度，降低员工的缺勤率和流动率，从而提高工作效果。

（4）沟通是组织与外部环境建立联系的桥梁。组织存在于社会大环境中，必然要面对政府、公众、竞争者等各类群体，有效的沟通能够为组织与这些外部环境创建合作的平台，帮助组织与外部群体构建良好的关系，为生存和发展创造良好的氛围，否则就会面临危局。

（三）沟通的模式

沟通的模式包括语言沟通和肢体语言沟通。语言更擅长沟通的是信息，肢体语言更善于沟通的是人与人之间的思想和情感。

1. 语言沟通

语言是人类特有的一种非常好的、有效的沟通方式。语言的沟通包括口头语言、书面语言、图片或者图形。口头语言包括我们面对面的谈话、开会等。书面语言包括信函、广告和传真，甚至用得很多的 E-mail 等。图片包括一些幻灯片等，这些都统称为语言的沟通。

2. 肢体语言的沟通

肢体语言包含的内容非常丰富，包括人们的动作、表情、眼神。实际上，在声音里也包含着非常丰富的肢体语言。

沟通的方式多种多样，但是按照不同的分类标准，有不同的分类结果。常见的分类方式如下：

- 正式沟通和非正式沟通。
- 垂直沟通和平行沟通。
- 单向沟通和双向沟通。
- 语言沟通和非语言沟通。
- 书面沟通和口头沟通。
- 对内沟通和对外沟通。
- 单独沟通和集体沟通。

（四）沟通的障碍

沟通是一个复杂的过程，发送者将信息进行编码，通过某种通道，把信息发送给接收者，接收者进行解码，再将理解的信息反馈给发送者。

在这个过程中，常常会受到各种因素的影响和干扰，使沟通受到阻碍。沟通障碍主要来自三个方面：发送者，接收者，以及沟通渠道。发送者障碍主要表现在表达能力不佳、信息传送不全、信息传递不及时或不适时、知识经验的局限以及对信息的过滤。接收者的障碍主要表现在信息译码不准确、对信息的筛选、对信息的接收能力、心理上的障碍、过早地评价及情绪。沟通渠道障碍主要有选择沟通媒介不当、几个媒介相互冲突、渠道过长及外部干扰。

从沟通障碍可以看出，沟通的技巧在工作和生活中的重要性。沟通的技巧是指人利用文字、语言、肢体语言与等手段与他人进行交流使用的技巧。沟通技巧涉及许多方面，如简化运用语言、积极倾听、重视反馈、控制情绪等。虽然拥有沟通技巧并不意味着成为一个有效的管理者，但缺乏沟通技能却会使管理者遇到许多麻烦和障碍。因此我们在沟通的时候，应注意以下几点：

1. 明确目标与对象

沟通的目标决定沟通的具体内容、沟通渠道与方式方法，整个沟通过程都要按目标要求来设定。在沟通前，应利用多条渠道，尽可能多地了解沟通对象多方面的情况，然后，有针对性地进行沟通，其次，要尽可能地多了解沟通对象的各方面情况，比如对方的背景、爱好、个性等。

2. 理性沟通

沟通时应采取积极合作的态度，按既定方针处理，发现变化及时沟通，当自己的提议被别人反对、不愿意接受别人的提议时，应有条件地让步。在沟通的过程中，我们要文明礼貌，注意沟通时的礼仪，双方要以积极的、开放的心态坦诚相待，用恰当的方法展示自己的真实想法，才能消除彼此间的隔阂，取得良好的沟通效果。

3. 懂得倾听

沟通过程中不仅要懂得如何去说，也要懂得如何去倾听。倾听不是简单地用耳朵来听，它也是一门艺术。倾听不仅仅是要用耳朵听说话者的言辞，还需要全身心地去感受对方谈话过程中表达的言语信息和非言语信息。狭义的倾听是指凭借听觉器官接收言语信息，进而通过思维活动达到认知、理解的全过程；广义的倾听包括文字交流等方式。其主体者是听者，而倾诉的主体者是诉说者，两者有排解矛盾或者宣泄感情等优点。

倾听是有效沟通的关键环节，善于倾听是良好沟通的前提。在倾听时应注意以下几点：

（1）少讲多听，不轻易打断对方。随意打断别人的说话，是有失礼貌的行为。因此，我们在沟通时，不要用不相关的话题，或者无意义的评论打断对方的说话。

（2）设法使交流轻松，使对方感到舒畅，消除紧张感，能充分表达己的观点。在这一点上，我们要不断提高自己的语言表达能力，在交谈的时候，注意语言的针对性和趣味性。

（3）注意听，要听得投入，这时候，我们不仅要用耳朵去听，还要用身体去听，用身体的动作作出反馈，比如说用目光接触表示我听得很投入，或者用展现赞许性的点头表示自己在倾听。

（4）尽可能排除外界的干扰，避免做出使对方分心的举动或手势。

（5）站在对方的立场上考虑问题，心怀同理，学会换位思考。我们要了解对方的具体情况，根据对方的具体情况来确定自己的表达方式和用语等。

（6）不随便质疑对方，不要立即与对方发生争论或妄加批评。

（7）在必要时要解释一些问题，重复一些观点表达，以显示你在倾听并求得理解。

我们在倾听的时候，还要注意，不应该对对方要传递的信息进行任何的主观意识的揣测，而应该完全站在对方立场上去理解他的状态。

4. 善于提问

问题分为两种。第一种是封闭式的问题，答案只能是是或否，只应用于准确信息的传递，例如：我们开不开会？第二种是开放性的问题，应用于想了解对方的心态，以及对方对事情的阐述或描述，例如：我们的工作计划怎么安排？

（五）及时反馈

反馈可以排除噪声和信息失真，增强沟通的有效性。特别是在面对面的直接沟通中，更应及时注意反馈，随时把握沟通对象的反应、心态及沟通效果，及时地调整沟通策略与方法，以实现更为有效的沟通。我们可以在听的时候，用点头、微笑、手势等体态语言对说话人作出积极的反应，让对方感觉到你愿意听他说话，以及通过提一些说话人感兴趣的话题，加深双方的感情，还可以使得谈话更加的深入。

如果能意识到人们是怎样吸收、储存和加工信息，生产思想，并将之转换成语言的，对适当沟通这一点做到心知肚明要容易得多。感知、情绪和性别都在个人挑选和加工信息的方式上起着重要的作用。

拓展阅读

沟通技巧

沟通涉及各式各样的活动：交谈、劝说、教授及谈判等。所以理解何谓沟通，并培养出高效沟通所需的技巧是十分重要的。

- 积极地询问
- 询问的辅助语言
- 使用眼睛
- 使用面部和双手
- 使用身体
- 使用声音
- 倾听技巧
- 气氛控制技巧
- 推动技巧
- 自信的态度
- 体谅他人的行为
- 适当地提示对方
- 有效地直接告诉对方
- 善用询问与倾听

四、服务意识提升

（一）服务以及服务意识

服务是指为他人做事，并使他人从中受益的一种有偿或无偿的活动。不以实物形式而以提供劳动的形式满足他人某种特殊需要。

视频资源

服务意识提升

服务具有无形性、非储存性、同时性以及主动性，服务的产品是无形的。服务在生产的同时被消费，不能储存，不能事后检验。服务品质会在过程中被衡量，被检验，被确认。另外，服务的最终对象是人，要满足顾客情绪和需求的多样性，需要服务方主动提供服务，因此，增强服务人员的服务意识非常重要。

服务意识是指企业全体员工在与一切企业利益相关的人或企业的交往中所体现的为其提供热情、周到、主动的服务欲望和意识，即自觉主动做好服务工作的一种观念和愿望，它发自服务人员的内心。

具有服务意识的人，能够把自己利益的实现建立在服务别人的基础之上，能够把利己和利他行为有机协调起来，经常表现出“以别人为中心”的倾向。因为他们知道，只有首先以别人为中心，服务别人，才能体现出自己存在的价值，才能得到别人对自己的服务。拥有服务意识的人，常常会站在别人的立场上，急别人之所急，想别人之所想；为了别人满意，不惜自我谦让、妥协甚至奉献、牺牲。而多为别人付出的人，往往得到的才会更多。缺乏服务意识的人，则会表现出“以自我为中心”和自私自利的价值倾向，把利己和利他对立起来。

服务意识的内涵包括以下几点：

（1）发自服务人员内心的。

（2）是服务人员的一种本能和习惯。

（3）是可以通过培养、教育训练形成的。

素质园地

快递员服务意识差遭投诉

某快递分部业务员小李，快到下班的时候接到了客户的发件订单，因临近下班，小李致电客户，说：“快下班了，明天再说吧。”小李并没有按照公司要求及时上门安排取件，最终导致客户投诉。小李和点部经理都受到了处罚，客户也放弃了使用本公司的快递，公司因此失去了一个客户。通过此案例，可以看到，物流从业人员服务意识的高低，会影响客户对公司的选择。

（二）服务意识的价值

客户是企业利润的源泉，是企业生存和发展的基础。如果没有客户，那么一切都降为零。企业好比是船，客户就是水，水能载舟，亦能覆舟。

一个企业要实现盈利，必须依赖客户，要想在激烈的市场竞争中保持优势，保持长期稳定的发展，就必须重视客户。

客户的满意是企业取得长期成功的必要条件，客户满意的程度影响了客户的去留，当服务态度或服务方式存在问题时，容易导致客户流失。比如说服务意识淡薄、员工态度傲慢等。物流行业只有提供优质的服务，满足客户的需求，才能不断提高客户的满意度。因此，物流从业人员要建立服务意识，一切从顾客的需求出发，设身处地地考虑顾客的感受，不断改进服务品质以契合顾客需求。

（三）物流服务

物流服务是指从接收客户订单开始到将货品送到客户手中所发生的所有物流活动。可使交易的产品或服务实现增值。其本质是更好地满足顾客需求，即保证顾客需要的商品在顾客要求的时间内准时送达，以及服务能达到顾客所要求的水平等。

（四）物流服务的理念

1. 以客户为核心的物流服务

以客户为核心的增值服务，包括向买卖双方提供利用第三方专业人员来配送产品的各种可供选择的方式。处理客户向制造商的订货、直接送货到商店或客户家中，以及按照零售店货架储备所需的明细、货品规格持续提供递送服务。这类专门化的增值服务可以被有效地用来支持新产品的引入，以及基于当地市场的季节性配送。

2. 以促销为核心的物流服务

以促销为核心的增值服务，涉及独特的销售点和展销人的配置，以及旨在刺激销售的其他范围很广的各种服务。销售点展销可以包含来自不同供应商的多种产品，组成一个多节点的展销单元，以便于适合特定的零售商店。在有选择的情况下，以促销为核心的增值服务还对储备产品的样品提供特别介绍，甚至进行直接邮寄促销。许多以促销为核心的增值服务包括了销售点广告宣传和促销材料的物流支持等。

3. 以制造为核心的物流服务

以制造为核心的增值服务，是通过独特的产品分类和递送来支持制造活动的。既然每一位客户的实际设施和制造装配都是独特的，那么，从理想上来说，递送和引入内向流动的材料和部件应进行客户定制化。以制造为核心的服务，与其说是在预测基础上生产独特的产品，还不如说是对基本产品进行了修正，以适应特定的客户需求，其结果改善了服务。

4. 以时间为核心的物流服务

以时间为核心的增值服务，涉及专业人员在递送以前对存货进行分类、组合排序，主要采用准时化形式来最大限度地满足物流服务对象的各种时间需要。以时间为核心的服务，就是排除不必要的仓库设施和重复劳动，以期最大限度地提高服务速度。

（五）衡量服务水平的标准

在工作中，服务水平主要体现在态度以及行为两个方面：

在服务的过程中，顾客对服务人员的态度极为敏感，他们常常通过服务人员的情绪来体验服务态度，并产生某种感受。服务态度是使顾客在感官上、精神上感受到的亲切、温暖、舒适、安全等。

行为可分为外显行为和内在行为。外显行为是可以被他人直接观察到的行为，如言谈举止；而内在行为则是不能被他人直接观察到的行为，如意识、思维活动等，即通常所说的心理活动。提升服务水平必须改变内在的思想意识和思维方式，进而真实地改变人的外显行为，以提升服务的等级。

服务水平的衡量标准由五个等级构成，由低到高，依次是有问必答、保持沟通、超常服务、专业顾问、长期伙伴。等级越往上，服务意识和行为越好，顾客满意度越高。

（六）物流服务水平的提升

（1）从顾客的角度出发，在服务的过程中，顾客会从时间、服务人员、场所、服务内容及服务方式五个方面进行服务水平的衡量。

- 时间包括预定时间、等候时间、回应时间等。
- 服务人员包括服务的态度、耐心的聆听、理解的能力、沟通的技巧等。
- 场所包括地点之便利性、停车之方便性、环境的好坏、服务场所的整洁等。
- 服务内容包括服务项目、服务的适合性、服务项目的完整性。
- 服务方式包括回应与接待、符合顾客的需求、修正的服务、负责的态度等。

（2）从企业的角度出发，在物流企业服务产品设计和服务过程中，必须把握以下五个要素。

• 情感：物流业良好的服务产品和措施，必须体现企业对顾客的忠诚。没有真感情，再好的服务行为与产品也只能是一种形式，不能带给顾客美好难忘的感觉。

• 适当：物流服务必须付出成本，物流企业必须在维持恰当成本的前提下，尽可能提供高水平的服务产品。

• 规范：指物流企业在向顾客提供服务时，同一产品的标准必须统一规范。同时，从业人员的行为标准也须统一、科学、全面、规范、符合情理。

• 稳定：物流服务产品的品质、从业人员的行为，在时间上必须稳定、连续。

• 时效性：物流服务的时效性是衡量物流服务质量非常重要的指标，是指不同的时间，产品发挥作用的效果或者产生的价值不同。

最后，由于服务的境界不同，顾客的反应和体验也不同。当顾客在服务中体验到工作人员利他的动机和真实的情感时，服务就进入最高的境界，此时顾客被服务所感动，企业就会增加一个忠诚客户。

素质园地

互联网时代，快递行业如何做好行业优质服务

当今时代，快递使人们的生活变得方便，然而，包裹交接的“最后一米”令不少人感到困扰：有些地方，大件包裹不给送上门，收件还得自己搬；快递员指定取件时间，过期不候；虚假签收……如何提升客户体验，是不少快递公司需要思考的问题。

在这方面，德邦快递早已“主动出击”，通过多方面举措规范员工行为，提升企业在客户心中的整体形象；尤其是使员工提升客户体验意识，进而从多个维度提升了自身的服务意识和能力，由此增加企业竞争力。

急客户之所急，凌晨送货？没问题！

“我们有一批活动物料，今晚必须寄出，你们是否可以安排？”

9 月 30 日晚上 10 点，国庆放假前夕，北京朝阳区建外 SOHO 大厦快递分部营业员张大彦接到这样一个陌生电话。原来，这一客户第二天公司国庆放假，且活动物料要在节假日期间使用。也就意味着，这批货当天必须拉走。

“当时是晚上 10 点，照理说大家都要下班回家了。但接到这个订单以后，我们营业部为了解决客户的问题，满足客户的需求，就迅速做好分工，行动了起来。”据该快递分部负责人王虎虎介绍，张大彦接到电话后立马联系此区域负责的快递员张言亮。当时，张言亮刚回宿舍，但立马又掉头赶回部门。最后是张言亮骑三轮车带着张大彦去客户处，来回跑了 4 次，才将货物用三轮车拉回部门，成功完成了此次服务。

对于这样高效而又温馨的服务体验，客户显然十分满意，也对这两个工作到凌晨的快递员表达了谢意。

同样，作为部门负责人，王虎虎也代表公司给予这两个快递员相应的奖励，“这也算是对他们工作和服务态度的一个认可和激励吧，同时也希望这样的事例被更多员工了解和学习。”王虎虎说道。

与时间赛跑，没电瓶？那就骑共享单车！

德邦快递北京市区部分部门为了消除电瓶车充电的安全隐患，选择使用租赁电池。而租赁电池晚上八点过后，会由供应商收回充电。那电池晚上收走后，收到急单，快递员们是如何解决的？

9 月 27 日晚，又是快下班的时间，大区通知部门晚上会到一批螃蟹，需留守部门等候派送，得知区域内客户有运送大闸蟹的需求后，建外 SOHO 大厦快递分部快递员韩恒斌果断留下来值班。

据了解，北京朝阳区建外 SOHO 大厦快递分部日常派件所用电瓶车的电池是租赁电池，超过晚上八点电池就会被供应商拉走，无法使用电瓶车。由于当时时间已过九点，且客户位置出现变化。韩恒斌在得知单号后，便马上联系客户解释说明后续派件情况，争取了客户的谅解。

虽然没有电瓶车送货十分困难，但韩恒斌很快想到了解决办法。当天21：30，他在货物到达部门后第一时间便骑着共享单车外出送货，最终将一箱箱活螃蟹送到客户手中。这样的热情服务也让客户举手点赞，客户觉得快递小哥大晚上还辛苦派件，必须表示感谢；而韩恒斌事后却表示，虽然骑着共享单车送货十分辛苦，但是在看到客户满脸的笑容时，心里也暖暖的。

对内规范管理对外提升形象，德邦快递在行动

事实上，上述案例只是德邦快递员们提升客户体验的一个缩影。2022年以来，德邦快递针对北京三环内地区进行了客户体验提升试点，以此提升北京客户的寄件体验。

现在德邦快递在北京的三环内试点部门都配有洗车设备，以方便车辆保持干净整洁的形象；每个快递员配置毛巾，以方便对货物外包装进行清洁。而这两方面的配置在北京的快递行业内是首次推出。

在快递业蓬勃发展的今天，服务已经成为物流企业综合实力的一大考量因素，而快递员对接客户，正是快递公司服务质量的直接体现，也是品牌形象的重要代表。德邦快递董事长崔维星曾表示，德邦快递能取得今天的成绩，归结于一线快递员的辛勤付出，德邦快递的客户体验要提升，必须激发末端主动服务客户的积极性。

据王虎虎介绍，目前部门在提升客户体验方面有三大措施。一是对于快递员日常的管理提升，包括向其培训公司的产品和销售技巧、服务规范等；同时对其对外的形象和行为有一定要求。二是对客户方面，尤其对于客户的需求，要第一时间响应，如果遇到解决不了的问题，可以及时反馈，由部门负责人推动大家去协助，从而顺畅地解决客户的问题。最后就是对快递员日常的关心和关怀，及时了解、关注其动态和需求，督促其更有耐心、更自律地服务客户。

正如王虎虎所言，对于客户来说，第一次的体验尤为重要，这就要求快递公司与快递员自上而下提升服务意识。

而德邦快递也正在行动，公司通过人员排布、考核支撑、系统支撑，洞察投诉风险、加大资源支持，进驻商场、增加品牌触点，提升快递员综合能力，夯实服务基础，提升客户满意度；通过网点翻新、快递员及网点形象提升等方面来提升公司品牌形象；通过规范服务用语、提升快递员服务水准，建立良好服务形象；通过清洁包装，提升客户对德邦快递服务感知。

（来源：根据相关网络资料整理）

第五节 职业安全管理

引导案例

长发飘飘惹了祸

夏某是纺织厂的挡车工。出事那天，她和往常一样在织机前操作。突然，工友们听到一声惨叫。夏某的头发被卷入了正在高速运转的机器里造成了安全事故。经调查，该员工一头披肩长发，平时带着工作帽操作。出事时，工作帽没戴紧在工作中脱落，导致头发被卷了进去。

（来源：《职业安全与职业健康》）

思考：应如何防范此类事故的发生？

一、人员安全

视频资源

人员安全

安全是人类生存和发展最基本的需要，一切生产生活活动都首先必须确保安全。在物流活动中，安全同样也贯穿始终。在物流活动的每一个环节中，安全都是保证物流活动能够正常进行、发挥固有功能的重要因素。

在工作的过程中，会直接的接触到很多货物，货物的不同性质，需要不同的操作。因此，在工作中要清楚识别、认识安全标示，预防由于操作不当引起的事故，以保护自己的人身安全。

（一）安全标示

安全标示是指在操作人员容易产生错误操作而造成事故的场所，为防事故、保障安全、提醒操作人员注意所采用的一种特殊标示，是用来表达禁止、警告、指令和提示等安全信息。我国的安全色与安全标志等标准，对全国使用的安全色标进行了统一。标准中要求采用四种颜色表示：红、黄、蓝、绿。

- 红色的含义是禁止和紧急停止，也表示防火。
- 黄色的含义是警告和注意。
- 蓝色的含义是必须遵守的规定。
- 绿色的含义是提示安全状态和通行。

安全标志分为禁止标志、警告标志、指令标志和提示标志四类：

• 禁止标志：是禁止人们的不安全行为的图形标志。其基本形式是带斜杆的圆环，圆环和斜杆为红色，图形符号为黑色，底色为白色。比如禁止通行、禁止吸烟。

• 警告标志：是提醒人们对周围环境引起注意，以避免可能发生危险的图形标志。其基本形式是正三角形边框，三角形边框及图形符号为黑色，底色为黄色。比如当心火灾、当心触电。

• 指令标志：是强制人们必须做出某种动作或采用防范措施的图形标志。其基本形式是圆形边框，图形符号为白色，底色为蓝色。比如必须戴安全帽、必须戴口罩。

• 提示标志：是向人们提供某种信息（如标明安全设施或场所等）的图形标志。其基本形式是正方形边框，图形符号为白色，底色为绿色，但消防的提示标志其底色为红色。比如安全通道、安全出口等。

在实际使用中，危险标志、禁止标志、警告标志、安全指示标志、消防标志、方向标志、交通标志、信息标志、强制性行动标志等危险标志只安装于存在直接危险的地方，用来表明存在危险。常用安全标志如图 4-1 所示。

图 4-1　常用安全标志

（二）消防安全

消防安全的重要性主要在于保障人民群众的生命财产安全。火灾对于人身财产安全的威胁是巨大的，由一根烟头引起的火灾往往有可能会摧毁一个家庭。

视频资源

消防安全

下面介绍四种基本的灭火方法：

（1）窒息灭火法。窒息灭火法是根据可燃物燃烧需要足够的空（氧气）这个条件，采用适当措施阻止空气流入燃烧区，或者采用惰性气体冲淡（稀）空气中的氧气含量，使燃烧物缺乏氧气。该法适用于扑救密闭的室内的火灾。

（2）冷却灭火法。冷却灭火法是根据可燃物发生燃烧必需达到特定温度的条件，将水或灭火剂直接喷洒在燃烧着的物体上，使燃烧温度降低到燃点以下，从而终止燃烧。

（3）隔离灭火法。隔离灭火法是根据发生燃烧必须具备可燃物这个条件，将与燃烧物体邻近的可燃物隔离开，使燃烧停止。

（4）抑制灭火法。抑制灭火法是将灭火剂喷在燃烧的物体上，参与燃烧反应过程，使燃烧中产生的游离基消失，形成稳定分子或低活性的游离基，从而使燃烧终止。

常见的消防设备有灭火器、消防栓等。灭火器有很多种类，常见的有以下几种：

（1）化学泡沫灭火器。适用于石油制品、油脂等火灾，不能扑救水溶性可燃、易燃液体火灾，也不能扑救用电设备的火灾。

（2）二氧化碳灭火器。一般适用于扑救图书资料及可燃液体的初期火灾。

（3）干粉灭火器。干粉灭火器以高压二氧化碳为动力，利用喷射筒内的干粉进行灭火。它适用于扑救石油及石油制品、可燃气体、易燃液体、电器设备等初期火灾，广泛用于工厂矿山、船舶、油库等场所。

（4）1211 灭火器。适用于任何可燃物引起的初期火灾。

消防栓主要由消防水带、水枪、消防水阀门、专用消防水池、消防水管、报警自动加压水泵等组成。

消防栓的使用方法如下：

（1）打开消防栓门，按下内部火警按钮（按钮是用于报警和启动消防泵的）。

（2）取出消防水带，向着火源点延伸展开。

（3）一人接好枪头和水带奔向起火点。

（4）另一人接好水带和阀门口，要确保接口把牢。

（5）逆时针打开阀门，有水漏出。

（6）手握水枪头及水管，向有火的地方喷去，即可灭火。

注：如果在火场中，是电引起的起火，要确定切断电源，不然会发生触电。

素质园地

遇到火灾应如何施救

一旦发生火灾，面对紧急情况，必须沉着冷静，做到有组织、有纪律、有准备，有效及时地扑救。发生火灾时，如有人被大火围困，特别是被围困在楼上时，应首先组织力量，贯彻“救人第一、救人与救火同步进行”的原则，积极施救。

1. 保持冷静，紧急报警

火灾发生时第一时间，一定要冷静、镇定，别自乱阵脚，初期火灾，火势不大，是扑灭火灾最佳时机；紧急拨打 119 报警，不要慌张，说清姓名、电话、住址、起火地点和部位、火势现状、着火的物质等。报警后要安排人到主路口等候，引导消防车去火场。不要围观消防车，不要乱打火警电话，谎报火警是扰乱公共秩序、妨碍公共安全的违法行为，如发现有人谎报火警，要加以制止。

2. 迅速撤离火灾现场

紧急情况逃生是争分夺秒，听到报警声，说明火势已经难以控制，要迅速跑出所处空间，设法找到逃生路径，迅速逃生。

3. 湿毛巾捂口鼻逃生

毛巾是火灾逃生的常用防烟工具，而且每个家里都备。毛巾浸湿捂口鼻可最大程度降低吸入粉尘，如果没有毛巾，可以用布、口罩、衣服等代替。

4. 按照消防标志逃生

在公共场合的转角、墙面、地面、安全出口、紧急出口、应急照明等处都可能有指示迅速逃生的出口。

5. 从疏散通道逃生

根据消防指示，迅速找到疏散通道，如消防梯、消防通道、紧急通道等，快速逃离。

6. 紧急暂时避难

因火势太猛而不能迅速逃离时，应该紧急找到可自救的最佳位置，暂时避难，比如火势上风处、不易着火处、可以及时与外界联系处等。

7. 紧急外界求救逃生

可以通过阳台、窗户、房顶等容易被发现的位置，挥动艳丽的物质、大声呼叫、手电筒、敲击器物等，引起救援人员注意，获得逃生机会。

（三）装卸搬运过程中的人员安全

在装卸搬运的过程中，人力是基本的搬运动力之一，一旦受伤，轻则造成扭伤挫伤，重则导致骨折乃至瘫痪。因此，在进行装卸搬运的过程中，应遵守以下几点安全操作规范：

（1）搬运重物之前，应采取防护措施，戴防护手套、穿防护鞋等，衣着要合体轻便。

（2）搬运重物之前，检查物体上是否有钉、尖片等物，以免受伤。

（3）应用手掌紧握物体，不可只用手指抓住物体，以免脱落。

（4）蹲下，靠近物体，用伸直双腿的力量，不要用腰背的力量，缓慢平稳地将物体搬起，不要突然猛举或扭转躯干。

（5）当传送重物时，应移动双脚而不是扭转腰部。当需要同时提起和传递重物时，应先将脚指向欲搬往的方向，然后再搬运。

（6）不要一下子将重物提至腰以上的高度，而应先将重物放于半腰高的工作台或适当的地方，调整好手掌的位置，然后再搬起。

（7）搬运重物时，应特别小心工作台、斜坡、楼梯及一些易滑倒的地方，经过门口搬运重物时，应确认门的宽度足以通过，以防撞伤或擦伤手指。

（8）搬运重物时，重物的高度不要超过人的眼睛。

（9）当有两人或两人以上一起搬运重物时，应由一人指挥，以保证步伐一致，且同时提起及放下物体。

二、货物安全

（一）物品包装安全

物流包装技术是影响现代物流产业的重要因素之一，在物流的过程中，不但要考虑包装应能够保证商品在运输时不会改变其物理化学性质，要保证商品不破损、不散失、不渗漏，不降低商品的使用价值，而且要考虑包装物应能保证运输工具和装卸搬运人员的安全，并且能够提高运输装卸作业的效率。

视频资源

货物安全

在实际工作中，货物的种类繁多，包装的材料也有很多种，如胶带、文件袋、塑料袋、纸箱、充气袋、填充物等。

包装货物时，要注意根据货物的属性选用不同的包装方法，以保证货物的安全。根据不同的货物，通常选用以下几种包装的方式：

（1）常规包装：要选择合适的文件袋、塑料袋或纸箱。包装时不留空隙，确保封口完好、封闭。

（2）重物包装：选择厚实、牢固的材料，加固箱底、封口等处，以防破损，如有特殊需要，可以定制纸箱、木箱等，但需要客户承担时间和经济成本。

（3）特殊包装：根据不同货物，将纸箱进行裁剪、拼接等的包装。

（4）易碎包装：将易碎品放在包裹的中间位置，四周用防震材料填充，并在箱内用硬质材料衬垫，箱外粘贴易碎标志。

（二）物品运输安全

在运输过程中，要遵守运输安全要求：道路运输经营者应当根据拥有车辆的车型和技术条件，承运适合装载的商品；运输商品装载量必须在公路、桥涵承载力，以及车辆标记载重量范围之内，超载的商品运输车辆必须就地卸货；危险商品和大型物件运输车辆，应当到当地县级以上人民政府交通行政主管部门办理审批手续；国家和本省规定承运或者凭准运证运输的物资，应当由托运人按照规定办理准运手续后，承运人方可承运。运输环节中，搬运装卸危险商品和大型物件，应具备相应的设施、工具和防护设备，并到当地县级以上人民政府交通行政主管部门办理审批手续。

在装卸搬运环节，应防止和消除无效作业，提高灵活性，实现省力化，并合理组织装卸搬运设备等。

素质园地

物捆扎不牢，害了自己，也连累了别人

货车承载着亿万商品的流通，在生活中扮演了不可或缺的重要角色，但有部分货车驾驶人装载货物时捆扎措施不规范，在行车过程中引发危险。来看看以下几个典型案例。

6车追尾6死3伤！只因货物捆绑不牢

货车运输货物上路时，一定要将货物捆扎牢固，因为货车所载物品大多为重物，惯性较大，一旦刹车，车厢里的货物很容易“冲”到驾驶室里。某年12月，某高速公路上就发生过一起因货物装载不规范而导致的惨案。根据媒体报道，事发时因车辆制动后所载货物（钢板）前移挤压驾驶室，造成货车驾驶人当场死亡。

然而，又一年五一节假日期间，在同一条高速公路上又发生了一起同样由于货物装载不规范而导致的6死3伤的惨痛事故！

行驶中钢板“冲”入驾驶室，驾驶人当场死亡

一辆载有15根工字钢的重型半挂货车在行驶途中追尾前方6辆车，共造成6人死亡、

3人受伤。经初查，该货车上装载的货物未捆扎未固定，在追尾碰撞过程中因惯性作用冲破货车驾驶室，砸中前方两辆小客车，造成严重伤亡。

涉及货车上装载货物固定措施不到位而导致的驾驶室被“冲破”的案例并不在少数，之所以会引发如此严重的后果，是由于钢材等货物本身表面光滑，放置在车厢内与地板摩擦力不足，若货车在行驶过程中刹车，货物极易因惯性力量向前滑动，其“杀伤力”极强，足以致车毁人亡！

货物捆扎不规范除了会像上述两个案例中“冲”入驾驶室，给车内人员造成危险外，也可能在行驶途中发生偏移甚至掉落影响其他车辆安全通行。

在物流业务中，做好规范包装，不仅可以保护商品、降低物流成本、提高物流运营效率，还能保证运输中的人员安全。

（来源：根据相关网络资料整理）

（三）危险化学品的危害及控制原则

1. 危险化学品及其危害

危险化学品是指具有易燃、易爆、有毒、有害及有腐蚀特性，可对人员、设施环境造成伤害或损害的化学品，如氯气有毒、有刺激性，硝酸有强烈腐蚀性，均属危险化学品。

《危险化学品安全管理条例》按照危险化学品的理化性质和危险性，将危险化学品分为七大类，即爆炸品压缩气体和液化气体、易燃液体、易燃固体、自燃物品和遇湿易燃物品、氧化剂和有机过氧化物、有毒品、腐蚀品。

危险化学品的危害主要包括燃爆危害、健康危害和环境危害。

（1）燃爆危害是指化学品能引起燃烧、爆炸的危险程度，化工、石油化工企业由于生产中使用的原料、中间产品及产品多为易燃、易爆物，一旦发生火灾、爆炸事故，会造成严重的后果。

（2）健康危害是指接触后能对人体产生危害的大小。由于危险化学品的毒性、刺激性、腐蚀性、麻醉性、窒息性等特性，导致人员中毒事故每年都在发生。

（3）环境危害是指危险化学品对环境影响的危害程度。随着工业发展，各种危险化学品的产量大幅增加，新的危险化学品也不断涌现，人们充分利用危险化学品的同时，也产生了大量的有毒废弃物，污染环境。

2. 化学品危害的预防与控制

化学品危害的预防与控制的基本原则一般包括两个方面：

（1）操作控制。其目的是通过采取适当的措施，消除或降低工作场所的危害，防止工人在正常作业时受到有害物质的侵害。操作控制采取的主要措施是替代、变更工艺、隔离、通风、个体防护和卫生。

（2）管理控制。通过管理手段，按照国家法律和标准建立起来的管理程序和措施进行管理，是预防危险化学品危害的关键。如作业场所进行危害识别、张贴标志，在危险化学品包装上粘贴安全标签，危险化学品运输、经营过程中附危险化学品安全技术说明书，从业人员进行安全培训和资质认定，采取接触监测、医学监督等措施，均可达到管理控制的目的。

三、设备安全

物流设备是物流系统中的物质基础，伴随着物流的发展与进步，物流设备不断得到提升与发展。物流设备领域中许多新的设备不断涌现，如四向托盘、高架叉车、自动分拣机、集装箱等。极大地减轻了人们的劳动强度，提高了物流运作效率和服务质量，降低了物流成本，在物流作业中起着重要作用，极大地促进了物流业的快速发展，物流业的快速发展也对物流设备提出了更高的要求。

物流设备门类全，型号规格多，品种复杂。根据物流设备所完成的物流作业为标准，把设备分为六种类型：包装设备、物流仓储设备、集装单元器具、装卸搬运设备、流通加工设备、运输设备。物流设备的特点包括：①设备的社会化程度越来越高，设备结构越来越复杂，并且从研究、设计到报废的各环节之间相互依赖、相互制约；②设备出现了连续化、大型化、高速化、电子化的趋势，提高了生产率；③能源密集型的设备居多，能源消耗大，同时，现代设备投资和使用费用十分昂贵。

近几年，中国物流业发展迅速，但物流设备的损坏导致的安全隐患不容小觑，如托盘的破损，传送带、堆垛机的故障、货架的倒塌和机械故障，以及由于人为操作不当引起的事故等，对人和对环境都造成了极大的危害。因此，我们要学习使用设施设备的正确方法，保障设备、环境的安全。下面以叉车设备安全使用为例，学习叉车的正确使用方法。

1. 人员

驾驶叉车的人员必须经过专业培训，通过安全生产监督部门的考核，取得特种设备作业人员证，并经公司同意后方能驾驶，严禁无证操作。严禁酒后驾驶，行驶中不得吸烟、饮食、闲谈、打电话和讲对讲机等。

2. 使用前检查车辆状况

（1）叉车作业前后，应检查车辆外观，加注燃料、润滑油和冷却水。

（2）检查起动、运转及制动安全性能。

（3）检查灯光、喇叭信号是否齐全有效。

（4）叉车运转过程中应检查压力、温度是否正常。

（5）叉车运行后还应检查有无泄漏情况，如有应及时更换密封件。

3. 车辆起步

车辆起步前，应观察四周，确认无妨碍行车安全的障碍后，先鸣笛、后起步。

（1）液压（气压）式制动的车辆，制动液压（气压）表必须达到安全数值方可起步。

（2）叉车在载物起步时，驾驶员应先确认所载货物放置平稳牢靠。

（3）必须缓慢平稳起步。

4. 行驶时

（1）行驶时，货叉底端距地高度应保持在 30～40 cm，门架须后倾。

（2）载物行驶时，货叉不能升得太高，以免影响叉车的稳定性。进出作业现场或行驶途中，要注意上空有无障碍物刮碰。

（3）卸货后应先降落货叉至正常的行驶位置后再行驶。

（4）转弯时，如附近有行人或车辆，应先发出行驶信号。禁止高速急转弯，高速急转弯会导致车辆失去横向稳定而倾翻。

（5）叉车在下坡行驶时严禁熄火滑行，非特殊情况禁止载物行驶中紧急制动。

（6）叉车在行驶时要遵守交通规则，必须与前面的车辆保持一定的安全距离。

（7）叉车行驶时，载荷必须处于不妨碍行驶的最低位置。除堆垛或装车时，不得升高载荷。

（8）载货高度不得遮挡驾驶员视线。特殊情况下货物影响前行视线时，倒车低速行驶。

（9）禁止在坡道上转弯，也不应横跨坡道行驶。

（10）叉车厂区安全行驶速度为不高于 5 km/h，进入生产车间区域必须低速安全行驶。

（11）叉车在起重升降或行驶时，禁止人员站在货叉上把持货物和起平衡作用。

（12）发现问题及时检修和上报，绝不带病作业和隐瞒不报。

5. 装卸

（1）叉载货物时，应按需调整两货叉间距，使两叉负荷均衡，不得偏斜，货物的一面应贴靠挡物架。

（2）禁止单叉作业或用货叉顶物、拉物。特殊情况下拉物必须设立安全警示牌，提醒周围行人。

（3）在进行货物的装卸过程中，必须用制动器制动叉车。

（4）车速应缓慢平稳，注意车轮不要碾压垫木，以免碾压物崩起伤人。

（5）用货叉叉货时，货叉应尽可能深地叉入托盘下面，还要注意货叉尖不能碰到其他货物或物件。应采用最小的门架后倾来稳定载荷，以免货物向后滑动。放下货物时可使门架少量前倾，以便于安放货物和抽出货叉。

（6）禁止高速叉取货物和用叉头向坚硬物体碰撞。

（7）叉车叉物作业时，禁止人员站在货叉周围，以免货物倒塌伤人。

（8）禁止超载，禁止用货叉举升人员从事高处作业，以免发生坠落事故。

（9）不准借惯性溜车，禁止放圆形或易滚动物品制动。

（10）不准用货叉挑、翻托盘的方法卸货。

6. 离开叉车

（1）禁止货叉上货物悬空时离开叉车，离开叉车前必须卸下货物或降下货叉架。

（2）离开叉车前要将停车制动手柄拉死或压下手刹开关。

（3）离开叉车前要将发动机熄火，停电，拔下钥匙。

7. 停车注意事项

（1）应使发动机急速运转 2～3 min 后再熄火。发动机熄火停车后，应拉紧制动手柄。

（2）低温季节（0 ℃以下），应放尽冷却水，或者加入防冻液。

（3）当气温低于 −15 ℃时，应拆下蓄电池并搬入室内，以免冻裂。转动机油滤清器手柄 1～2 转，检查螺栓、螺母有无松脱现象，并及时排除不正常情况。

（4）将叉车冲洗擦拭干净，进行日常例行保养后，停放到车库或指定地点。

如遇意外情况，如叉车翻车，应该做到：

（1）紧伏到方向盘上，并抓紧方向盘或操作手柄。

（2）身体靠向叉车倾倒方向的反方向。

（3）注意保护好头部和胸腹部，叉车翻车时千万不能跳车。

四、安全事故预防、控制与处理

视频资源

安全事故预防与处理

（一）事故的预防与控制

对于事故的预防与控制，主要应从安全风险管控、隐患排查治理、安全监察三个方面入手。

1. 安全风险管控

安全风险管控主要包括安全风险辨识管理、安全风险评估、安全风险控制、危险源管理。

（1）安全风险辨识管理是必须在考虑正常、异常和紧急三种状态及过去、现在和将来三种时态的情况下对安全风险进行全面、系统的辨识。

（2）安全风险评估是要明确安全风险评估的目的、范围、频次、准则和工作程序等，选择合适的安全风险评估方法，定期进行评估。

（3）安全风险控制是根据安全风险评估结果及生产经营状况等，确定相应的安全风险等级，对其进行分级分类管理，并落实相应的安全风险控制措施。

（4）危险源管理要全面辨识危险源，针对危险源采取相应的安全管理技术措施和应急预案。

2. 隐患排查治理

首先要建立隐患排查治理制度，逐级建立并落实从主要负责人到每位从业人员的隐患排查治理和防控责任制。其次，根据隐患排查的结果，制定隐患治理方案，对隐患及时进行治理，并在隐患治理过程中采取相应的监控防范措施，再按照有关规定对治理情况进行评估、验收。如实进行隐患排查治理情况的信息记录、通报和报送工作，并按照当地安全监管部门和有关部门的要求，定期或实时报送隐患排查治理情况。最后建立安全预测预警体系，根据生产经营状况、安全风险管理及隐患排查治理等情况，采用科学技术，如定量或定性安全生产预测预警技术，进行精确预测。

3. 安全监察

安全监察的任务是贯彻党和国家“安全第一，预防为主”的安全方针，执行国家的法律、法规和有关安全卫生的规范、标准。目前，对企业的安全监察，主要包括对新建工程、新制造设备和产品、在用特种设备、特种危害作业场所及特殊人员的监察等。

（二）事故的处理

1. 事故报告

企业发生伤亡事故和职业病事故后，必须及时向相关部门如实报告。发生事故不报告，甚至故意隐瞒事故真相的，将追究有关责任人法律责任。事故发生后，事故现场有关人员应立即向本单位负责人报告。

单位负责人接到报告后，应于1小时内向事故发生地县级以上人民政府安全生产监督管理部门和负有安全生产监督管理职责的有关部门报告。

情况紧急时，事故现场有关人员可以直接向事故发生地县级以上人民政府安全生产监督管理部门和负有安全生产监督管理职责的有关部门报告。

在报告事故时，应当包括下列内容：

（1）事故发生单位概况。

（2）事故发生的时间、地点及事故现场情况。

（3）事故的简要经过。

（4）事故已经造成或者可能造成的伤亡人数（包括下落不明的人数）和初步估计的直接经济损失。

（5）已经采取的措施。

（6）其他应当报告的情况。

2. 事故调查

事故调查必须以事实为依据，以科学方法为手段，在充分调查研究的基础上，科学、公正、实事求是地给出事故调查结论。事故调查的内容主要包括：发生事故的具体时间和具体地点；现场受害人数、伤害程度；事故的起因等信息，事故发生前的生产情况，包括作业人员的任务、分工及工艺条件，设备完好情况等；受害者情况；经济损失情况等。

3. 事故处理

有关机关应当按照人民政府的批复，依照法律、行政法规规定的权限和程序，对事故发生单位和有关人员进行行政处罚，对负有事故责任的国家工作人员进行处分。

4. 事故赔偿

企业发生伤亡事故后，职工的伤亡赔偿、医疗费用、工伤待遇等按照国家《工伤保险条例》执行。

5. 事故应急救援预案

（1）事故应急救援的任务。

① 立即组织营救受害人员，组织撤离或通过其他措施保护事故危害区域内的其他人员。

② 迅速控制危险源，并对事故危害的性质、区域范围、危害程度进行检验。

③ 做好现场清洁，消除危害后果。

④ 查清事故原因，评估危害程度。

（2）事故应急救援预案应覆盖事故发生后应急救援各阶段的计划，即预案的启动、应急、救援、事后监测与处置等各阶段。内容应包括基本情况、事故处理措施，以及培训方案。

（3）制订事故应急救援预案的基本步骤包括调查研究、收集资料、危险源评估、分析总结、编制预案、科学评估、审核实施。

（4）事故应急救援预案的演练。

有了应急救援预案，如果相应人员不能充分了解自己的职责与预案实施步骤，没有足够的应急经验与实战能力，那么预案的实施效果将会大打折扣，达不到预案的制订目的。为了提高应急救援人员的技术水平与整体能力，使救援快速、有序、有效，经常开展应急救援培训、演练是非常必要的。

第六节　职业健康管理

引导案例

某物流公司王某某等5名职工被诊断为苯中毒，另有4名职工被定为观察对象。市卫生局组织调查组对该公司进行了调查处理。该公司主要从事苯、甲苯、二甲苯等化学品的储存保管，未向卫生行政部门申报从事职业危害的项目。对于有职业危害的职工，该公司未按规定为其配备符合职业病防护要求的个人防护用品，仅提供了普通的纱布口罩，且未安排该岗位职工进行上岗前体检。

（来源：根据相关网络资料整理）

思考：导致该公司职工受到职业病危害的主要原因是什么？应如何防范？

一、职业健康法律法规

随着工业科技的不断发展，职工健康安全问题越来越突出，全球安全生产事故持续增加。据国际劳工组织估计，世界范围内每年约发生2.7亿起职业事故，200万人死于职业事故和与工作相关的疾病，1.6 亿人遭受职业病危害，职工的健康安全受到严重威胁。因此，职业安全与健康问题日益受到重视。

视频资源

职业健康法律法规

目前，大多数国家把劳动者的职业安全和职业健康问题统一归为职业安全健康的范畴，称为“职业安全健康”，相关的法律为《职业安全卫生法》，政府设置专门的执法机构。我国将劳动者的安全和健康问题分开管理，制定了《中华人民共和国安全生产法》和《中华人民共和国职业病防治法》两部相关法律。

职业健康是对工作场所内产生或存在的职业性有害因素及其健康损害进行识别、评估、预测和控制的一门学科，其目的是预防和保护劳动者免受职业性有害因素所致的健康影响和危险，使工作适应劳动者，促进和保障劳动者在职业活动中的身心健康和社会福利。

1. 职业健康安全管理体系

职业健康安全管理体系（OHSMS）标准是以系统安全的思想为核心，采用系统、结构化的管理模式，为组织提供一种科学、有效的职业健康安全管理要求和指南。职业健康安全管理体系的基本内容包括制定、实施、实现、评审和保持职业健康安全方针所需的组织结构、策划活动、职责、惯例、程序、过程和资源，具有系统性、动态性、全员性、全过程性和广泛应用性等特征，并承诺对法律法规及要求的遵守；职业健康安全管理体系遵循自愿原则，不改变组织法律责任。

《职业健康安全管理体系　要求及使用指南》（GB/T 45001—2020）是我国职业健康安全管理体系领域最新的国家标准，等同采用 ISO 45001：2018《职业健康安全管理体系　要求及使用指南》，与质量、环境管理体系标准更加兼容，更加强调“健康”的重要性。

2. 职业健康法律法规体系

按立法主体、法律效力的不同，我国的职业健康法律法规体系可分为宪法、法律、行政法规、部门规章、地方性法规、其他规范性文件等。

1）宪法

《中华人民共和国宪法》第四十二条规定：国家通过各种途径，创造劳动就业条件，加强劳动保护，改善劳动条件，并在发展生产的基础上，提高劳动报酬和福利待遇。该条款规定了职业安全卫生的基本要求，是制定职业卫生相关法律的基本依据。

2）法律

法律由全国人民代表大会及其常务委员会制定。与职业卫生相关的法律主要有《中华人民共和国职业病防治法》《中华人民共和国安全生产法》《中华人民共和国劳动法》《中华人民共和国劳动合同法》《中华人民共和国民法典》等。

3）行政法规

职业卫生行政法规由国务院根据宪法和有关法律制定，如《使用有毒物品作业场所劳动保护条例》《中华人民共和国尘肺病防治条例》《女职工劳动保护特别规定》《放射性同位素与射线装置安全和防护条例》等。

4）部门规章

职业卫生部门规章是指由国务院所属主管部门在法律规定的范围内，依据职责制定、颁布的有关职业卫生管理的规范性文件，如《工作场所职业卫生监督管理规定》《职业病危害项目申报办法》《用人单位职业健康监护监督管理办法》《建设项目职业病防护设施“三同时”监督管理办法》《职业卫生技术服务机构监督管理暂行办法》《职业病诊断与鉴定管理办法》等。

5）地方性法规

地方性法规是指有立法权的地方国家机关依法制定并发布的规范性文件，如《福建省职业病防治条例》《上海市职业病防治条例》等。

6）其他规范性文件

规范性文件通常是由国务院或卫生行政主管部门以通知等形式下发的规范某项职业卫生工作的文件，如《国家职业病防治规划（2016—2020 年）》《用人单位职业病危害因素定期检测管理规范》《用人单位职业病危害告知与警示标识管理规范》《职业卫生档案管理规范》《用人单位劳动防护用品管理规范》《职业病分类和目录》《职业病危害因素分类目录》《建设项目职业病危害风险分类管理目录》《高毒物品目录》《危险化学品目录》等。

素质园地

树立职业健康安全管理意识

2017 年 7 月，某市一名快递员在工作期间送快递时忽然倒地昏迷，路人发现后马上拨打 120，随后救护车将患者立即送到该市医院。当时患者出现意识障碍、生命体征不稳定的症状，且体温高达 41 ℃，被诊断为热衰竭和热射病。热射病是最严重的中暑病症，可导致死亡或残疾。

本案例中的快递员应如何通过合法途径保障自己的权益？在工作期间不幸受伤应怎么处理呢？依据《中华人民共和国劳动法》和《工伤保险条例》的内容，应被界定为工伤。

二、环境职业危害与预防

视频资源

环境职业危害与预防

职业危害是职工生产劳动过程所发生的对人身的威胁和伤害。职业危害指人们所从事的职业或职业环境中所特有的危险性、潜在危险因素、有害因素及人的不安全行为所造成的危害，包括两个方面：①职业意外事故，即在职业活动中所发生的一种不可预期的偶发事故；②职业病，即在生产劳动及其他职业活动中接触职业性有害因素引起的疾病，职业病与职业危害因素有直接联系，并且具有因果关系和某些规律性。

2012 年 6 月 1 日，原国家安全生产监督管理总局颁布的《工作场所职业卫生监督管理规定》正式开始实施，为预防和减少职业危害、改善作业环境、保障劳动者生命健康权益提出了新的具体要求。

（一）粉尘的危害与防治

粉尘是指直径很小的固体颗粒，可以是自然环境中天然产生，如火山喷发产生的尘埃，也可以由工业生产或日常生活中的各种活动生成，如矿山开采过程中岩石破碎产生的大量尘粒。国际标准化组织规定，粒径小于 75 μm 的固体悬浮物为粉尘。

生产性粉尘就是特指在生产过程中形成的，并能长时间飘浮在空气中的固体颗粒。许多生产性粉尘在形成之后，表面往往还能吸附其他的气态或液态有害物质，成为其他有害物质的载体。生产性粉尘污染作业环境，影响作业人员的身心健康。

粉尘的危害有污染大气环境、降低光照度、破坏机器特别是精密仪器。粉尘对人的五官、皮肤的刺激作用会引起炎症，人体接触有毒粉尘（如铅、砷、汞等）会引起中毒，吸入各类粉尘到人体肺部均易引起尘肺病。

针对防尘降尘提出了“革、水、密、风、护、管、教、查”八字方针。革，是指工艺改革和技术革断；水，是指湿式作业；密，是指密闭尘源；风，是指通风除尘；护，是指个人防护；管，是指建立规章制度，维护管理；教，是指宣传教育；查，是指定期检查评比、总结，定期健康检查。

（二）化学毒物的危害与预防

化学毒物是指进入机体，蓄积达一定的量后，干扰或破坏机体的正常生理功能，引起暂时性或永久性的病理状态，甚至危及生命的化学物质。化学毒物侵入人体后与人体组织发生化学或物理化学作用，并在一定条件下破坏人体的正常生理机能，引起某些器官和系统发生暂时性或永久性病变，这种病变被称为中毒。

预防中毒，应定期对工作场所空气中的毒物浓度进行监测，超标时要采取措施，将其控制在国家职业卫生标准接触限值以下。对于散发有毒有害物质的工作场所，应采用密闭的方法防止毒物逸散，在密闭不严或不能密闭处，应安装通风排毒设施维持负压操作，并将逸散的毒物排出。

（三）噪声危害与防护

噪声是指没有规律的声音，既没有固定的振动周期也没有稳定的强度。从生理学和心理学的角度而言，噪声泛指人们不需要的，对人的听力、健康、情绪、心理带来负面影响的所有声音。

噪声对人体的危害是全身性的，既可以引起听觉系统的变化，也可以对非听觉系统产生影响。这些影响的早期主要是生理性改变，长期接触比较强烈的噪声，可以引起病理性改变。此外，作业场所中的噪声还可以干扰语言交流，影响工作效率，甚至引起意外事故。

（1）生产性噪声对人听力的影响，对人的消化系统、神经系统、心血管系统等的影响。例如，影响人的睡眠，诱发不良情绪，干扰人们的正常交流，这些都是导致事故的潜在危险因素。

（2）生产性噪声控制与防护。包括声源控制、传播途径控制、噪声个体防护、噪声作业职业健康监护等手段。当环境噪声控制措施达不到职业接触限值要求时，必须采用噪声个体防护用品，即护听器。

（四）振动危害与控制

振动是指因为力的往复作用使机件或机械整体产生往复运动，往复作用的力透过机件作用于人身上。根据振动对人体作用范围的不同可分为两类，即全身振动和局部振动。全身振动一般为大振幅、低频率的振动。振动所产生的能量，能通过支承面作用于坐位或立位操作的人身上，引起一系列人体组织器官的病变；局部振动可引引起手臂振动病，属法定职业病之一。

振动控制包括振源控制、弹性隔振和阻尼减振三大手段。振动的职业健康监护包括上岗前、在岗期间和离岗时振动危害职业健康检查。上岗前的职业健康检查主要是为了发现振动职业禁忌症，在岗期间职业健康检查主要是为了发现手臂振动病。振动个体防护措施主要是使用防振手套。

（五）辐射危害与防护

辐射分为电磁辐射和核辐射。电磁辐射危害的临床表现为：类神经症和自主神经功能紊乱，如头痛、乏力、嗜睡失眠、多梦、记忆力减退、情绪不稳、手足多汗、脱发等；心血管系统主要表现为心动过缓、血压下降、造血系统出现问题等。

辐射防护措施主要有：

（1）屏蔽辐射源，用铝铜等金属板或网包围辐射源，以吸收和反射电磁场能量，尽可能屏蔽辐射源所有部分，屏蔽表面应是闭合的。

（2）远离辐射源，操作岗位和休息地点应尽可能远离辐射源，各高频设备之间应有一定的距离，特别是一机多用时更应考虑辐射源与操作岗位的合理配置。

（3）个人防护，从事微波作业的人员应配备个人防护用具。对于眼睛的防护可采用防微波护目镜，对头部、躯干的防护可用含铝丝或涂银布料制成防护衣帽。

（六）高温作业危害与防护

高温作业是指在生产劳动过程中，作业场所平均 WBGT 指数（WBGT 指数是综合评价人体接触作业环境热负荷的一个基本参量，单位为℃）大于或等于 25 ℃的作业。

（1）高温作业的危害。高温作业最直接的危害是导致职业性中暑。中暑发病进程是热量蓄积致使体温升高，首先摧毁了体温调节机制，体温进一步过高，超过细胞特别是脑细胞能够耐受的程度时，将出现以中枢神经系统为主的功能失调症状，严重时可危及生命。

（2）高温作业的防护。对于劳动者室内和露天作业 WBGT 指数不符合标准要求的，应根据实际接触情况采取有效的个人防护措施，采取必要的隔热、通风、降温等措施，消除高温职业危害。

素质园地

各地多措并举强化高温天气下劳动者权益保障

烈日炎炎，热浪袭人。人社部、全国总工会等多部门近日联合印发通知，部署做好高温天气下劳动者权益保障。“送清凉”、发津贴、强保障，各地正多措并举落实各项防暑降温措施，呵护酷暑中的劳动者。

休息驿站“送清凉”

全国总工会近日印发通知强调，要积极拓展“司机之家”、户外劳动者服务站点、工会帮扶（服务）中心等服务设施功能，以新就业形态劳动者为主要服务对象，为高温天气户外作业职工避暑休息提供便利。

各地纷纷行动，为高温下“逆行”的劳动者送去一片关爱、一方清凉。

重庆两江新区建立的“劳动者港湾”成了户外劳动者的“临时之家”。环卫工人邓享贵告诉记者，气温升高了，他们就前去吹吹空调，休息一下。

据重庆两江新区市政园林水利管护中心环卫科科长尹书勇介绍，目前两江新区已建成“劳动者港湾”55 座，基本能满足户外劳动者“累了能歇脚、渴了能喝水、饭凉能加热”的需求。

高温津贴及时发

持续高温天气下，劳动保护和劳动风险防范十分紧迫。多部门联合印发的通知要求，要指导和督促用人单位落实各项防暑降温措施，及时向符合条件的劳动者发放高温津贴；各级人社部门要加强执法检查，畅通举报投诉渠道，依法查处用人单位违法行为。

早上 6 点半，江苏泰州，电力工人潘灵敏已在离地面 40 米的电力线路上忙碌。即便这是一天中相对凉快的时候，潘灵敏依然感到十分闷热，身穿近 10 斤重的密闭防护服，每移动一步都汗如雨下。

"每次上去前都会服用一些公司发的防暑药物。公司最近将作业时间尽可能安排提早，并从6月开始发放每月300元的高温津贴。"潘灵敏说，虽然辛苦，但是自己及时消除线路故障，让用户的停电时间少一点，还是很有成就感。

为更好保障高温下作业人员安全，潘灵敏所在的国网江苏电力近期派专人在现场关注作业人员身体状态。

合理安排强保障

多部门联合印发的通知要求相关部门指导和督促用人单位合理安排劳动者在高温天气下的户外工作时间，尽量避开酷热时段作业。记者采访了解到，多地用人单位根据自身生产特点进行了适时调整。

东莞地铁1号线大朗西站的钢筋绑扎作业现场，热浪蒸腾。"入伏后，钢筋温度常常能达到五六十摄氏度，工人们戴上防护手套也会烫手。"中铁十九局项目经理宋晓峰表示，施工大干的时候，现场有上百名工人坚守岗位，如何保障他们健康安全是工作的一大重点。

针对近日连续高温天气，项目部进行错峰调整，让工人们一天三班倒，缩短连续作业时间，避开上午10点半到下午3点半最热时段。施工现场还配置了休息茶水间，每天定时提供消暑物品。

健全防暑降温工作制度、开展职业健康知识培训、完善劳动者高温天气作业时突发疾病应急处置预案……各地用人单位正按照通知要求，落实好主体责任，全力保障劳动者生命安全和身体健康。

（来源：中国新闻网）

（七）低温作业危害与防护

根据国家标准《低温作业分级》（GB/T 14440—1993）的规定，作业人员在生产劳动过程中，其工作地点平均气温等于或低于5 ℃的作业即为低温作业。在室内因条件限制或其他原因而无采暖的作业，如冷库、酿造业的地窖等，这类低温作业的特点是没有季节性。

（1）低温作业的危害。低温作业首先会影响人的正常操作能力，导致工效下降甚至事故，严重时可出现冻伤。冻伤已被列入我国职业病分类与目录，成为法定职业病之一。

（2）低温作业的防护。低温作业环境应尽可能实现自动化、机械化，避免或减少人员低温作业；在冬季寒冷作业场所，要有防寒采暖设备，露天作业要设防风棚、取暖棚；应选用导热系数小、吸湿性弱、透气性好的材料做防寒服装。同时，对低温作业人员应定期体检。对体弱、伤病（有高血压、心血管系统疾病、肝脏疾病、胃酸过多症、胃肠机能障碍、肾功能异常等）、有冻伤史、对冷过敏、初入寒冷区者及耐寒力较弱的人，应注意监护，避免从事低温作业。年龄50岁以上者，不宜长期从事低温作业。

工作时，作业人员必须穿戴好防寒服、鞋、帽、手套等保暖用品；冷库附近要设置更衣室、休息室，保证作业人员有足够的休息次数和休息时间，有条件的最好让作业后的工人进行热水浴。

素质园地

重视职业危害　保障安全生产

某危险化学品运输仓储有限公司是一家从事普通货物、集装箱、危险化学品运输和仓储配送的物流服务公司。公司在原厂址进行仓库改扩建项目，将现有的一个危险化学品仓库改扩建为两个危险化学品仓库，将现有的集装箱堆场改扩建成危险品集装箱堆场，并新建一座危险品仓库。扩建项目完成后，会增加丙酸、甲酸等化学品的储存和运输，也会有其他粉尘、噪声、振动以及高温等职业危害因素。

涉及危险化学品的物流作业，公司领导拟在员工中开展职业危害因素的影响和防控措施的宣传教育，加强员工的防范意识，提高职业危害的防护能力，保障安全生产。

三、发展绿色物流

（一）绿色物流的内涵

视频资源

绿色物流

近代，由于人类社会采用“大量生产－大量消费－大量废弃”的经济模式与生活方式，造成了全球规模的环境与资源问题。物流过程中需要消耗大量能源的同时，也带来了严重的环境污染，比如对大气土壤、水体等带来的污染，噪声振动的干扰，固体废弃物的产生，空间资源的大量占用，物品异地引入，还有流通加工过程中存在的各种环境污染，都给环境保护带来了巨大的挑战。

绿色物流是指以降低对环境的污染、减少资源消耗为目标，利用先进物流技术规划和实施运输、储存、包装、装卸、流通加工等物流活动。

绿色物流的内涵主要包括以下五个方面：

1. 集约资源

这是绿色物流的本质内容，也是物流业发展的主要指导思想之一。通过整合现有资源，优化资源配置，企业可以提高资源利用率，减少资源浪费。这正是可持续发展所提倡的。这也是我国发展绿色物流亟待逾越的障碍。以基础设施建设为例，我国有的地区在新建物流中心时，没有考虑和原有物流硬件设施的兼容问题，结果新的修起来，旧的就弃置了，造成资源的巨大浪费。这显然与物流发展的方向背道而驰，更不要说绿色物流了。所以“绿色物流”首先就要解决资源节约问题。

2. 绿色运输

运输过程中的燃油消耗和尾气排放，是物流活动造成环境污染的主要原因之一。因此，要想打造绿色物流，首先要对运输线路进行合理布局与规划，通过缩短运输路线、提高车辆装载率等措施，实现节能减排的目标。另外，还要注重对运输车辆的养护，使用清洁燃料，减少能耗及尾气排放。绿色运输还应当防止运输过程中的泄漏问题，以免对局部地区造成严重的环境危害。

素质园地

天津港推进智慧绿色枢纽港口建设：提升海运效能，促进协调发展

近年来，天津港持续推进码头全自动化改造，建设智慧绿色枢纽港口。通过采用绿色能源，推行绿色运输模式，部分集装箱码头装卸作业实现全流程零碳排放。随着枢纽优势进一步发挥，通关流程持续优化，天津港的辐射带动能力不断增强，助力经济高质量发展。

满载货物的巨轮，在无人值守的塔桥指挥下轻松停靠；岸边的集装箱码头，70 多台无人

驾驶的智能运输机器人自如穿行；8道42个自动化轨道桥次第排开、快速运转……这是天津港北疆港区C段智能化集装箱码头10多米高的指挥平台上俯瞰到的一幕。

三年来，天津港集团奋力打造智慧绿色枢纽港口，交出了一份亮眼成绩单：2021年，天津港年集装箱吞吐量突破2 000万标箱，增速保持世界十大港口首位；年海铁联运量突破100万标箱，位居全国前三；2021年10月，全球首个智慧零碳码头——北疆港区C段码头正式投产。

创新工艺方案，实现传统码头全自动化改造

前推、侧移、微调、锁扣、定位、解扣……在天津港自动化远程操控中心，远程操控司机冯旭紧盯屏幕上通过5G网络回传的超高清视频，熟练而精准地控制手里的操纵杆，为1公里外的货车装卸集装箱。仅用75秒，一个集装箱就装卸好了。“以前完全靠人工现场操作，最少也要5分钟，还存在一定安全隐患。”天津港第二集装箱码头公司技术部负责人陈培说。

“在传统集装箱码头上，无论寒冬酷暑，司机都要登上几十米高的岸桥，长时间低头操作。现在经过自动化改造后，坐在办公室里就能远程操控设备，轻松多了。”冯旭说。

天津港北疆港区C段码头是由天津港集团、华为和中国移动联合打造的“5G+智慧港口”项目，背后离不开天津港技术团队的艰苦攻关。

针对传统码头的全自动化改造是世界性难题。国内外现有的自动化码头采用垂直岸线的磁钉式技术路线，适用于新建码头，将其应用于传统码头自动化改造，成本太高。天津港技术团队设计出全新“单小车自动化岸桥+无人驾驶电动集卡+双悬臂自动化轨道吊”工艺方案，为传统码头全自动化改造提供了优质的解决方案。

相较于磁钉式技术路线，新方案对现有码头布局改造小，成本低，作业效率提升近15%，单箱能耗下降20%。集装箱智能理货实现全覆盖，车号、箱号一次识别准确率超95%。

“去年天津港大型自动化集装箱装卸设备占比已达到35%，今年要达到60%以上，明年达到80%以上。”天津港集团董事长褚斌介绍。

推进绿色运输，加大绿色能源开发建设力度

站在指挥平台眺望，繁忙运转的七彩码头、接连靠泊的万吨巨轮之外，两座高达188.5米的巨大风车悠然转动，为码头传输源源不断的清洁电能。

“截至2022年3月17日晚上7点，共发电529.5万千瓦时，超出码头所用电能58.6万千瓦时。”天津港分布式电源并网项目负责人、国网滨海电力公司副总经理钱峰介绍，2021年底顺利并网发电的北疆港区C段码头智慧绿色能源系统是我国港口首个“风光储荷一体化”智慧绿色能源项目。“实现了绿电100%自主供应、全程零碳排放。两台4.5兆瓦风力发电机组和总装机容量1.43兆瓦的光伏系统并网运行，为C段码头打造了绿电供给体系，每年节约标煤约7 340吨，减少二氧化碳排放约2万余吨。”

不仅如此，近年来，天津港主动调整运输结构，推广矿石与煤炭“满载来、满载走”的绿色运输模式，打造“公路转铁路+散货改集装箱”双示范港口。褚斌介绍，作为我国北方重要的煤炭下水港口，如今的天津港煤码头实现了煤炭铁路集港运输，大幅降低了运输车辆尾气排放和扬尘污染。

2022年1月，由75台电动智能水平运输机器人、31台无人驾驶电动集卡、50台电动集卡、30台氢燃料电池集卡组成的清洁能源水平运输车队在天津港投入生产运营。与同等运力的燃油集卡相比，单机每百公里减少燃油消耗50千克、减少碳排放155千克。车队运行一个月减少燃油消耗279吨、减少碳排放865吨，实现北疆港区C段码头装卸作业全流程零碳排放。

“十四五”时期，天津港还将大力推进零碳港区、零碳港口建设，加大对绿色能源开发建设力度，重点推进防波堤集中式风电和港区内分布式风电、光伏发电系统建设，预计新增绿色能源装机容量近500兆瓦。

融入协同发展，保障产业链供应链稳定

作为京津冀及三北地区的海上门户，天津港是距离雄安新区最近的出海口，更是“一带一路”的重要节点。天津港把发展置于京津冀协同发展大局中，全面增强辐射带动能力，助力内陆腹地经济高质量发展。

2022年3月4日，一批从广东佛山出产的建筑乳液经天津港中转运抵河北黄骅港。随着集装箱从船上卸下，佛山速航物流有限公司航线负责人张艺珠悬着的心终于落地：“在陆运受影响的情况下，幸亏有天津港环渤海内支线，提升了效率，降低了成本。”张艺珠的货物走的是海侧集疏运服务通道，货物中转运输均由海运完成。“这条通道依托的‘天天班’船舶能提供往返天津—黄骅、天津—曹妃甸、天津—京唐、天津—秦皇岛的海上通道，为受陆运影响的客户提供了选择。”天津港股份公司业务部中转市场开发经理谢书杉介绍。

2020年，天津港开通了环渤海内支线“天天班”，减免海运运费和港口相关费用，为企业复工复产架起了海上绿色通道。之后，航次从一天两班增加到三班，高峰时月航班量达150艘次左右。2021年环渤海内支线运量同比增长30%以上，带动中转吞吐量同比增长30%以上，保障了腹地产业链供应链稳定。

立足“一带一路”重要节点优势，目前，天津港与“一带一路”沿线国家港口的集装箱航线，已由2019年的30余条增加到50多条，同全球200多个国家和地区的800多个港口有贸易往来，其中与“一带一路”沿线港口贸易货物占比超过六成。

在口岸单位的支持下，天津港努力优化通关流程，大力推进港口集装箱业务办理单一窗口和天津“关港集疏港智慧平台”建设。目前，天津港进口提箱时间最短仅需1.5小时，出口货物抵达港口即可装船出口，有效提升了作业效率，降低了进出口企业的物流成本。

潮涌天地阔，奋进正当时。向着打造世界一流智慧绿色枢纽港口的目标，天津港正在奋力攀登。

（来源：中国新闻网）

3. 绿色仓储

一方面要求仓库选址要合理，有利于节约运输成本；另一方面，仓储布局要科学，使仓库得以充分利用，实现仓储面积利用的最大化，减少仓储成本。绿色仓储要求仓库布局合理，布局过于密集会增加运输的次数，从而增加资源消耗；布局过于松散则会降低运输的效率，增加空载率。仓库建设前还应当进行相应的环境影响评价，充分考虑仓库建设对所在地的环境影响，例如易燃易爆商品，仓库不应设置在居民区，有害物质仓库不应设置在重要水源地附近。

4. 绿色包装

包装是商品营销的一个重要手段，但大量的包装材料在使用一次后就会被消费者遗弃，从而造成环境问题。绿色包装可以采用的方法有：选用再生材料；选用可再循环的材料；选用可降解材料；尽量使用同一种包装材料；尽可能减少包装材料；在满足包装的保护审美、便利销售的前提下，尽量减少包装材料的使用；避免过度包装；重用和重新填装的包装；包装结构的优化设计；通过改进产品的结构和形态，达到提高产品结构强度的目的。

5. 废弃物物流

废弃物物流指将在经济活动中失去原有价值的物品，根据实际需要对其进行搜集、分类、加工、包装、搬运、储存等，然后分送到专门处理场所后形成的物品流动活动。随着科学技术的发展和人民生活水平的提高，人们对物资的消费要求越来越高：既要质量好又要款式新。于是被人们淘汰、丢弃的物资日益增多。这些产生于生产和消费的过程中的物质，由于变质、损坏，或使用寿命终结而失去了使用价值。它们有生产过程的边角余料、废渣废水以及未能形成合格产品而不具有使用价值的物质；有流通过程产生的废弃包装材料；也有在消费后产生的排泄物，如家庭垃圾、办公室垃圾等。这些排泄物一部分可回收并再生利用，称为再生资源，形成回收物流。另一部分在循环利用过程中，基本或完全丧失了使用价值，形成无法再利用的最终排泄物，即废物。废弃物经过处理后，返回自然界，形成废弃物流。回收物流与废弃物流不能直接给企业带来效益，但非常有发展潜力。

当我们今天热衷于商品物流运作的时候，也要面对人类自己制造的废弃物物流，使物流企业介入这个产业，让废弃物得到妥善处置，以可持续发展的生态学观点，改善我们的生活环境。实现人与自然和谐共生，真正的做到废弃物物流的产业化、减量化、无害化和资源化。

绿色物流是世界物流行业发展的潮流。也是物流企业获得核心竞争力的保障，在目前物流行业专业化程度不断提高的前提下，发展绿色物流不仅仅是一个新的领域，同时也会成为原有物流形式的一个有益补充。同时，绿色物流也是物流不断发展壮大的根本保证。物流要发展，一定要与社会的可持续发展相互配合，人类的经济活动绝不能因物流而过分地消耗资源、破坏环境，以致造成再次重复污染，因此选择绿色物流是物流发展的必然。

废弃物物流的处理方式如下：

（1）废弃物掩埋。大多数企业对企业产业的最终废弃物，是在政府规划地区，利用原有的废弃坑塘或用人工挖掘出的深坑，将其运来、倒入，表面用好土掩埋。其优点是不形成堆场、不占地、不露天污染环境、可防止异味对空气污染；缺点是挖坑、填埋要有一定投资，在未填期间仍有污染。

（2）垃圾焚烧。是在一定地区用高温焚毁垃圾。这种方式只适合用于有机物含量高的垃圾或经过分类处理将有机物集中的垃圾。

（3）垃圾堆放。是在远离城市地区的沟、坑、塘、谷中，选择合适位置直接倒垃圾，也是一种物流方式。

（4）净化处理加工。是垃圾（废水、废物）进行净化处理，减少对环境危害的物流方式。

（二）绿色物流的实施策略

绿色物流的实施策略包括以下几点：

1. 树立绿色物流观念

观念是一种带根本性和普遍意义的世界观，是一定生产力水平、生活水平和思想素质的反映，是人们活动的指南。由于长期的低生产力，人们更多地考虑温饱等低层次问题，往往为眼前利益忽视长远利益，企业因这种非理性需求展开掠夺式经营，忽视长远利益、生态利益及社会利益，进而导致来自大自然的警告。

2. 推行绿色物流经营

物流企业要从保护环境的角度制定其绿色经营管理策略，以推动绿色物流进一步发展。

（1）选择绿色运输。通过有效利用车辆，降低车辆运行频率，提高配送效率。例如，合理规划网点及配送中心、优化配送路线、提供共同配送、提高往返载货率；改变运输方式，由公路运输转向铁路运输或海上运输；使用绿色工具，降低废气排放量，等等。

（2）提倡绿色包装。包装不仅是商品卫士，而且也是商品进入市场的通行证。绿色包装要醒目环保，还应符合 4R 要求，即少耗材（reduction）、可再用（reuse）、可回收（reclaim）和可再循环（recycle）。

（3）开展绿色流通加工。由分散加工转向专业集中加工，以规模作业方式提高资源利用率，减少环境污染；集中处理流通加工中产生的边角废料，减少废弃物污染，等等。

（4）搜集和管理绿色信息。物流不仅是商品空间的转移，也包括相关信息的搜集、整理、储存和利用。绿色物流要求搜集、整理、储存的都是各种绿色信息，并及时运用于物流中，促进物流的进一步绿色化。

3. 开发绿色物流技术

绿色物流的关键所在，不仅依赖绿色物流观念的树立、绿色物流经营的推行，更离不开绿色物流技术的应用和开发。没有先进物流技术的发展，就没有现代物流的立身之地；同样，没有先进绿色物流技术的发展，就没有绿色物流的立身之地。而我们的物流技术与绿色要求有一定的差距，如物流机械化方面、物流自动化方面、物流的信息化及网络化。要大力开发绿色物流技术，否则绿色物流就无从谈起。

素质园地

上线“黑科技”，物流企业激战细分市场

在 2022 年中国国际服务贸易交易会现场，顺丰、中通、菜鸟、闪送等多家物流企业扎堆“黑科技”，“魔鬼鱼”外形的物流无人机、L4 级别的自动驾驶快递车等技术产品纷纷亮相。除了以智能技术降本增效，企业更是看重科技杠杆撬动细分市场的潜能，从而在激烈竞争中弯道超车。

据京东展台的工作人员介绍，展出的快递车是京东物流自主研发的第五代智能快递车，最大可载重 200 kg，续航 100 km，可实现 L4 级别的自动驾驶。顺丰展出的形似“魔鬼鱼”的物流无人机，截至 2021 年已在江西赣州、川西地区、上海金山、大湾区等多地安全运行近百万架次，能应对平原丘陵、高原山区、城市和海岛等多种复杂场景。而中通展出的油电混合快递无人机能应付末端配送、农村电商、医疗应急、紧急救援等多种场景，末端配送智能无人车承载重量能达 250 kg，除了配送，无人车还能与智能快递柜联动交接。

事实上，企业纷纷竞赛数智化无人产品，其核心均指向降本增效。美团智能配送站相关负责人表示，通过数智化产品在货物配送全流程的应用，企业能够进一步突破人力条件的局限，同时还能够拓宽业务场景，有效提升物流的履约能力。

“以递送手机和运送文件为对照，前者要求安全，后者要求快。”面对差异化的 C 端需求，闪送联合创始人、执行总裁于红建表示，“平台需要敏锐判断递送物品属性及下单者的需求，再根据不同配送者的经验分配订单。”

“根据闪送的经验，递送手机的订单往往需要闪送员有送过贵重物品的经验。因此，我们必须先缩小每个订单的可筛选范围，最终由有资格的几名闪送员通过抢单或系统派单获取该订单。”于红建坦言，利用数字化匹配差异性需求虽然困难，但仍然是必要的。

于红建认为，目前的数字化物流更多还是在订单向运力分配的基础功能上做文章，用户差异化的需求仍未被满足。“用通用化的程序模板很难精准地满足个体不同的差异化需求。每笔订单背后的特殊需求，一般需要定制化服务，而该服务实际上还是通过人力的方式来进行匹配，正因如此，效率也会有所损耗。”他进一步解释道。

无可置疑的是，企业押注智能技术，必定是投身于一场围绕人才、资金、政策等各因素作用的拉力赛。

“目前快递企业已经面临末端劳动力紧缺的问题了，很多网点招不到年轻人，这在未来会更加突出，而快递量逐年增长，企业必须要围绕未来的末端配送市场做规划。”一位资深快递从业者指出。

据了解，在环境较为稳定的高校、工厂、医院和港口等场景，从末端到干支线运输，物流企业数年来正加快推进无人驾驶技术的普及甚至常态化。公开资料显示，目前引入菜鸟无人车送快递的高校已超过300所。而京东除了研发智能快递车，还在2022世界机器人博览会上首次展出智能零售车，以冷藏零售柜技术切入零售场景。

企业持续的技术投入一方面是为构建竞争力增添更多砝码，另一方面则是寻找供应链物流绿色化的答案，这无疑是一场考验耐力的长跑。财报显示，在过去五年间，京东投入近800亿元在技术研发上。而顺丰2017—2021年的研发投入达到125亿元。

在服贸会上，顺丰展示了碳中和循环包装“丰多宝 π-BOX”的成果。除了给自己“减碳”，不少物流企业也携手合作方一起“瘦身”。如菜鸟与商家共建绿色物流供应链后，能使每个包裹平均减碳180 g。

“绿色发展最重要的不是科技水平，而是企业的态度和决心。”于红建表示。

（来源：中国新闻网）

4. 制定绿色物流法规

绿色物流是当今经济可持续发展的一个重要组成部分，它对社会经济的不断发展和人类生活质量的不断提高具有重要意义。正因为如此，绿色物流的实施不仅是企业的事情，而且还必须从政府约束的角度对现有的物流体制强化管理。

一些发达国家的政府非常重视制定政策法规，在宏观上对绿色物流进行管理和控制。尤其是要控制物流活动的污染发生源。物流活动的污染发生源主要表现在：运输工具的废气排放污染空气，流通加工的废水排放污染水质，一次性包装的丢弃污染环境等。因此，他们制定了诸如污染发生源、限制交通量、控制交通流等的相关政策和法规。国外的环保法规种类很多，有些规定相当具体、严厉，国际标准化组织制定的最新国际环境标志也已经颁布执行。

5. 加强对绿色物流人才的培养

绿色物流作为新生事物，对营运筹划人员和各专业人员的素质要求较高，因此，要实现绿色物流的目标，培养和造就一批熟悉绿色理论和实务的物流人才是当务之急。

课后练习

一、填空题

1.____________________是对工作场所内产生或存在的职业性有害因素及其健康损害进行识别、评估、预测和控制的一门科学。

2. 密闭的房间和生产装置、设备容器内的火灾适合采用的灭火方法是________________。

3.____________________是根据职业活动的具体要求，对人们在职业活动中的行为用条例、章程、守则、制度、公约等形式做出规定。

4.____________________是指化学品能引起燃烧、爆炸的危险程度。

5. 高温作业可以采取的个人防护措施有______________、______________、______________。

6. 物流企业和客户沟通的主要方式有______________、______________等。

7. 收退员的岗位职责包括________________、________________、__________________、__________________。

8. 在任何特定群体中，重要的因子通常只占少数，而不重要的因子则占多数，因此只要能控制具有重要性的少数因子即能控制全局。这个原理经过多年的演化，已变成当今管理学界所熟知的____________________。

9.____________________是指在生产劳动过程中，作业场所平均 WBGT 指数（WBGT 指数是综合评价人体接触作业环境热负荷的一个基本参量，单位为℃）大于或等于 25 ℃的作业。

10.____________________是依业务订单适时、适品、适量地采购，并跟踪采购进度，确保订购物料按时、按量、保质送达企业仓库，协调销售、生产的有效进行。

二、选择题

1.（　　）是职业品德、职业纪律、专业胜任能力及职业责任等的总称。

A. 职业道德　　B. 职业操守　　C. 职业能力　　D. 职业素养

2. 在工作中，服务意识主要体现在（　　）两个方面。

A. 心情　　B. 态度　　C. 面部表情　　D. 行为

3. 验收员的岗位职责包括（　　）等。

A. 指挥送货车辆停靠月台

B. 核对供应商送货单与公司内预收货单

C. 指导或参与搬卸，将货品堆叠在托盘上

D. 对商品进行验收

4. 化学品危害的预防与控制的基本原则包括（　　）等。

A. 源头控制　　B. 操作控制　　C. 人员控制　　D. 管理控制

5. 危险化学品的危害主要包括燃爆危害、健康危害和（　　）。

A. 污染危害　　B. 辐射危害　　C. 环境危害　　D. 水土危害

6. 安全标志包括（　　）。

A. 禁止标志　　B. 提示标志　　C. 指令标志　　D. 警告标志

7. 对于事故的预防与控制，主要应从（　　）这几个方面入手。

A. 事故报告　　B. 安全风险管控　　C. 隐患排查治理　　D. 安全检查

8. 物流行业客户沟通技巧包括（　　）。

A. 明确目标　　B. 理性沟通　　C. 注意倾听　　D. 善于提问

9. 小张已到物流企业工作一年了，他想基于自我认知对自己进行评价，其步骤一般包括（　　）。

A. 自我了解　　B. 他人评价　　C. 社会反馈　　D. 反省总结

10. 职业健康法律法规体系包括（　　）等。

A. 行政法规　　B. 宪法　　C. 法律　　D. 部门规章

三、问答题

1. 简述职业道德的内涵。

2. 简述安全事故预防与处理的方法。

3. 简述职业环境中的危害与预防方法。

4. 简述物流职业礼仪的意义。

5. 如何正确操作叉车？

实训项目

一、任务背景

目前物流专业人才已被列为我国12类紧缺人才之一。我国物流行业每年需要新增一线操作技能人员约110万人，而目前国内职业院校物流专业毕业生人数约40万，无法满足企业用人需求。同时，电子商务的蓬勃发展给物流行业注入了源源不绝的发展动力，良好的发展前景使得越来越多的求职者把目光投向了物流领域。

然而，即便是物流专业出身的同学也不一定全面地了解与自己专业对口的物流岗位有哪些，这些岗位对人才的要求是什么，如何去展现自己与应聘岗位之间的匹配性。

二、实训内容

实训目的：通过调研物流企业岗位，了解物流从业人员应具备的专业知识、专业技能等。

实训要求：结合调研内容及所学内容，撰写物流职业认知实训报告。

物流职业认知实训报告					
企业名称		企业地点		业务类型	
企业规模		企业性质		企业结构	
调研时间		调研人员		联系电话	
调研内容	岗位名称	岗位任务	岗位要求		信息来源
			技术	素质	
总结					

第五章

物流创新与创业

知识目标

- 理解创新的内涵和类型。
- 掌握创新思维的实现技法。
- 了解创新思维与思维引导工具。

能力目标

- 能应用创新技法和思维引导工具进行分析。
- 能够撰写商业计划书。

素质目标

- 培养人人皆可创新的理念。
- 敢于承担挑战性的工作，具有创业意识。

第一节　物流管理中的创新思维

引导案例

京东物流"物流商流一体化"服务模式创新

京东物流在位于武功县的陕西智能供应链中心首次开启产地仓溯源直播。本次直播取得亮眼成绩，直播 4 小时，订单突破 1 万单，较今年（2022 年）618 期间的直播单量增长 317%。

本次产地仓直播，是京东物流携手京东零售、微信视频号共同打造，不仅扩大了当地猕猴桃的品牌效应，也提升了果农们的经济效益，走出了一条物流带动商流的新路径。事实上，猕猴桃只是一个缩影，在全国各地，京东物流开辟的“物流带动商流”的模式正助力超过300个合作商家的农特产品加速上行，为助力乡村振兴、推动农民增收拓展新路径。

在推动基础设施建设和智能技术持续下沉，不断提升农村等偏远地区的物流效率外，京东物流还通过人才培养、整合流量等全渠道资源，充分发挥“物流＋商流”的一体化服务优势，推动各地农特产品实现品牌、效益双提升。

在助农模式的创新探索中，京东物流打通内外场域、整合优势资源来强化商流优势，为农特产品拓展更多销售渠道、获取更多流量关注。在内部，京东物流联动京东商城，与产地联动搭台，通过线上会场、产地溯源直播、店铺流量倾斜等举措，帮助各地优质产品打响品牌、提升效益。在外部，京东物流通过社群营销、MCN（多频道网络）生态、抖音快手店铺运营等举措，搭建自身的供应链中台能力，增加商流的核心竞争力。截至目前，京东物流已通过“物流带动商流”模式服务超300个合作商家，累计带动交易额近5亿元。

（来源：搜狐网）

思考： 1. 京东物流的创新服务模式主要是什么内容？
2. 举例说明物流管理中的“创新”有哪些。

一、物流管理中的创新

（一）创新的内涵和类型

1. 创新的内涵

创新，顾名思义，创造新的事物。创新包括“创造”，即从来没有过的存在的产生，如第一台计算机的诞生；但是，创新不止“创造”，也指对已有存在的更新，如人工智能在不同领域的应用。创新的关键是“创”，这是一个充满主动性的词汇，强调创新者的主观意识和行动的高度融合，创新更多指向的是过程，是一个完整的“发现问题－分析问题－解决问题”的过程。创新不会平白无故地发生，一定是基于人的主观能动性，在这个过程中不断地应用开拓性思维，在一次次的“灵感－构思－实践”的螺旋式上升中，更好地满足人们的需求，推进社会不断地发展。

视频资源

创新的内涵与类型

物流创新，是指在实体经济以信息化带动工业化的进程中，凭借先进理论、思维方法、经营管理方式和科学技术手段，对传统物流格局中的商流、物流、资金流和信息流所进行的全面改造和提升，以便全面、系统、大幅度地提高物流的效能，取得最大化的企业经济效能和社会效果。

2. 创新的类型

不同维度下的创新，开拓的领域不同，达成的目标也不同。根据创新方法的不同和已知的创新案例，结合商品社会的发展需求，可以将创新分为七种类型。对七种类型创新内涵的深刻理解，有助于在创新过程中确定有效参照物和实现创新成果。

（1）开拓式创新是最有价值且难度最高的一种创新，可以称之为“创造”。它是一种全新的、对社会发展进程有深远影响的创新，往往带有天才的、发明的光环。

（2）升级式创新是在已存在的基础上进行的迭代式创新，包括技术的迭代升级、产品的迭代升级等。由于开拓式创新提供的成果往往粗糙，因此升级式创新对商品市场的作用不可低估。

（3）差异化创新是在商品社会不断发展的基础上，基于消费者对于服务、商品的精细化需求。差异化创新被大规模应用在各种细分市场上，取得了良好的效果。

（4）组合式创新是基于对需求的敏锐观察，通过组合已有技术、商品、服务的方式，实现对新生需求的满足，或对已有需求的更优质满足。

（5）移植式创新是把在 A 领域使用的技术或模式，移植到看似没有关联的 B 领域，从而创造出新的产品或模式。

（6）精神式创新通过取得人们在情感、文化或价值观层面的共鸣来实现创新。精神式创新对产品提供方要求很高，因此真正具有价值观输出能力的企业并不多。

（7）破坏式创新是行业的新进入者通过制定新的行业规则，破坏已经形成的秩序，获得发展的机会，这是基于商品市场后发优势的一种创新方式。

课堂练习

根据表 5-1 中的创新项目的主要内容，分析各项目属于哪种创新类型。

表 5-1 创新项目及类型

序号	创新项目	创新类型
01	顺丰 24 小时送达	
02	机器人分拣	
03	爱因斯坦《相对论》	
04	无人机配送	
05	手机的发明	
06	社区团购网	
07	制药公司研发新药	
08	新鲜水果的配送	
09	微软 Windows 系统	
10	唯品会 物流配送	

（二）物流创新

物流创新是对整个物流过程进行全方位的革新，创新活动融入物流活动的各个方面、各个环节。根据物流创新的内容和作用，可归结为物流制度创新、物流管理创新、物流技术创新三个方面。这三个方面的创新活动各有其特定的内容和特点，又必须紧密相连，才能实现物流活动的高效率和效益。其中，物流技术创新是核心，制度创新是前提，管理创新是保障。

1. 物流制度创新

制度创新是指在现有的经济生活环境条件下，通过创立新的、更具有激励效能的制度来提高制度效率及其合理性的创新活动。制度创新的直接效果是激发人们的积极性和创造性，并以制度化的方式加以固化，使之持续发挥作用。可见，制度创新是基础，所有创新活动都依赖于制度创新的积淀和持续激励。

2. 物流管理创新

管理创新是创造一种新的更有效的方法来整合企业内外资源，以实现既定管理目标的活动。企业管理创新是一项复杂的系统工程，是企业的管理者根据市场和社会变化，利用新思维、新技术、新方法、新机制，创造一种新的、更有效的资源组合方式，以适应和创造市场，从而促进企业管理系统综合效益的不断提高。这一项系统工程通常包括以下几个方面的内容：

（1）经营创新。经营是企业自主地适应和利用环境，面向市场，以商品生产和商品交换为手段，旨在实现自身经济目标的经济活动。现代企业要在需求变化快、竞争激烈的市场环境中生存和发展，就必须在经营上创新，形成自身的特色和优势，才能实现预期经营目标。

（2）管理组织创新。管理是实现企业经营目标的手段和重要保证，企业组织形式不是一成不变的，必须根据企业发展与市场竞争的需要进行调整和创新。管理创新过程中必须重视增加组织的柔性，创建更高效、更灵活的组织结构方式。

（3）管理技术与方法创新。企业是一个复杂的大系统，在企业内部流动着劳务流、资金流、物流、信息流、能量流等资源，要提高竞争能力，必须使所有资源处于一种科学、合理并且先进的管理模式下运行。这种模式实质就是以市场需求为导向，以系统观念工程为指导，以现代管理技术和方法为支撑的综合的、系统集成的、整体优化的管理系统。

（4）管理模式创新。管理模式是管理内容、管理方法、管理手段和形式的有机统一结合体。它是一种系统化的指导与控制方法，把企业中的人、财、物和信息等资源，高质量、低成本、快速及时地转换为市场所需要的产品和服务。因此，质量、成本和时间（生产周期）就一直是一个企业的三个核心活动，企业管理模式也是围绕着这三个方面不断发展的。为了实现高质量、低成本、短周期，企业一直都在寻找最有效的管理方法，尝试新的管理模式，以实现自身的经营管理目标。

3. 物流技术创新

技术创新，是指创新技术在企业中的应用过程，新技术在企业生产中的应用一般通过创新产品和创新的生产工艺两种方式体现出来。从操作层面而言，一般须具备以下四个阶段：

（1）创新思想的形成。就企业层面看，创新思想的形成动力主要来源于技术推动、市场拉动及制造的需要等方面，其中最大的动力是市场需求的拉动。

（2）创新技术的获取。创新技术的获取也主要有三种方式：一是企业依靠自己的力量进行技术创新活动；二是企业与其他部门合作培养，主要是与科研部门、高等院校等合作；三是从外部引进。就第三种方式而言，企业引进技术软件和引进硬件的效果与条件也是不相同的。

（3）企业生产要素的投入和组织、管理阶段。主要包括企业的人力、物力、资金、技术、信息等基本要素的投入与组织管理。资金的投入与管理，一般来说要把握好几个比例关系：一是研究与发展费用占企业销售额或利润的比例；二是在研究与发展费用中，基础研究、应用研究和试验发展各部分的资金比例；三是引进技术的费用与吸收费用的比例。

（4）企业技术创新的效果展示阶段。企业技术创新的效果可以在经济指标和产品的物理化学性能上得到反映，改进产品的物理化学性能也常常是企业进行技术创新的出发点。在现实中，往往也只有在改进产品的物理化学性能方面取得成果后，才能获得相应的经济效益。

素质园地

国内首个全自动智能无人机物流解决方案发布

扫描身份证、进行人脸识别、放置寄件，随后，你的快递就会通过无人机送到目的地。这不是科技幻想，而是已经实现并正在尝试推广的创新技术。来自全国领先的物流企业与无人机企业首度跨界合作，通过便捷高效的空中快递，给传统物流插上翅膀，让费时费力的配送流程变得更加简单、智能。

2019 年 5 月 16 日，国际航空快递企业中外运敦豪国际航空快件有限公司与国际领先的中国专业智能飞行器解决方案提供商亿航智能在广州签署战略合作协议，并发布国内首个全自动智能无人机物流解决方案。同时，利用该解决方案为中外运敦豪客户定制的无人机快递服务成功实现首航。

现场发布的首条无人机配送服务航线从中外运敦豪位于广东省东莞市的寮步服务中心到松山湖片区，全程飞行距离约 8 km，使用亿航开发的最先进的智能无人机——亿航天鹰（Falcon）物流无人机进行派送。该机型采用 4 轴 8 桨多旋翼结构、全备份多冗余设计、智能安全飞控算法，可实现垂直起降、视觉识别精准定位、智能规划航线、全自动飞行、实时联网调度，最大载重 5 kg 的快递包裹，可将单程派送时间从 40 min 大幅缩短至 8 min，适用于城市内灵活高频的中短途末端配送客户需求。全新的解决方案不仅能够提升中外运敦豪的服务能力和客户体验，同时降低运营成本高达 80%。此外，智能电动无人机的低能耗则带来了更高的环境效益。

亿航智能联合创始人兼亿航天域 CEO 熊逸放介绍，在这条无人机配送服务航线中，中外运敦豪过去一天只会派出两趟运件车送件，两地距离将近 10 km，耗时 40 min。如今使用无人机送件，全程仅 8 kg，耗时仅 8 min，且每天不限次数运送。“我们知道传统的物流公司会有截件时间，一份很着急的文件可能因为过了截件时间就无法派送了，但是无人机的灵活性与便捷性能够更好地满足客户需求。”

（来源：根据相关网络资料整理）

二、创新思维引导工具

视频资源

创新思维引导工具

创新思维是指以新颖独创的方法解决问题的思维过程，这种思维能突破常规思维的界限，以超常规甚至反常规的方法、视角去思考问题，提出与众不同的解决方案，从而产生新颖、独到、有社会意义的思维成果。应用恰当的思维引导工具，可以帮助创新者更好地实现创新。

（一）思维导图

思维导图，又称心智导图，是表达发散性思维的有效图形思维工具，是一种实用性的思维工具。

思维导图是用图表表现大脑思考和产生想法的过程，将大脑内部运作的过程进行了外化。它用图形辅助思考，用全脑思维代替线性思维，可以广泛应用于所有的认知功能领域，尤其是记忆、创造、学习等各种形式的思考。

1. 思维导图的绘制技巧

（1）从一张白纸（建议将纸横放）的中心开始绘制，周围留出空白。从中心开始，使思维向各个方向自由发散，更自由、更自然地表达想法。

（2）用一幅图像或图画表达中心思想。如果某个特别的词（而不是图像）在思维导图中是要绝对处于中央位置，这个词也可以通过添加层次感、多重色彩和吸引人的外形来变成一个图像。

（3）在绘制过程中使用颜色。颜色和图像一样能让大脑兴奋，颜色能够增添跳跃感和生命力，为创造性思维增添巨大的能量。

（4）将中心图像和主要分支连接起来，然后把主要分支和二级分支连接起来，再把三级分支和二级分支连接起来，以此类推。大脑是通过联想来思维的，将分支连接起来，可以更容易地理解和记住许多东西。

（5）让思维导图的分支自然弯曲而不是像一条直线。大脑对直线感到厌烦，曲线和分支就像大树的枝杈一样更能吸引你的眼球。

（6）在每条线上使用一个关键词。单个词汇更具有力量和灵活性。每一个词汇和图形都像一个“母体”，繁殖出与它自己相关的、互相联系的一系列“子代”。使用单个关键词时，每一个词都更加自由，有助于新想法的产生。

（7）尽量使用图形。每一个图形，就像中心图形一样，相当于 1 000 个词汇。假设思维导图有 10 个图形，相当于记了 10 000 字的笔记。

2. 制作思维导图的八大常见方法

（1）树状图，主要用来对事物进行分组或分类。在最顶端，写下被分类事物的名称，下面写下次级分类的类别，依此类推。

（2）括号图，用于分析事物整体与局部的关系。一般在图的左边写上主题，然后放一个大括号，包括这个主题的主要部分，之后对每个部分用一个括号再描述细节。

（3）桥状图，主要用来进行类比和类推。在桥型横线的上面和下面写下具有相关性的一组事物，然后按照这种相关性，列出更多具有类似相关性的事物。

（4）气泡图，通常用于定义事物的属性或相应的联系，主要是使用形容词或形容词短语来描述物体。在画气泡图的时候，一般在中心圆圈内写下被描述的物体，外面圆圈内写下描述性的形容词或短语。

（5）双重气泡图，又称气泡图的升级版，这也是一件分析“神器”，主要用于两个主题间的比较和对照，从而找到它们的差别和共同点。具体在绘制的时候是将两个主题分别画在两个圆中，周围的泡泡就是关于主题的属性或者联想，如果一个泡泡和两个主题都关联，那么它就可以用线跟两个主题圆都连起来。这样的好处是，两个主题有什么共性就可以一目了然了。

（6）流程图，主要用于描述一件事情的各个过程（包括发生顺序、时间过程、步骤等）。绘制时通常是在最大的方框内，先写好这个事情的主题，然后用小方框描述完成这个事情所需要的每个步骤，并且用箭头将这些步骤联系起来。

（7）多重流程图，主要用来描述一个事物的因果关系。绘制时首先定义核心方框，描述这个事情，之后再在左边方框描述事件产生的原因（用箭头指向核心方框），右边填写事件的结果（用箭头从核心方框引向结果方框）。这是一个先后顺序的过程，能够看到事件发生的原因和结果，通过考虑原因和结果来分析为什么，结果是什么。

（8）圆圈图，主要用于把一个主题展开来，联想或描述细节。它有两个圆圈，里面的小圈圈是主题（主题可以使用词语、数字、图画或者其他标志或象征物来表示尝试理解或定义的事物），而外面的大圈圈里放的是和这个主题有关的细节或特征。

3. 思维导图的三种用法

（1）第一种用法：提取“关键词”，这是思维导图主要应用方式。主要是通过对文章提出概括或细节性问题，提取文章中的重要信息（时间、地点、人物、事件、原因、结果等）。从软件设计的角度上讲，这种方法主要在于培养我们目的性阅读的意识，提高对文章内容的把握速度和程度，让我们以导图的形式将文章的各级主题及枝节完整详细地展现出来，凡有所读，必有所得。

这种方法，一般针对文章信息明晰的提取性阅读，我们要做的只是按逻辑顺序提取、标注，是思维导图最基本的应用方法。

（2）第二种用法：对信息进行逻辑分析决策，是指利用思维导图，对混乱的资料信息进行逻辑分析，得出结论或做出决策。这种方法不同于上一种方法的信息全貌展现，而是更侧重信息分析，是对已知的信息进行筛选、分析，最终概括出观点、结论或做出决策。

如一篇结构较为松散的文章，通过对各部分内容的整合和逻辑分析，得出文章论点，或要在一件事情的选择上做出决断，把各种选择的优缺点列出，通过分析各种选择优缺点对自己的迫切程度，斟酌损益，得出最终决定。

这种方法目前在软件中的应用不是很多，但对个人的实际生活和工作帮助很大，可以帮助我们了解和正视自己，明了做一件事或不做一件事的主客观原因有哪些，深层原因又是什么。而这些深层原因所反映出的心理状况，多数情况下是被我们潜意识忽视，却对我们的人生发展影响重大的要素。如果说关键词信息提取法考验的是按图索骥过程中的速度与细心，那么逻辑分析决策法考验的就是对外物和自我的分析。

（3）第三种用法：头脑风暴法，在思维导图中的应用方法是：在导图的中间画上目的关键词的图像（最少要有 3 种色彩，以激发大脑思考的激情），在图像周边，将自己能想到的与关键词相关的词语都写上，不考虑是否符合逻辑，不考虑是否具有可行性，尽管写出来并将这些词以各种角度延展或彼此间建立联系，直到将最符合主题的思路完整展现，算是一个头脑风暴的结束。这种方法以整体性、发散性、色彩性等符合人类大脑工作规律的特性再现个体思考的过程，并使这种思考更有趣、更活跃、更具有创造性。

与前两种方法相比，头脑风暴是对大脑的创造性思维最有帮助的训练方式，因为它不是对信息的粗暴提取，也不是对现有资料的整合，而是创造一件事物，使其从无到有的过程。

以上三种思维导图的用法，基本涵盖了我们学习、工作和生活的方方面面，不仅能帮助我们快速阅读，更能激活我们的大脑，很多人都使用它来做笔记、做计划、做决策、做创造……目前，网上有很多专业的思维导图制作软件，指导着我们如何更好更快做阅读，大家可以根据自己的学习、工作、生活需要，选择适合自己的用法。

（二）“六顶思考帽”

“六顶思考帽”是一个全面思考问题的模型。它提供了“平行思维”的工具，避免将时间浪费在互相争执上。强调的是“能够成为什么”，而非“本身是什么”，是寻求一条向前发展的路，而不是争论谁对谁错。运用“六顶思考帽”，将会使混乱的思考变得更清晰，使团体中无意义的争论变成集思广益的创造，使每个人变得富有创造性。

“六顶思考帽”是指使用六种不同颜色的帽子代表六种不同的思维模式。任何人都有能力使用以下六种基本思维模式：

1. 白色思考帽

白色代表中性和客观。戴上白色思考帽，人们思考的是关注客观的事实和数据。例如：我们如何获得信息的？

2. 绿色思考帽

绿色代表茵茵芳草，象征勃勃生机。绿色思考帽寓意创造力和想象力。具有创造性思考、头脑风暴、求异思维等功能。例如：新的想法、建议和假设是什么？

3. 黄色思考帽

黄色代表价值与肯定。戴上黄色思考帽，人们从正面考虑问题，表达乐观的、满怀希望的、建设性的观点。例如：这件事情成功的要素是什么？

4. 黑色思考帽

黑色代表冷静和严肃。戴上黑色思考帽，人们可以运用否定、怀疑、质疑的看法，合乎逻辑的进行批判，尽情发表负面的意见，找出逻辑上的错误。例如：它的缺点是什么？

5. 红色思考帽

红色是情感的色彩。戴上红色思考帽，人们可以表现自己的情绪，人们还可以表达直觉、感受、预感等方面的看法。例如：我的直觉反应是什么？

6. 蓝色思考帽

蓝色代表冷静、天空。戴上蓝色思考帽负责控制各种思考帽的使用顺序，规划和管理整个思考过程，并负责做出结论。例如：我们的目标是什么？

（三）创新思维的实现技法

1. 头脑风暴法

头脑风暴法，是指在正常融洽和不受任何限制的气氛中以会议形式进行讨论和座谈，打破常规，积极思考，畅所欲言，充分发表看法，通过无限制的自由联想和讨论，激发产生新观念或创新设想。

视频资源

创新思维的实现技法

头脑风暴一般以群体会议的方式进行，为使与会者畅所欲言，互相启发和激励，达到较高效率，需遵循以下原则：

（1）自由畅谈，禁止批评和评论，对别人提出的任何想法都不能批判和阻拦。

（2）在论题集中的前提下，追求设想数量，越多越好。

（3）全程记录，文字记录要事无巨细，尽量还原现场，也可以采用录影录像的记录方式。

（4）独立思考，以免因为交谈影响和打扰别人的思维。

2. 逆向思考法

逆向思维就是站在一个事情的反面或者另一个角度来思考，从而找到不同的解决方案。逆向思考法要求我们：一方面要理解、认识、重视逆向思维的价值，不断提高运用逆向思考进行学习和研究的自觉性；另一方面要从平常的学习、研究活动乃至在平常的生活中，主动运用逆向思考的方法去思考问题，养成习惯，即养成逆向思维的自觉性。

3. 强制联想法

在思维培养阶段，通过发散性思维最大可能地提出创新的设想。但是，要针对性地提出解决方案，需要另一种更有效的方法，就是“强制联想法”。

强制联想法是对于随机找到的两样及以上完全没有关联的事物，要尽可能多地想出两者之间的关联点或者相同点，以此来提高定向创新性解决问题的能力。

第二节　商业计划书

引导案例

从小女孩的庆生会到新一轮的产业革命

20 世纪 60 年代，丽贝卡的妈妈过生日时，丽贝卡的外祖母亲手烤制生日蛋糕，她购买的是价值 1 美分或 2 美分的蛋糕制作原料。

20 世纪 80 年代，丽贝卡过生日时，丽贝卡的妈妈打电话给超市或当地的面包店定制生日蛋糕，这种定制服务将花费 10～20 美元，而许多父母却认为定制蛋糕很便宜，毕竟这样做，他们可以集中精力于计划和举行画龙点睛的生日聚会。

21 世纪初，丽贝卡的女儿过生日时，丽贝卡会把整个聚会交给“迪士尼俱乐部”公司来举办。在一个叫纽邦德的旧式农场，丽贝卡的女儿和她的 14 个小朋友一起体验了旧式的农家生活。他们用水洗刷牛的身体、放羊、喂鸡、自己制造苹果酒，还要背着干柴爬过小山，穿过森林。丽贝卡为此付给公司一张 146 美元的支票。

丽贝卡女儿的生日祝词上写着：“最美妙的生日礼物并非物品。”

最美妙的生日礼物是什么呢？

是体验，是永远无法复制的美好回忆！

从产品经济到服务经济，再到体验经济，体验消费的时代已经到来！机遇就在我们身边，例如：大学校园的配送服务项目。

思考：如何撰写一份“校园物流配送”项目商业计划书？

“仅仅有创意是不够的。创意不能持久，必须把创意落实为行动”。一份缜密、可行的商业计划书可以将一个不错的创意转化成为一个成功企业。商业计划书是创业者叩响投资者大门的“敲门砖”，是创业者计划创立业务的书面摘要，无论是把新技术转变成新产品，把新创意发展成新公司，还是对现有公司进行重组和变革，这些活动都离不开商业计划书，一份优秀的商业计划书往往会使创业达到事半功倍的效果。

一、商业计划书的定义和作用

视频资源

商业计划书

商业计划书是指创业公司、企业或项目单位为了达到招商融资和其他发展目标，根据一定的格式和内容要求而编辑整理的一个向听众（如风险投资者或评审者）全面展示公司和项目目前状况、未来发展潜力的书面材料。商业计划书有相对固定的格式，它几乎包括投资者感兴趣的所有内容，从企业成长经历、产品服务、市场营销、管理团队、股权结构、组织人事、财务、运营到融资方案等。

在创业之初，一份完善的商业计划书不仅可以帮助创业者分析创业过程中的主要影响因素，还可以成为创业者在创业过程中的行动指南和风险监控手段。具体来说，商业计划书可以起到以下几方面重要作用：

（一）商业计划书是风险投资的敲门砖

风险投资者通常都是在审阅完商业计划书后，觉得有必要进一步了解创业项目时才会与创业者会面。因为，只有在前期深入了解了创业项目的产品与服务、公司管理、营销计划、生产运营、财务计划和退出计划之后，风险投资者才能知道这个商业计划书是否符合他们的兴趣，从而决定是否有必要进一步协商与合作，避免浪费他们宝贵的时间。

（二）商业计划书为创业项目理清思路提供载体

在生存的压力下，创业公司往往没有时间和精力理清思路和探寻公司未来发展计划，这是非常不幸和可怕的。一个需要生存下来的小公司比大公司更需要商业计划书，因为商业计划书可以从各个角度来检查公司的业务和发展计划，使其可以“在纸上犯错误”，而不是在现实世界中犯错误。

（三）商业计划书为创业项目后续实施和调整提供蓝本

随着公司不断发展，商业计划书是创业者评估和调整公司实际状况的一个工具与蓝本。例如商业计划书中的财务计划可以作为后续计划的基础，用于监控预算执行和在未来实施调整。

商业计划书是一份全方位的商业计划，其主要用途是递交给投资商，以便于他们能对企业或项目做出评判，从而使企业获得融资。它是用以描述创办企业相关的内外部环境条件和要素特点，为业务的发展提供指示图和衡量业务进展情况的标准。通常，商业计划是市场营销、财务、生产、人力资源等职能计划的综合。

二、商业计划书的基本内容

商业计划书是创业者商业理念的书面表达，它将判明市场机会并给出创业公司的发展规划。它的阐述必须建立在一系列科学的假设基础之上，并需要证明导致公司成功的假设是敏感和可信的。因此，撰写一份商业计划书是项非常复杂的任务，必须按照科学的逻辑顺序对许多可变因素进行系统的思考和分析，并得到相应结论。在思路确定下来后，应当制定一个详细且合理的提纲，最好是按照商业计划或业务体系进行规划。

商业计划书的基本内容通常包括以下几个方面：

（一）摘要

摘要是对整个商业计划书的最简练的概括，长度通常以 2～3 页为宜。它的撰写要求精练有力，以结果为主，并能回答风险投资者心中的关键问题。从某种程度上说，投资者是否中意你的项目主要取决于摘要部分。可以说没有好的摘要，就没有投资。

作为商业计划书中最重要的一部分，摘要撰写一定要放在最后完成。动笔撰写摘要之前，需要先完成整个商业计划书的主体内容。然后反复阅读几遍主体内容，提炼出整个商业计划书的精华之后，再开始动笔撰写摘要部分。摘要内容一定要有针对性，要文笔生动，开门见山，可以立即抓住重点，切忌行文含蓄晦涩，让人难以琢磨。

拓展阅读

摘要中必须回答的核心问题

- 公司所处的行业与市场，公司经营的性质和范围。
- 公司的主要产品和技术的内容。
- 公司的目标市场在哪里，谁是企业的目标顾客，他们有哪些需求。
- 公司的现有合伙人、投资人是谁。
- 公司的竞争对手是谁，竞争对手对公司的发展有何影响，公司的竞争优势是什么。
- 给出公司的发展规划。
- 公司的资金需求、财务信息和退出计划等。

（二）公司介绍

公司的基本情况介绍是为了让风险投资者对融资的创业公司有一个初步了解。如果你是一个拥有产品与服务的创业者，或者是需要进一步融资扩大公司规模的企业家，你就需要在商业计划书一开始向风险投资者介绍公司的基本情况，让风险投资者快速对创业团队和公司现状有一个清晰的认知。在这一部分你应该努力地向风险投资者尽可能地介绍你公司的情况，给他们尽可能多的关于你公司以及所属行业的信息。本部分需要阐述的基本内容包括公司概述，公司名称、地址、联系方式，公司的自然业务情况和发展历史，公司未来的发展规划，公司拥有的竞争优势和独特性，公司的类别和从属关系，公司的专利和商标，公司已有的投资者或合伙人等。如果是新创企业，还需要说明创办新企业的思路、新思想的形成过程以及企业的目标和发展战略。此外，还需要介绍主要创业者的背景、经历、经验和特长等，因为创业者的素质对企业的成功起关键性的作用。在这里，创业者应尽量突出自己的特长并表现出自己强烈的进取心，以给风险投资者留下一个好印象。

（三）产品与服务

在对商业计划书进行评估时，风险投资者首先会了解该公司能提供怎样的产品与服务，这些产品与服务在多大程度上解决了消费者现实生活中的“痛点”问题，或者该公司的产品与服务能否帮助消费者节约开支，增加收入。如果该产品与服务是中间产品，那么风险投资者也将关注该公司的产品与服务能为其客户的客户带来多大的经济利益和效用。因此，产品与服务的介绍是风险投资者在阅读商业计划书时需要理清的第一个问题。一般来说，产品与服务介绍应包括：产品与服务的概念、性能及特性，主要产品与服务介绍，产品与服务的市场竞争力，产品与服务的研究和开发过程，发展新产品与服务的计划和成本分析，产品与服务的市场前景预测，以及产品与服务的品牌和专利等内容。在产品与服务介绍部分，创业者需要对产品与服务做出详细的说明，使非专业的风险投资者也能明白和理解。一般来说，产品与服务的介绍最好要附上产品与服务的原型、照片或其他介绍。

（四）行业与市场

行业与市场分析的是创业公司生存的外部环境，如果创业者不重视对这部分，那么商业计划就将会成为最不切合实际的计划。本部分是商业计划执行的现状和环境分析，只有熟悉和把握行业与市场变化，企业才能立于不败之地。这部分主要阐述行业历史与前景、行业与市场的外部环境分析、行业与市场的内部竞争状况、企业的竞争优劣势分析、市场需求量及增长趋势、市场细分及定位、未来 3 至 5 年市场销售预测等。

行业是指生产并向特定市场销售同类产品与服务的一个公司群，如饮食行业、服装行业、机械行业、移动互联网行业等，而市场主要是指买卖双方进行产品与服务交易的场所，可以理解为一群具有相同需求的潜在顾客，他们愿意以某种有价值的东西来换取卖主提供的产品与服务，而这些产品与服务是满足需求的方式。行业既可以界定公司的同类企业，也可以界定竞争对手，而市场只是用来确定公司的机会和客户。行业分析主要介绍公司所归属产业领域的基本情况，以及公司在整个产业中的地位，而市场分析主要介绍公司产品与服务的市场情况，包括目标市场、市场竞争中的位置、竞争对手的情况、未来市场的发展趋势等。因此，这一部分内容应该界定创业公司所处的环境、行业、市场、现在和潜在的购买者和竞争者等。此外，商业计划书中还应该阐述市场中的关键影响因素、购买决策的制定过程、市场是怎样进行细分、如何确定目标客户、公司计划拥有的市场份额、预想采用何种防御战略来抵挡竞争等问题。

在商业计划书中，这一部分的撰写越详细越好，要以那些可信度高和已经证实的数据作为分析基础，例如从年鉴、统计报告、各大公司的行业分析报告中获取的数据。

（五）营销计划

在分析了行业与市场基本情况后，下一步就是制订市场营销计划。营销计划是公司产品与客户接轨的桥梁，在这部分它直接传达了商业意图的本质和公司取得成功的路径。具体来说，营销计划的目的是解释公司在未来如何控制和应对市场环境以获取客户和销售额。

很多人容易把营销和销售混为一谈，其实营销所涵盖的范围远大于销售。营销是一个系统，而销售只是营销的一部分。销售主要是公司以自有产品与服务为基础来吸引和寻找客户，目的是为了提升产品与服务的销售额，这是一种由内而外的思维方式。营销则是以客户需求为导向，把如何有效创造和满足客户需求作为首要任务，目的是让产品易于销售，这是一种由外至内的思维方式。它们的差异在于：销售是一种战术思考，以销售为中心，注重销售的技巧与方法，关心产品与服务的销售目标实现；而营销是一种战略思考，以创造力为中心，注重建立能持续销售的系统，关心客户的需求和企业的持续发展。

本部分在商业计划书中需要阐述公司产品与服务如何从生产现场到达最终用户的营销策略。因此，在营销计划中应该对产品、价格、渠道和促销等多个方面进行阐述，说明如何通过为客户提供满意的产品与服务来实现公司目标。此外，如何制订营销方案和进行市场调研也是本部分必不可少的核心内容。

（六）生产运营

公司如何生产产品与提供服务是商业计划书涉及的最基本议题之一。在寻求资金的过程中，为了增大创业公司在投资前的评估价值，创业者需要尽可能地使生产制造计划更加详细、可靠。生产运营是一个企业如何选址、购买原材料、组织生产、组织待售产品与服务的过程。一般来说，生产运营部分应该包括以下具体内容：公司生产制造所需的厂房选址，工艺流程和设备引进情况，生产周期标准的制定以及生产作业计划的编制，物料需求计划及其保证措施，劳动力需求情况，库存管理情况，质量控制方法等。

生产运营对于生产实体产品的企业来说是一个特别需要关注的问题，但是对创意服务类企业来说，由于其运营复杂性较低，在这一部分可以侧重介绍自己的雇员、位置优势和信息优势等。此外，许多创业者在创业初期由于缺乏经验和资金，往往把自己的产品外包给其他厂商生产（或者自己生产核心部件，再外包给其他企业组装），自己则更多关注研发和营销等环节。

（七）公司管理

一个稳定团结的核心团队可以帮助创业者渡过各种难关，是公司最宝贵的资源。在对商业计划书进行风险评估时，需要考虑创业公司的公司性质、管理制度、组织形式以及各部门分工等多方面自身因素，做到有利于产品生产、销售和公司管理。公司管理的好坏，直接决定了公司经营风险的大小，而高素质的管理人员和良好的组织结构则是管理好公司的重要保证。因此，在商业计划书中必须要对主要管理人员加以阐明，不但要介绍他们所具备的能力、经历和背景，而且要说明他们在公司中的职务和责任。此外，还需要对公司的组织结构做出简要介绍。介绍内容可以包括：公司的组织机构图、各部门的职能与职责范围、各部门的负责人及主要成员、公司的报酬体系、公司的股东名单（包括股份份额、认股权、比例和特权）、公司的董事会成员、股权分配等。

（八）财务计划

商业计划书中的财务计划是指创业公司或企业对相关资金使用、经营收支及财务成果等信息整合的书面文件，反映公司预期的财务业绩。可以这样说，一份商业计划书概括性地提出了未来 3 至 5 年中创业公司需要完成的工作，而财务计划则是企业运营过程的价值化表现，风险投资者将会期望从财务计划部分来判断公司未来的经营财务利润状况，进而判断能否确保自己的投资获得预期的理想回报。因此，一份好的财务计划对评估创业公司所需的资金数量、增加取得风险投资的可能性具有十分重要的作用。如果财务计划准备不好，会给风险投资者留下创业者缺乏经验的印象，可能会降低创业公司的评估价值，同时也会增加创业公司的经营风险。

财务计划部分包括融资需求和财务预测报告。融资需求要说明实现公司发展过程中所需要的资金额度、时间表和用途。财务预测是公司发展的价值化表现，如预测未来三年的资产负债、损益和现金流量，它必须与公司的历史业绩和发展趋势相一致，也应该与商业计划书中其他部分的讨论结果相一致。此外，财务预测还应该考虑风险投资者需要的投资回报率、投资回收方式和股权计划。

（九）风险控制

市场经济下，每一个风险投资者都关心投资风险与收益。风险投资者与普通投资者的主要差别在于风险投资者面对着巨大的风险，但有可能获得高额获巨额收益。风险投资者非常重视商业计划书中有关风险分析的部分，因为他们想尽可能地搞清楚创业公司可能会面对的风险种类和程度，特别是创业公司将采取何种措施和方案去降低或防范风险。因此，风险控制分析部分就是要说明各种潜在风险，并向风险投资者阐述针对各类风险的规避措施。

（十）资本退出

风险投资者并不是为了投资而投资，他们都希望最终能通过资本退出方式获得高额回报。所以，在商业计划书中需要设计一种最优的资本退出方式，告诉投资者如何收回投资、什么时间收回投资、大约有多少投资回报率等情况，并且需要详细说明该退出方式的合理性。此外，如果公司在计划期内未完成风险资本退出计划，最好要给出次优方案，这样才能让每一个投资人都清晰地知道获利的时间和可选方案。

（十一）附录

附录是对商业计划书正文内容的有力补充和说明。由于篇幅的限制，有些内容不宜于在主体部分中过多描述，把这些内容或需要提供参考资料的内容，放在附录中供投资者阅读时参考。可能出现的附件包括：财务报表、主要合同资料、信誉证明、图片资料、分支机构列表、市场调研结果、主要创业者履历、技术信息、宣传资料、相关数据的测算和解释、相关获奖和专利证明、授权使用书等。

拓展阅读

附录撰写的原则

1. 商业计划书正文可以与附录分开

如果商业计划书有许多附录，那么可以把它们按照主题分类，与正文明显区分开。这样可以使商业计划书的正文内容显得精炼一些，突出主体。因为许多风险投资者在第一次评阅商业计划书时不太会关注附录部分。如果附录不与正文分开，风险投资者会对创业团队产生怀疑，认为创业者不熟悉所运营的项目，要用大量的篇幅去描述内容。此外，正文内容太多也会使风险投资者产生厌倦的心理，抓不住商业计划书需要表达的主要内容。

2. 附录为商业计划书正文提供必要的补充

不需要把所有收集到的信息和资料放在商业计划书的附录中。在附录中只放那些可以增加可信度的文件即可，让附录对商业计划书正文内容确实起到补充和支撑作用。

3. 附录尽可能精练

附录的长度一般不能超过正文长度。撰写附录应该遵循与撰写正文一样少而精的原则，避免长篇大论，不突出重点。

商业计划书的基本内容可以根据产品与服务的特点不同而改变，撰写者既可以按照上述逻辑阐述商业计划的实施过程，也可以根据产品与服务的特点拟定撰写逻辑，对基本内容进行合并、裁剪和扩充。

三、商业计划书的制作流程

商业计划书制作是一个复杂的系统工程，如何安排撰写计划往往会使创业者十分困惑。不同的创业者都有自己的撰写思路和技术路线，一般都会遵循一定的写作程序来进行。下面介绍一种被普遍接受的商业计划书制作流程。

（一）商业计划构思细化阶段

刚刚获取一个新的创意和想法后，创业者需要与志同道合者或相关领域专家对创意进行初步的研判和构思。需要通过相关问题的讨论判断该创意是不是一个好的创业机会。其核心问题包括：该项目提供什么产品与服务、目标人群是谁、市场容量多大、竞争对手是谁、竞争优势有哪些等。如果对这些问题的分析都能得到一个激动人心的答案，那么这个创意和项目就可以进入到创业构思过程中。在创业构思过程中，首先，最需要探讨的问题是创业项目的商业模式和发展规划，也就是该公司从 0 到 1、从小到大的一系列发展过程。其次，需要讨论的是如何把公司发展构想阶段化，以及在每一个阶段需要关注哪些核心问题。具体来说，就是提出创业公司的发展战略，并落实到纸面。最后，根据产品与服务的特点设计出商业计划书制作的路径，一般都会经历产品分析、行业与市场分析、市场调研和访谈、商业计划书制作和完善等过程。

素质园地

创业机会识别七大领域经典问题

1. 产品问题

该项目提供什么样的产品与服务，产品的功能和特点是什么？研发计划和技术先进性如何？解决了客户的哪些“痛点”问题，具有哪些客户价值？

2. 市场问题

你的产品有哪些市场细分，目标市场如何确定？目标人群是谁，有哪些特质和需求？这个市场容量有多大，市场容量能让企业有进一步发展空间吗？该项目是否能可持续地赚钱？

3. 竞争对手问题

你目前有没有直接竞争对手，是否存在潜在竞争对手？国内外主要竞争对手都有谁？

4. 竞争优势问题

你的竞争对手有多强大，比较竞争优势是什么？技术优势或模仿性怎么样？如何从性能、价格、市场等多方面进行比较，识别出本产品的比较竞争优势？

5. 战略发展问题

你的产品能获得持续竞争优势吗？如何获取，发展规划是什么？

6. 管理团队问题

你的创业核心团队都由哪些人构成，在知识和经验上与项目的匹配程度如何？是否有外部专家团队支持？

7. 融资与退出问题

你需要多少风险投资，出让多少股份？融资后的使用计划是什么，预计能给风险投资者带来多少回报，风险投资如何退出？

（二）资料获取和市场调研阶段

对产品与服务需要进入的行业和市场进行初步研究，查询相关年鉴、报表和文献了解所要进入行业的市场结构、政策支持、技术水平等相关问题，这些资料和数据分析可以使创业者由表及里地了解该产品与服务在行业和市场中所处的位置，有利于创业者更好地理解该产品的发展思路。

同多个产品与服务的现有和潜在客户建立联系。其中，至少有一个是你计划将选作自己销售渠道的客户。准备一份客户调查纲要，获取足够多的信息，这些信息包括：现有和潜在客户的数量、他们愿意付的价钱、产品与服务对于客户的经济价值等。此外，还应当收集定性的信息，如购买周期，对购买决策者来说可能导致他们拒绝本产品与服务的可能障碍，你的产品与服务为什么能够在你的目标用户和客户的应用环境之中起作用。通过这些调查能让团队充分了解市场和客户。

竞争对手是另外一个需要重点调研的对象，需要在此环节确定竞争对手并分析本行业的竞争态势。例如，竞争对手产品的特点和性能怎样，他们都采取什么方式参与竞争。可以就你准备好的问题，采取调研和访谈方法进行深入研究，最后准备一份竞争者调查报告。

（三）商业计划书制作

1. 市场模块

在进行了公司发展战略规划和行业与市场分析后，市场模块是在商业计划书制作过程中首先要完成的部分。它应当建立在客户和竞争者调研的基础之上。在考虑市场方面的问题时，可以将问题量化为一份3～5页的文档。此外，可以附上一些市场预测数据、客户证明、调查数据、从各种出版物上剪下来的材料、产品描述或市场营销材料等。

2. 公司运营模块

公司运营模块也需要花费大量的时间。针对新公司的运作，准备一份3～5页的文档。说明哪些是公司顺利运营的关键要素，如何在建立这家公司时体现这些要素，如何开发产品，如何建立一支销售队伍，如何建立分销伙伴关系，如何选择合适的地址，如何保护知识产权，新公司如何在长时间里进行大量生产。简而言之，详细描述这家公司从现在到三年或五年后的运作方式。仔细进行财务估算，把握这家公司如何从收入、销售量、客户以及其他推动因素上取得长足发展。

3. 团队建设

团队建设是商业计划书中的核心内容，可以通过2～3页的文档说明公司所需的各种知识和能力，并说明公司发展过程中的主要人员分工情况。通常投资者并不是在向“创意”投资，而是在向“创业者”投资。所以，可以用单独一页纸阐述公司创业团队中每个成员所拥有的资产、股份和职位。针对外来风险投资，可以用一段话说明本公司将出让多少股份来换取多少额度的风险投资。

4. 财务部分

财务是公司运行的价值化表现。一份公司的完整财务计划，通常包括对公司的价值评估、收益率、三大报表等，你必须保证考虑到所有可能性。

5. 完善并完成商业计划书

撰写摘要和设计封面，完善和统一全部商业计划书内容，最后完成整份商业计划书。

（四）答辩陈词和反馈

在与投资者沟通之前，需要准备 10 分钟的答辩稿和 PPT ，以便推销自己的创业机会。陈述应当强调创业公司获取成功的关键因素，但这并不是简单地把商业计划书摘要用口头方式表达出来，而是需要通过建立一套容易理解的逻辑把商业计划书的核心内容传递给投资者。既可以用看得见的一些东西来让投资者深入思考，也可以用简洁的市场分析和可靠的数据给投资者留下深刻的印象。总之，准备越充分，就越能向投资者说明商业计划中的各种关键问题。

四、商业计划书制作的十大法则

商业计划书制作过程中存在着一些规律和方法，创业者如果在制作商业计划书时贯穿以下法则，将有助高效、完美地撰写一份高质量的商业计划书。

（一）善于讲伟大的商业故事

蕴含巨大商业价值的创业机会一定会对应一个伟大的商业故事，但是很多创业者不会把好的创意转化为一个伟大的商业故事，这也就很难去激发和感动投资者。特别是天使轮投资者，他们听到一个好的商业故事可能很快就给出支票。

创业者都会阐述创业机会，但是许多叙述让人听后感到平淡无奇。如何让这个创业机会显得伟大，且足以打动投资者呢？其实很多专家都研究过这个问题。最好的建议就是需要创业者会构建一个有趣且伟大的商业故事，最好的方法就是在阐述商机时引入以下这个思路：即正派对抗反派（或者是正义战胜邪恶），最终获得完美结局。在这个方法中，反派和邪恶可以是饥饿、低效率、疾病、浪费、无知等，而正派可以指代食物、健康、娱乐、高效等。

（二）二八定律

在商业计划书制作时也可以充分运用二八定律，如创业者不要一开始就着手撰写商业计划书，而应该用 80% 的时间来讨论七大核心问题、进行市场调研和资料收集、研究战略发展规划等，当商业计划书的主要问题都研讨和沟通清楚后，再用剩余 20% 的时间撰写商业计划书。许多创业者并没有意识到这个问题的重要性，他们往往一开始就匆匆着手撰写商业计划书，等完成计划书后发现，拟定的发展思路是错误的，或者目标客户选择是错误的，他们又要重新开始撰写或修改商业计划书，浪费了大量的宝贵时间。特别是有一些创业者会拿着商业计划书和专家研讨沟通，许多时候这些专家都不好意思提出问题，因为前期创业者并没有拿出大量的时间进行研究论证，可能商业计划书中存在明显问题，如果专家提出建议就可能会推翻整本商业计划书的逻辑思路。因此，在商业计划书制作前需要牢记“二八定律”，并且要清楚只有解决商业计划书中大部分重点和难点问题后才能开始撰写过程。

（三）从“他”的角度来写商业计划书

许多创业者在撰写商业计划书时，都是按照自己的逻辑思路和语言来阐述，特别是一些技术人员和研发者喜欢用过多的专业术语来表达自己的观点。如在产品介绍方面，投资者需要了解的是产品的功能特点，可以解决什么消费者“痛点”问题，而不是运用大量的专业名词阐述研发生产过程中的机理和工艺；在市场方面，投资者需要创业者告诉他们所设计市场方案的特色和系统性，而不是简单地列举几个场景和方法；在融资方面，投资者需要了解如何估值，需要多少融资，在什么节点要怎么花这些钱，投入资金后会带来多少收益，而不是简单地说需要多少钱，给多少股份等。在这里创业者忽视了两个重大问题，第一，他们所表达的逻辑和思路能够让投资者容易理解吗？第二，投资者不是万事通，他们能理解那些用专业术语包装过的概念和方案吗？其实，这背后最大的问题就是商业计划书的撰写者是不是从投资者的角度来撰写商业计划书的。

因此，一定要站在“他”的角度来撰写商业计划书，投资者需要什么就清晰地告诉“他”什么，而不是按照自己的想法来写，毕竟“他”才是商业计划书的消费者。所以要搞清楚“他”的需求和偏好，时刻提醒自己在撰写商业计划书的逻辑、内容和语言时一定要考虑让投资者能快速理解和接受。

（四）商业计划书不是一个人能完成的

一份商业计划书的制作是个系统工程，需要有专业知识、商业知识、版面设计知识，可能要花费300～500小时才能成文，还需要同样的时间不断地进行修改完善。一个人在短期内不可能完成这项工程，一定需要一个团队，并且一个人也不会具备如此丰富的知识，他不可能既熟知商业知识，又精通专业知识。

因此，一个人很难独立完成商业计划书的制作，一是知识不够，二是精力不足，所以商业计划书制作需要有团队有计划地进行。

（五）“数据”、“原理”和“证据”是商业计划书制作的基石

创业者经常会在商业计划书中展示非常多的数据，但是每个重要的数据都没有权威的出处，如市场容量、竞争对手市场份额、产品性能比较等，这些都是投资者甄别创业项目的关键要素，如果没有充足权威的数据，那么整本商业计划书就是空中楼阁。

此外，有些商业计划书在分析过程中武断地说没有竞争对手，有的只考虑技术发展背景，没有考虑政策、经济环境。这说明撰写者不了解和没有掌握一些商业计划书制作的基本“原理”，如环境分析“PEST分析方法”、行业竞争分析的“波特五力模型”、目标客户确定的“STP方法”等，这些原理和工具的合理使用，会使商业计划书具备科学系统性，更加具有可信度。

在商业计划书中，不能只靠自卖自夸，还需要大量的外部证明，如专利证书、外部评价、项目认证报告、获奖证书等，这些证据都会让投资者肃然起敬，增加对商业计划书的认可度。

因此，商业计划书是对一个创业项目未来3至5年的发展预测，表面看起来不确定性非常强，但是如果站在坚实的“数据”、“原理”和“证据”的基础上，项目的科学系统性就非常强，可信度将会大大提升。

（六）复杂深奥的问题要简单通俗化

能够解决客户的“痛点”问题，并不需要阐述那么多原理。这是一个创业者经常会犯的错误，他们喜欢用各种专业术语阐述复杂深奥的问题，很难让投资者快速获取信息，最终造成各种沟通不畅。在撰写商业计划书时也有同样的问题，计划书中经常会出现整页的让投资者看不懂的专业内容，从专业人员的角度来说这是正常的，但是投资者更加希望能快速获取简单易懂的信息。

因此，在商业计划书完成之后，可以请非专业人士通读一遍，看看有哪些难理解的内容需要进一步修改。

（七）商业计划书是动态的，需要不断完善和改进

创业者经常认为商业计划书写完就结束了，或者在向投资者提交商业计划书后，出现新的想法也不敢阐述，担心所提的想法与商业计划书不一致而遭受质疑。其实，每一次沟通与思考

都能使商业计划书更加合理、科学和系统，商业计划书的内容需要与时俱进。已经完成的商业计划书是后期修改的蓝本，它是动态的，需要不断完善和改进。所以创业者不要认为当商业计划书完成打印后就可以一劳永逸，商业计划制订和实施的过程其实也是探索、学习和调整的过程。

（八）文档优化能保持阅读者的注意力

从信息传递的角度来看，图片优于表格，而表格优于文字。经常看到一些商业计划书满篇都是文字，没有那么引人入胜。很难确定对着一堆密密麻麻的文字，投资者能否保持十分钟以上的注意力。所以，商业计划书的内容最好多用图形和表格来表示。许多商业计划书制作者认为没有那么多图片和表格可以放在商业计划书中。其实，在商业计划书中有许多固定使用图表的地方。例如，在对竞争者分析时，就可以用表格来比较创业公司与竞争者的差异。在产品介绍、市场容量、市场细分、企业组织模式、销售预测、营销渠道、资本结构等方面也都可以用图表来表达。所以，在商业计划书制作过程中建议能使用图表的就不要用文字，最好在商业计划书的每一大面（也就是一个 A3 版面）都有一个图或表。

此外，格式和文法错误连篇的商业计划书可能会被投资者直接否定。例如，每页行距不一样，字体和大小不一致，图表没有标题，每个段首不空两格，段落中阿拉伯数字标号和中文标号混用等。在文档处理时有一些小技巧需要制作者掌握，如制作者经常会从网络上直接复制相关资料填写到商业计划书中，但那是固定格式，要在 Word 文档中进一步处理，可以选择清除格式功能清除原文中的网络格式后再进行统一处理，否则很难统一段落行距和背景。

（九）市场调研是商业计划分析和深入的基础

如何进行精准的市场调研是创业者面对的一个重大问题。特别是在一些创业初期企业提供的商业计划书中，对于市场调研描述得简之又简，或者就没有市场调研这部分内容。

市场调研是商业计划书制作过程中的重要组成部分，所获取的资料、数据和信息是商业计划分析和深入的基础。在市场调研中主要调研对象包括行业背景、消费者、竞争对手等，创业者需要根据调研目标不同，精准且详细地设计调研方案，发现各种问题和商机。目前，最常见的两种市场调研方式是问卷调查和深度访谈。问卷调查主要运用在确定某些问题的倾向性调查上，而深度访谈可以直接面对消费者和相关专业人员了解各种知识、信息和数据。在公司创业初期，对消费者和行业资深从业人员进行深度访谈有利于提升市场调研效率。据专家研究表明，向 5～8 名消费者和 2～3 名资深从业人员进行深度访谈，可以获取商业计划书制作所需的 75% 的市场调研信息。

（十）找到一个好的模板和样本

作为一名创业者要如何高效且有品质地完成一份商业计划书呢？尤其是参加创业大赛的初期创业者和大学生，他们缺乏商业计划书制作的相关知识和经验，甚至不了解什么是商业计划书。那么这些人员该如何了解一份商业计划书的撰写思路，或者说从哪里开始他们的商业计划书制作之旅呢？

一份好的商业计划书既要逻辑严谨，又要思路科学，因此学习撰写商业计划书的第一步就是要找到好的“模板”和“样本”。这里的“样本”是指商业计划书中的“榜样”，它可以是一份获得过国家级竞赛奖励的商业计划书，也可以是一些知名公司的融资商业计划书。“模板”是指一些填空式或说明式的商业计划书模板，创业者可以从网络上获取这种模板。有了以上“模板”和“样本”，创业者可以快速了解商业计划书的全貌和基本内容，为实施下一步计划奠定基础。

第三节　物流企业的设立与运营

引导案例

如何创建一家物流企业？

随着互联网经济的不断发展，现代物流产业不断适应、融合各产业需求，发展日新月异，各种类型的中小型物流企业不断涌现，为中国物流行业的发展提供了活力因子。其中，大学生创业团队在新技术、新理念、新商业模式的引导下，取得了令人瞩目的成绩。

小明作为一名即将毕业的物流专业的学生，发现社区配送的需求在不断增长，其创业成本可控，又有广阔的发展前景，他决定创办一家小型的社区配送企业。在拥有核心团队成员基础上，小明应如何克服资金有限、经验不足等问题，成功创办一家自己的社区配送企业呢？

基本步骤引导：

步骤一：确定公司商业模式——企业做什么？

步骤二：组建高效团队，明确分工——企业谁来做？

步骤三：撰写商业计划书，完成项目募资——企业原始资金从哪里来？

步骤四：进行公司注册——企业法人如何成立？

思考： 在拥有核心团队成员基础上，小明应如何克服资金有限、经验不足等问题，成功创办一家自己的社区配送企业呢？

一、商业模式

如何确定初创企业最适合的商业模式？是否可以在商业模式上取得创新？这些是摆在初创企业面前的第一道难关。创业者经常被问到的第一个问题就是“你们的商业模式是什么？”，消费者和投资者也都相信有一个良好的商业模式就已经成功了一半。

（一）商业模式的构成与分类

商业模式是“价值”和“收入”的对称结构。企业一方面要创造顾客价值，另一方面要获取收入，而把这两个要素关联和配置起来的方式就是商业模式。商业模式就是创造和传递客户价值及公司价值的系统。它包括以下五个环节：客户价值主张、价值载体、价值创造与价值传递、盈利模式、可持续盈利能力。

（1）客户价值主张。你能给客户带来什么价值，即你为什么样的客户创造价值和解决什么“痛点”问题，这是商业模式的起点和基础。

（2）价值载体。你为客户提供价值的载体是什么（产品与服务）。

（3）价值创造与价值传递。你有什么资源和能力实现价值创造和价值传递，这涉及生产、营销等问题。

（4）盈利模式。它包括收入来源和成本。

（5）可持续盈利能力。你的公司如何进行可持续盈利，不仅是买卖一次产品，还需要具备持续开发产品、持续盈利的能力。

总的来说，任何一个商业模式都是一个由客户价值、企业资源和能力、盈利方式构成的三维立体模式，商业模式的本质是可持续盈利的交易结构。

例如，在影院商业模式中，影院的服务对象是有娱乐休闲诉求的客户，影院需要为这些客户创造精神享受的价值；这个价值的载体是娱乐休闲服务，包括影片、零食和增值产品等；影院需要整合影视公司的影片、设备制造商的放映设备、零食提供商的产品、配套产商提供的相关玩偶和影片增值产品等资源，为客户提供一个舒适的观影环境和一系列配套产品，从而实现客户价值；在影院的盈利模式中，收入主要包括票房收入提成、广告收入、零食收入、增值产品收入等，而成本包括影片费用、设备投入、营销费用、场地费用等，它们的差值形成最终的利润。可持续盈利能力主要指如何留住客户，形成多次交易，如提供 VIP 客户卡，对客户每一次消费提供优惠而留住客户。

一般来说商业模式可以分为三种类型：客户价值型、顾客资源型和平台型。

1. 客户价值型

它也是指直接为客户提供价值获取回报。绝大多数企业的商业模式属于这种类型。它是指企业通过自身的资源为特定的目标市场（也可以称之为细分市场客户）提供特定的价值，并因此获取回报。价值的载体是产品与服务。在客户价值型的商业模式中，谁的企业规模大，谁的企业效率高，谁就可能占有更多的市场。水泥、钢材、有色金属产品等差异产品属于这种商业模式。而更多领域的商业模式则表现为差异化价值模式。这意味着，不同企业的产品与服务有不同的价值；由于价值的差异，可以获得不同的回报。大部分消费品以及差异化的工业品属于这一类，包括餐饮、酒店等服务企业都采用了这种模式。

2. 顾客资源型

这种商业模式比前面所说的稍显复杂。在互联网领域，这一模式较为普通。顾客资源型是指企业先通过某种价值以及某种途径来累积顾客资源。当顾客资源积累到一定规模的时候，再为这些顾客提供延展的价值，并获得回报。如腾讯公司的微信服务工具就属于这类。

企业在一开始获取顾客资源的时候，是可以不计回报甚至是免费的。当顾客资源积累起来之后，再去考虑流量变现或者收入实现。比如信用卡业务，银行通过卡费减免或者优惠，积累更多的顾客资源，再拓展购物、旅游、教育等服务项目，以从中获取多元化收入。

顾客资源型实际上是两段价值链，前一段价值链是免费或者低收费的，顾客资源积累起来之后的价值链才是收费的。传统行业中的企业往往积累了一些顾客资源（通常是会员），也可以基于此为顾客提供多重价值。这样的话，这些企业在价值链商业模式基础上，可拓展顾客资源型以及平台型商业模式。如小米公司拓展其产品就属于这一类。

3. 平台型

平台型的商业模式，可以用六个字来概括：“我搭台，你唱戏。”搭台的人获取搭台的收益，唱戏的人获取唱戏的收益。如中国移动、中国电信提供了通信服务，这是在搭台，而有人在上面搭载了微信，还有很多的其他应用和服务，包括音乐视频、订餐订房、地图导航等，属于“唱戏”的。中国移动、中国电信不甘于成为纯粹的管理平台，也试图做一些应用服务，那就相当于让自己的车跑在自己的路上。

在现实生活中，商业设施也是一个大的平台型。比如大悦城购物中心、好市多（Costco）、奥特莱斯（Outlets）、红星美凯龙家居广场等，它们搭建了商业平台，但自己并不直接售卖产品，而是由别人来卖。

现在讲到平台型，通常会想到互联网平台，其中，最常见的是电子商务平台。如天猫商城和京东商城是电子商务平台，小米手机的“应用商店”也是一个电子商务平台。它们往往能够吸引不同数量级的有共同需要或者爱好的人群，以及为社群提供服务的多种商业主体，构建了多层次、立体、生态化的大舞台。

商业模式不止回答一个企业的盈利从哪里来的问题，也系统回答了企业如何创造价值、传递价值和获取价值的问题。商业模式即使已经成熟并获得持续盈利，但外部环境和企业内部的资源组织依然是不断发展变化的，企业仍然需要在实际应用的过程中对之进行不断审视、纠正和优化，才能实现商业模式升级迭代。在当下的互联网时代，任何一个行业或企业，都有对商业模式进行二次定位、重新优化空间的必要。因此，商业模式创新是一个永不停息的进化过程，物流行业与不同行业结合，不仅创新性地形成了很多新型商业模式，也带来了商机。

（二）商业模式画布

“商业模式画布”是一种视觉化的商业模式架构和分析工具，它可以帮助企业进行发展预测分析，对商业模式创新做出战略规划。这个工具类似于画家的画布（见图 5-1），其中预设了九个空格，在空格中填上相关内容，就可以全面地描绘现有的商业模式或设计新的商业模式。

视频资源

商业模式画布

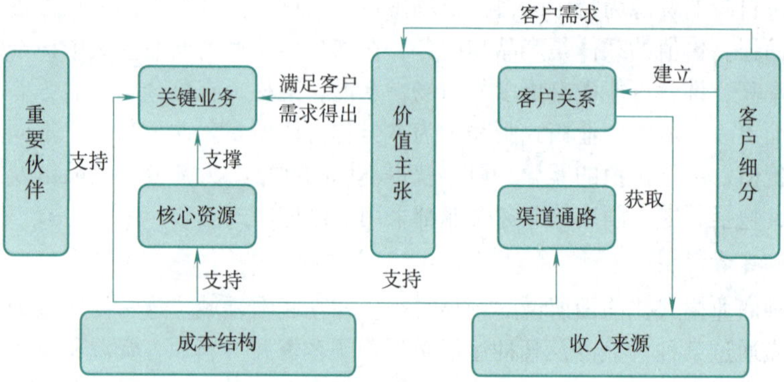

图 5-1 商业模式画布

1. 客户细分

一个商业模式可以定义一个或者多个细分客户群体。例如，在普适性市场中，客户需求大致相同，如消费类电子行业面对的客户群体；在区隔化市场中，客户需求略有不同，如银行对 10 万元和 100 万元资产的客户提供略有差别的服务；而在多元化市场中，客户需求完全不同，如目前广泛存在的在线存储业务。

2. 价值主张

企业的产品或者服务解决了客户的特定困扰，满足了客户的需求，是商业模式有效的基础。因此，价值主张就是指为特定客户创造价值的系列产品和服务，它可以是完全创新的产品和服务，也可以是在现有产品或服务基础上的迭代；价值可以是定量的（价格、服务速度），也可以是定性的（设计、用户体验）。

3. 渠道通路

企业如何沟通、接触客户从而传递其价值主张？渠道通路不只包括销售渠道，还包括推广渠道、反馈渠道、售后渠道。对渠道的管理核心就在于在不同渠道之间寻找平衡，使得收益最大化。

4. 客户关系

客户关系可能独立存在于一类细分客户群体中，也可能共存于同一类细分客户群体中。

5. 收入来源

收入来源是指从每个客户群体获取现金收入的方式，如销售收入、租赁收入、授权收入、劳务收入等。这是商业模式中最经常被单独追问的部分，也是经常会被误认为是商业模式的同义词。要填好这个空格，需要仔细确定企业产品和服务的定价标准。

6. 核心资源

核心资源是商业模式运行需要的最重要因素，包括但不限于：实体资产、知识资产、人力资源、金融资产，等等。不同商业模式需要的核心资源是不同的，如芯片制造商核心资源是技术和设备，芯片设计商核心资源则是人力。

7. 关键业务

关键业务是指为了保证商业模式有效运行需要做的最重要的事情，与核心资源相连接，包括但不限于：制造产品、问题解决、平台。

8. 重要伙伴

重要伙伴是指在企业运营过程中，发生合作关系的各类机构与个人，包括供应商、渠道商、投资人、战略合作者等。

9. 成本结构

成本结构包括商业模式成功需要的所有成本，并将所有成本项目量化。成本结构的内容和变化会直接影响企业利润，并最终影响企业的生存和发展。

二、高效创业团队的组建

视频资源

创业团队组建

创业团队是指由两人以上组成的、具有特定利益关系的且共同承担创建新企业责任的、有共同目标的工作团队。广义的创业团队还包括其他利益相关者，如风险投资人、供应商、咨询机构等。

（一）组建高效创业团队的核心要素

1. 具有强烈的凝聚力和向心力

创业团队是一体的，成败是整体而非个人，团队成员能够同甘共苦，经营成果能够公开且合理的分享，团队就会形成强大的凝聚力与一体感；同时团队领袖能够成为整个团队的灵魂，从而保证团队具有稳定的向心力。

2. 有共同的创业目标，都能将企业利益放在第一位

团队成员都应将团队利益置于个人利益之上，并充分认识到，个人利益是建立在团队利益的基础上的，团队中不能有个人英雄主义，每一位成员的价值，表现为其对于团队整体价值的贡献。

3. 合理的股权分配

初创团队内部合理的股权分配结构对于团队的长期协作非常重要，具体分配方式因团队不同而差异巨大。团队成员的股权分配不一定要均等，但需要合理、透明与公平。通常创始人与主要贡献者会拥有比较多的股权，但只要与他们所创造的价值和贡献相匹配，就是一种合理的股权分配。

4. 内部分工与个人能力的匹配

创业团队在不同阶段吸纳成员的要求会有所不同，但一般开始成立团队阶段，往往对成员的要求是多方面的，如个人能力可以弥补当前团队资源能力上的不足，形成团队成员间能力上

的互补；同时需要能够拓展企业的其他资源。因此，对于已有成员本身资质的合理分析，以反与企业所需资源、现有岗位间的有效匹配，对团队的有效协作至关重要。

5. 公平弹性的利益分配机制保证成果共享

创业之初的股权分配与之后创业过程中的贡献往往并不一致，发生某些有显著贡献的团队成员拥有股权数较低、贡献与报酬不一致的不公平现象。因此，好的创业团队需要有一套公平弹性的利益分配机制，来弥补上述不公平。例如，新企业可以保留 10% 盈余或股权，用来奖励以后有显著贡献的创业成员。而且，好的创业团队能将经营成果与所有有贡献的团队成员和员工合理分享，这有助于留住核心成员。

（二）创业团队如何进行管理

1. 团队决策：民主指导下的适度集中

民主是良好的决策机制，但是过分民主会导致极端低效，严重影响企业发展，这把“双刃剑”在初创团队的决策管理中必须用好。

从权力管理体系来讲，要把相关业务的核心决定权交给能够把控业务方向的人手中，不是某个业务团队，也不是全部团队，毕竟“术业有专攻”。而整个团队大方向的决定权由 CEO 掌握，核心人员具有建议权。一个创业团队不应有太过复杂的权力结构，小事情的决定权可充分下放，以激发主观能动性，提高办事效率。创业团队的权力体系，应尽量扁平化，初期可没有明确的职位和权力描述，但一定要辅助相关业务负责人，建立权威，不可事事民主。权力体系要随着团队的发展，不断完善相关制度，由粗放式管理逐渐过渡到体系化管理；权力也要由集中化向分散化转变，形成逐渐过渡的标准的权力管理体系。

2. 组织体系：职责明确基础上的扁平化组织

业务需求决定组织体系，组织体系决定权力边界。创业团队的组体系受人力资源的限制，很多时候会出现一人身兼多职的情况，从而鲜有清晰的组织体系。而没有明确的组织体系，就会导致业务交叉，团队层面的体现就是工作混乱。

明确组织体系，划清业务界限，明确职位职能，才会使团队进入正确快速的轨道行驶。明确的组织体系，也会增强团队人员的归属感，组织协同也会变得更加有效。

团队大文化下的组织文化也是团队的一笔财富。创业团队的组织体系结构要扁平，要根据业务需求去建立组织体系。在人力资源与项目资源紧缺的情况下，要确保干练的组织结构，避免因不必要的组织体系导致的业务繁杂，降低协同效率，让团队养成组织依赖症。

3. 绩效考核：从源头建立书面考核标准

绩效考核体系是创业团队最重要的体系，一切权力的下放、组织体系的建立，其最终目的都是为了提升业务绩效。很多创业团队在初期都实行以结果为导向的管理方式，然而执行的方式是错的，很多时候没有建立绩效考核制度，都是部门领导审核，口头评定。人工评定存在很大的弹性，对于团队来说很容易制造不公平，影响内部氛围。所以即使是结果导向的团队管理，也需要形成事先书面的绩效定义，包括项目周期、项目成果、突发处理机制等书面的项目管理文档。

一切绩效的产生都是团队价值的输出，是团队的立身根本。创业团队的特殊形态，注定管理的不确定性太多，很难有固定的管理理论体系可以去模仿。几乎每一个创业者都希望自己所拥有的是一个无比强大的创业团队，然而，创业团队到底呈现出什么样的状态，这往往与管理者有着很大的关系。

三、企业的设立流程与准备资料

视频资源

企业的设立流程

（一）公司的组织形式

现代企业制度的组织形式有有限责任公司和股份有限公司两种。

1. 有限责任公司

有限责任公司是指根据《中华人民共和国公司登记管理条例》规定登记注册，由五十个以下股东共同出资，每个股东以其所认缴的出资额对公司承担有限责任，公司以其全部资产对其债务承担责任的经济组织。

有限责任公司包括国有独资公司以及其他有限责任公司。国有独资公司是指国家授权的投资机构或者国家授权的部门单独投资设立的有限责任公司。其他有限责任公司是指国有独资公司以外的其他有限责任公司。

2. 股份有限公司

股份有限公司是指根据《中华人民共和国市场主体登记管理条例》规定登记注册，其全部注册资本由等额股份构成并通过发行股票筹集资本，股东以其认购的股份对公司承担有限责任，公司以其全部资产对其债务承担责任的经济组织。

在两种公司章程中，有限责任公司与股份有限公司存在着许多不同点。

（1）两种公司在成立条件和募集资金方面有所不同。有限责任公司的成立条件比较宽松，股份有限公司的成立条件比较严格；有限责任公司只由发起人集资，不能向社会公开募集资金，股份有限公司可以向社会公开募集资金；有限责任公司的股东人数有最高和最低的要求，股份有限公司的股东人数只有最低要求，没有最高要求。

（2）两种公司的股份转让难易程度不同。在有限责任公司中，股东转让自己的出资有严格的要求，受到的限制较多，比较困难；在股份有限公司中，股东转让自己的股份比较自由，不像有限责任公司那样困难。

（3）两种公司的股权证明形式不同。在有限责任公司中，股东的股权证明是出资证明书，出资证明书不能转让、流通；在股份有限公司中，股东的股权证明是股票，即股东所持有的股份是以股票的形式来体现，股票是公司签发的证明股东所持股份的凭证，股票可以转让、流通。

（4）两种公司的股东会、董事会权限大小和两权分离程度不同。在有限责任公司中，由于股东人数有上限，人数相对来说比较少，召开股东会等也比较方便，因此股东会的权限较大，董事经常是由股东自己兼任的，在所有权和经营权的分离上，程度较低；在股份有限公司中，由于股东人数没有上限，人数较多且分散，召开股东会比较困难，股东会的议事程序也比较复杂，所以股东会的权限有所限制，董事会的权限较大，在所有权和经营权的分离上，程度也比较高。

（5）两种公司的财务状况的公开程度不同。在有限责任公司中，由于公司的人数有限，财务会计报表可以不经过注册会计师的审计，也可以不公告，只要按照规定期限送交各股东就行了；在股份有限公司中，由于股东人数众多很难分类，所以会计报表必须要经过注册会计师的审计并出具报告，还要存档以便股东查阅，其中以募集设立方式成立的股份有限公司，还必须要公告其财务会计报告。

根据需求不同，创业者和企业融资者可以分别选择以上两种组织形式的公司模式。一般来说，由于有限责任公司可在许多方面比较简单便捷，所以大多数创业者初期都会选择这种公司组织形式。

素质园地

注册一家公司的基本流程

第一步，准备三个以上的公司名称到工商局核准。

第二步，整理资料，到工商局办理营业执照并刻章。所需的章分为公章、财务章、法人章、合同章。同时到银行开立验资户并存入投资款。

第三步，整理资料，到质量技术监督局办理公司组织机构代码证。

第四步，整理资料，到税务局办证处办理相关证件。

第五步，到开立验资户的银行或其他银行开设公司基本账户。

第六步，公司会计整理资料，到税务分局办理公司备案及报税事宜。

完成以上步骤，公司就可以开业了。最近几年国家对于创业者的优惠政策越来越多，许多城市设立了一站式公司注册，创业者在成立公司过程中需要多关注这些相关政策，降低开办公司的成本。

（二）设立企业的基本流程与准备资料

设立类型不同的企业，基本流程与准备资料有所不同。初创公司一般选择设立有限责任公司。

以有限责任公司为例，设立企业的基本流程是：查名（确认公司的名字）→开验资户→验资（完成公司注册资金验资手续）→签字（客户前往工商所核实签字）→申请公司营业执照→申请组织机构代码证→申请税务登记证→办理基本账户和纳税账户→办理税种登记→办理税种核定→办理印花税业务→办理纳税人认定→办理办税员认定→办理发票认购手续。

拓展阅读

设立有限责任公司应当具备的条件

（1）股东符合法定人数。我国《公司法》规定，有限责任公司的股东为50人以下。其中，一人有限责任公司和国有独资公司的股东只有1人。

（2）股东出资达到法定资本最低限额。一般公司注册资本的最低限额为人民币3万元；法律、行政法规对公司注册资本的最低限额规定高于3万元的，按其规定执行。

（3）股东共同制定公司章程。

（4）有公司名称，建立符合有限责任公司要求的组织机构。有限责任公司，必须在公司名称中标明有限责任公司或者有限公司字样。公司只能使用一个名称。经公司登记机关核准登记的公司名称受法律保护。

（5）有公司住所。公司以其主要办事机构所在地为住所。经公司登记机关核准登记的公司的住所只能有1个。公司的住所应当在其公司登记机关辖区内。

随着行政机关办公效率的提高以及无纸化办公和线上办公的普及，以上流程都可以跟随明确的线上指引，快速简便地解决，但前提是需要准备齐全以下各种资料：

1. 公司名称

公司名称核准是公司注册的一个前置程序，需要提前完成。为了保证公司名称审核尽快通过，可以事先准备三个以上公司的备选名称。

根据我国法律规定，企业名称应当使用符合国家规范的汉字；不得侵犯其他法人名称；一家企业只能有一个名称。企业名称中出现有损于国家、社会公共利益的，可能对公众造成欺骗或者误解的，外国国家（地区）名称、国际组织名称，政党名称、党政军机关名称、群众组织名称、社会团体名称及部队番号，外国文字、汉语拼音字母、阿拉伯数字，以及其他法律、行政法规规定禁止的情形的，名称审核将不被通过。

2. 公司注册地址证明

公司注册地址证明可以是房产证，也可以是有效的租赁协议。目前的法律对于公司注册地址较之以前有所调整，整体政策趋势是放宽的，只要是有效的地址都可以注册公司，不再要求一定是写字楼或办公场所。这符合现在我国正在大力提倡的“大众创业，万众创新”的政策，符合我国经济发展阶段的需求，也大大简化了公司注册的流程，降低了成立公司的创业成本。

3. 公司注册资金与股东出资比例

根据我国《公司法》规定，有限责任公司注册资金有实缴和认缴两种方式。“实缴”就是所有股东按照约定的方式和比例，实际缴纳全部或者部分资金，实缴资金后需要由相关机构出具验资报告。“认缴”就是公司注册资金并未全部缴纳或者部分实际缴纳，公司的股份持有比例是按照公司章程中的规定确认的，相应的在公司发生亏损时，所有股东均要按照章程规定比例承担赔偿责任。

4. 公司章程

公司章程对于公司是非常重要的法律文件，被称作公司法人的“宪法”。公司章程中应列明所有法律法规要求的公司注册时应明确的事项，包括但不限于：公司名称、公司地址、经营范围、注册资本、股东名称、出资方式、出资额、股东的权利和义务、公司的机构及其产生办法、职权、议事规则、股东会的首次召集、表决权等。

课后练习

一、填空题

1. 创新思维是指以新颖独创的方法____________的思维过程，通过这种思维能突破常规思维的界限，以超常规甚至反常规的方法、视角去思考问题，提出与众不同的解决方案，从而产生____________、____________、____________的思维成果。

2. 商业计划书是指创业公司、企业或项目单位为了达到招商融资和其他发展目标，根据一定的格式和内容要求而编辑整理的一个向听众（如风险投资者或评审者）全面展示公司和____________、____________的书面材料。

二、选择题

1. 现代物流企业物流创新的核心是（　　）。

A. 物流技术创新　　B. 物流制度创新

C. 物流管理创新　　D. 物流方式创新

2. 物流管理创新的主要内容包括（　　）。

A. 物流经营创新　　B. 物流管理组织创新

C. 物流管理技术创新　　D. 物流管理模式创新

3. 现代物流企业进行物流创新的主要方式有（　　）。

A. 理念创新　　B. 服务创新　　C. 技术创新　　D. 业务创新

三、材料分析题

2018 年初试营业，5 月 8 日正式营业，瑞幸咖啡在不到 9 个月时间实现了 14 个城市近 1 200 多家门店的布局，快速成长为国内第二大咖啡连锁品牌。

可以说，在多重利空因素影响下，2018 年中国的创业市场颇有万马齐喑的味道，不完全统计，2017 年拿到 A 轮融资的创业公司有 540 多家濒临死亡。而几家估值数百亿美元的创业公司也都争抢白驹过隙一样的上市窗口，不少创业者感叹，“苦日子来了”。

资本紧缩，市场低靡，瑞幸咖啡却能逆市而上，成为现象级的企业和商学院研究案例，引起了国内外包括高盛、路透社等投行研究机构和媒体的高度关注，纷纷对其迅速崛起进行深入剖析和解读。

更重要的是，瑞幸咖啡咄咄逼人的“黑马”之势，让一直在中国市场顺风顺水、一枝独大的美国咖啡巨头星巴克始料不及，更与其 2018 年开始显露的“中年危机”形成鲜明对照。

从 2018 年开始，全球同店增长至近 9 年来最低，本土大幅关店，更换 CFO、裁员和业务重大重组，其寄予厚望的中国市场增长也开始下滑，截至 2018 年 6 月的 3 个月里中国同店增长为零……就在 2018 年，星巴克在股票市场上被砍掉的市值一度超过 150 亿美元，近期虽有反弹，但距当年的年度最高点也跌掉了近 100 亿美元。

对于瑞幸咖啡的讨论，大家各有高见，角度不一，提出的质疑和疑问也各不相同。但，有一个问题始终绕不过去——国内连锁咖啡市场“一超多强”的局面持续了近 20 年，这个“小蓝杯”迅速崛起、改写格局，到底做对了什么？

请同学查阅详细资料，讨论瑞幸咖啡的快速成长秘密的什么？

实训项目

一、任务背景

为深入贯彻落实《国务院办公厅　关于进一步支持大学生创新创业的指导意见》（国办发〔2021〕35 号），提升大学生创新创业能力、增强创新活力，进一步支持大学生创新创业。考虑如何撰写一份缜密、可行的商业计划书，将一个不错的创意转化成为一个成功企业。

二、实训要求

1. 实训目的：培养学生创新创业能力。

2. 实训内容：撰写一份商业计划书（见图 5-2）。

3. 实训要求：请按指定模板撰写内容商业计划书。排版具体要求如下：

（1）纸张大小：A4 打印纸；纵向排版。

（2）标题用四号黑体加粗，正文用小四号宋体。行距为固定值 20 磅。

（3）页面上边距 2.54 cm，下边距 2 cm，左边距 3 cm，右边距 2.2 cm。

（4）商业计划书页码从正文页面起计算。页码字号选用小四号粗黑体，居中。

中国国际“互联网+”大学生创新创业大赛商业计划书

学校名称：________________

项目名称：________________

赛　　道：□职教赛道
　　　　　□“青年红色筑梦之旅”赛道

组　　别：□创意组　□创业组　□公益组

负 责 人：________________

联系方式：________________

指导教师：________________

年　　月

项目名称						
团队名称						
赛道	□职教赛道　□“青年红色筑梦之旅”赛道					
组别	□创意组　□创业组　□公益组					
负责人	姓名	年级	学院	学号	联系电话	E-mail
项目组成员（可增加）						
指导教师1	姓名				职务/职称	
	所在单位					
	联系电话				E-mail	
指导教师2	姓名				职务/职称	
	所在单位					
	联系电话				E-mail	
校外导师	姓名				职务/职称	
	所在单位					
	联系电话				E mail	

一、项目概述及前期基础

二、市场分析及定位

三、产品介绍

四、商业模式

五、营销策略

六、财务分析

七、团队介绍

八、其他说明和佐证材料

图 5-2　商业计划书参考模板

参考文献

[1] 汪燕. 探秘亚马逊的智慧物流[J]. 浙江经济，2018（22）：40-45.
[2] 谢雨蓉，高咏玲，王庆云. 经济全球化背景下的国际物流格局演变[J]. 宏观经济研究，2020（2）：102-111.
[3] 姚翠平. 中美物流比较以及对我国物流发展的借鉴[J]. 中国科技财富，2011（14）：10-12.
[4] 蒋乃平，杜爱玲. 职业安全与职业健康[M]. 北京：高等教育出版社，2011.
[5] 北京中物联物流采购培训中心. 物流与供应链职业基础[M]. 南京：江苏凤凰教育出版社，2021.
[6] 邓立治. 商业计划书原理、演示与案例[M]. 北京：机械工业出版社，2021.
[7] 唐四元，马静. 现代物流技术与装备[M]. 北京：清华大学出版社，2022.
[8] 胡建波. 现代物流基础[M]. 北京：清华大学出版社，2020.
[9] 薛威. 智慧物流实训[M]. 北京：高等教育出版社，2021.
[10] 刘常宝. 电子商务物流[M]. 北京：机械工业出版社，2018.